스티브 니슨의
캔들차트 투자기법

JAPANESE CANDLESTICK CHARTING TECHNIQUES

스티브 니슨의
캔들차트 투자기법

스티브 니슨 지음 | 조윤정 옮김 | 김정환 감수

이레미디어

감수의 글

증권시장은 오늘도 끊임없이 변화하며 진화하고 있다. 변화의 속도에 뒤처진 많은 투자자들은 길을 잃기도 한다. 투자자들은 이러한 증시의 변화에 대응하여 낮게 사서 높게 파는 행위로 성공적인 주식매매를 행하고자 한다. 바로 여기에서 주가분석 또는 투자분석이 연유한다.

주식분석의 목적은 주식가격에 영향을 미치는 요인들을 규명하여 주식의 본질적 가치를 산정하고 이를 시장가격과 비교함으로써 투자수익을 얻고자 하는 데 있다. 이러한 분석과정의 일환으로 기본적 분석이 시도됐고 이론적으로도 체계화됐지만 실제 주식의 본질적 가치를 산정하는 것은 매우 어려운 문제로 남아 있으며 유감스럽게도 어떤 요인으로 주식가격이 변화하는지에 대한 원인 규명조차도 아직 계속되고 있는 상태이다. 이러한 입장에서 가치분석보다는 시장형태 그 자체 분석에 의한 기술적 분석이 시도됐다.

기술적 분석은 학계에서 그 타당성을 인정받지 못하는 기법으로 치부되기도 했지만 1900년대 초 다우이론을 그 출발점으로 설정한 이래 지속적인 발전을 거듭하고 있다. 특히 매매시점 분석에 유용한 접근법으로 실제 매매에서 인정

받고 있으며, 그 적용영역은 비단 주식매매에만 국한되는 것이 아니다. 이는 선물이나 옵션거래 등의 파생상품시장에서 더욱 광범위한 적용이 이뤄지고 있다. 특히 최근에는 컴퓨터의 발달에 따라 더욱 정교한 분석지표들이 개발, 소개되어 실제 매매에 쓰이고 있으며 아울러 광범위하고 일관성 있는 이론체계를 형성해가고 있음에 주목해야 할 것이다.

기술적 분석이 제공하는 각종 테크닉과 도구들을 사용하기 전에 투자자들은 기술적 분석이 무엇인지, 기술적 분석이 근거하고 있는 철학, 기본적 분석과의 차이점, 기술적 분석 시 흔히 제기되는 문제점 등을 충분하게 이해해야 한다. 이렇게 함으로써 기술적 분석을 통해 우리가 얻을 수 있는 효과가 무엇인지가 더욱 명확해지기 때문이다. 기술적 분석은 과거의 가격과 거래량 및 이로부터 도출된 투자지표들의 변화추이를 차트를 통하여 해석함으로써 미래의 시장상황을 예측하고자 하는 분석기법이다. 이는 철저히 과거의 시장역사를 근거로 하고 있다는 점에서 기본적 분석과는 대비된다.

이러한 기술적 분석은 직관적인 동시에 이해하기가 용이하며 단기 및 장기예측이 동시에 가능하다는 점 등으로 가장 널리 사용되고 있다. 즉 기술적 분석은 과거의 경험과 군중심리를 차트로 분석하므로 가장 단순하고 대중적인 관심을 얻고 있는, 유용성이 이미 입증된 분석기법인 것이다. 한편으로 기술적 분석은 투자가치를 너무 무시하고 시장변동에만 집착하며 해석기준이 모호하다는 일반의 비판도 없지는 않다. 그러나 기술적 분석이 갖는 특징을 고려할 때 일반투자자, 펀드매니저, 시황분석가 등 증권 관련 영역에서 일하는 사람들이 가장 기초적으로 학습해야 하는 분야라는 것은 재론의 여지가 없다.

이러한 기술적 분석 중에 캔들차트 분석기법은 가장 보편적으로 알려진 탁월한 분석법이다. 주식투자자라면 누구나 캔들차트에 대한 연구와 실제 매매에의 적용 경험이 어느 정도 있을 것이다. 한편으로는 캔들차트의 기본 이론 배경을 체계적으로 이해하고 분석결과의 해석이나 실제 매매에의 적용을 만족스럽게 수행하는 투자자들은 그리 많지 않으리라고 생각된다. 이 책은 전 세계 주식투자자들에게 캔들차트 분석의 바이블로 불리는『Japanese Candlestick Charting Techniques』의 번역서로 오늘날의 주식투자자들을 위해 일본인들이 100년 이상 사용한 차트기법을 설명해놓은 책이다. 저자인 스티브 니슨은 이 책을 통해 최초로 서구 세계에 캔들차트의 배경 지식과 실제적 활용법을 소개했다. 이 책은 동양의 전통적인 캔들차트 기법이 어떻게 오늘날의 증시에 적용될 수 있는지를 심도 깊게 설명하고 있다.

십여 년 전 대우증권 자료실에서 이 책을 처음 봤을 때 영문서적이지만 '陰線陽線'이라고 한자로 쓰여진 표지에 강한 호기심을 느껴 읽게 됐다. 이 책은 읽을수록 흥미로웠으며 증시 및 종목분석에 도움이 될 만한 기법들로 가득 차 있었다. 국내에도 캔들차트에 대한 많은 책들이 소개되고 있지만 실제로 캔들차트의 바이블로 부를 수 있는 책은 바로 이 책이다. 이 책에 나와 있는 캔들차트의 내용들은 더욱 발전되어 내가 즐겨보는 기술적 분석 잡지인《Technical

Analysis Of Stocks & Commdities》에도 자주 소개되고 있다. 이 잡지에 소개된 캔들차트 분석법을 볼 때마다 탁월한 분석기법이라는 것을 매번 느끼게 된다.

저자인 스티브 니슨이 지적한 대로 캔들차트는 기술적 분석에서 훌륭한 매매기법으로 다양한 활용법이 있다. 특히 책 중반 이후에 소개된 바와 같이 캔들차트 분석기법은 그 자체로 매우 강력하지만 다른 차트 분석도구와 결합하면 훨씬 더 강력해질 수 있다. 이것이 캔들차트의 장점이다. 또한 캔들차트 해석은 유연해야 하는데, 개별적인 캔들 패턴보다는 전제적인 차트의 양상이 어떤가가 더 중요할 수 있다는 것을 기억해야 할 것이다.

캔들차트가 어떻게 다가올지는 전적으로 독자들의 몫이다. 오랫동안 반복된 노력을 통해 자기만의 세계가 열리기 때문이다. 캔들차트는 다른 차트 기법과 마찬가지로 주관적인 판단을 요구한다. 스티브 니슨의 지적대로 캔들차트를 이용하는 방법은 투자자 각자의 철학과 기질, 모험심에 따라 달라질 것이다. 캔들차트 분석기법이 성공적인 증권매매를 약속하는 수정구슬과 같은 존재는 아니다. 오히려 시장의 과거에 대한 연구, 인간의 심리 그리고 확률의 법칙에 입각한 시장예측의 한 접근방법일 뿐이며 이에 의한 결과는 잘못될 수도 있다. 그러나 캔들차트 분석기법은 실제 주식매매의 상황에서 시간의 검증을 거친 분석기법이며, 주식시장을 연구하고 주식매매를 분석하고자 하는 사람들에게는 충분히 연구할 만한 가치가 있는 영역으로 자리매김하고 있다.

훌륭한 책을 찾아내어 독자들에게 소개하신 이레미디어의 이형도 대표님과 원문에 충실하면서 이해도 높은 번역을 하신 조윤정 님께 독자의 한 사람으로서 고마움을 표하고자 한다. 높아진 우리 증시의 위상을 감안한다면 이러한 명저가 '왜 이제야 소개되는가' 하는 의구심마저 든다. 기술적 분석 분야의 탁월한 저서인 스티브 니슨의 『캔들차트 투자기법』이 증시의 불확실성과 싸우는 투자자들의 노력에 의미 있는 도움이 될 것으로 믿어 의심치 않는다.

김정환
『차트의 기술』 저자

감수자 : 김정환 (GB투자자문 대표이사)

1994년 대우증권에 입사한 뒤 리서치센터에서 애널리스트로 근무하며 투자전략(기술적 분석), 스몰캡, 지주회사 분석 등을 담당했다. 현재 GB투자자문 대표이사로 있다. 2001~2004년, 2010~2011년《조선일보》,《매일경제》,《한국경제》,《헤럴드경제》에서 베스트 애널리스트로 선정되었다. 월간《행복이 가득한 집》에 주식 관련 재테크 상담을 연재했으며,《한겨레》,《헤럴드경제》,《서울경제》 등의 일간지에서 '주식시황'과 '기술적 분석'을 연재한 바 있다. 또한 한경닷컴에 '주가차트 보는 법'을 연재했다. 공중파로는 매일경제TV의 '파워증시특급', '머니 레볼루션', '경제나침반 180도'와 한국경제TV의 '기술적으로 본 주간 장세' 와 '마켓리더 특급전략', SBS-CNBC의 '오프닝벨', KBS1라디오의 '성공예감, 김방희입니다' 등에 고정 출연하였다. 한국증권협회 증권연수원에서 '기술적 분석 과정'과 '실전매매 과정', 금융투자협회의 기술적 분석 전임강사로 '투자상담사 과정', '증권투자상담사 보수 과정', '투자자산운용사 보수 과정'의 강의를 했다. 한국은행, 한국산업은행, 한국경제TV 금융아카데미, 하나대투증권, 수원대학교 금융공학대학원 등에서 특강을 하였다.

저서로『주가차트 보는 법』,『차트의 기술』,『샐러리맨 아트 컬렉터』가 있고, 번역서『볼린저 밴드 투자기법』을 감수하였다. 투자가 중 미학과 철학을 전공하고 "투자가의 가장 중요한 덕목은 상상력"이라 말한 앙드레 코스톨라니를 가장 좋아한다. 증시에서의 좌우명은 '주식 앞에 겸손하자'와 '시장은 항상 옳다'는 것이다.

서문

能ある鷹は爪を隱
A clever hawk hides it claws

영리한 매는 발톱을 감춘다

1989년 내가 서구에 이 책을 알리기 전까지 일본식 기술적 분석의 "발톱"이라고 할 수 있는 캔들차트가 서구 세계에 전혀 알려져 있지 않았다는 사실은 믿기조차 힘들다. 현재 캔들차트는 서구에서도 중요한 분석기법이 되어 있다. 따라서 이 책의 초판이 나오기 전까지는 어떤 서양인도 이러한 대단한 분석기법에 대해 아무것도 모르고 있었다. 현재 거의 모든 차트 서비스에서 캔들차트를 제공하고 있다는 사실을 감안하면 서구에서 캔들차트가 쓰인 적이 전혀 없었다는 사실은 상상하기도 어려울 정도다. 나로서는 놀라울 뿐이다.

나는 내가 쓴 『캔들차트 투자기법』이 서구의 모든 캔들차트 기법의 토대가 됐다는 사실에 자부심을 느낀다. 현재 여러분이 인터넷뿐 아니라 어디에서든 캔들차트를 볼 수 있는 것은 이 책의 초판 덕분이다. 캔들차트의 보편적 인기와 우수성을 보여주는 이 책은 6개 국어로 번역됐고, 지금까지 13쇄를 찍었다. 사실 이 책에서 다룬 캔들차트와 관련된 도구, 기법, 주제는 세월의 변천과

무관하게 모든 시장에 적용할 수 있는 것이다.

　이 책에서 나는 차트를 수정하고 보완했다. 주식시장의 더 많은 차트를 실었고, 일중차트를 통한 적극적인 거래와 새로운 전략 그리고 캔들차트와 서구식 기술적 분석의 조화로운 활용에 대해 보다 큰 주의를 기울였다.

　언젠가 공개 세미나를 열었을 때, 나는 청중들에게 내 세미나에서 무엇을 원하는지 물어봤다. 그때 어떤 사람은 큰돈을 벌고 싶다고 했다. 나는 큰돈을 보장하지는 못하지만 이 책의 도구와 전략, 기법이 여러분의 주식 거래를 향상시키고 위험을 줄이는 길이 될 것이라고 답변했다.

　이 책이 큰 인기를 누릴 수 있도록 해준 사람들에게 고마움을 전하며 그들에게 소중하고 실제적이며 흥미로운 책이 되리라 믿어 의심치 않는다.

　언제라도 캔들차트에 대한 여러분의 얘기, 경험, 생각을 들을 수 있기를 바란다. info@candlecharts.com으로 이메일을 보내거나 웹사이트 www.candlecharts.com을 방문해주기 바란다. 언제나 대답을 해줄 수 있다고 말하지는 못하지만, 나는 여러분이 보내는 모든 이메일과 편지를 빠짐없이 읽을 것이다.

감사의 말

小さな親切は忘れず小さな過ちは忘れょ
Do not forget little kindnesses and do not remember small faults

사소한 친절은 잊어버리지 말며 사소한 과거는 기억하지 말라

캔들차트에 관한 관심의 불꽃을 피워준 모든 사람들에게 고마움을 전한다. 엄청난 성원 덕분에 캔들스틱의 촛불은 계속하여 더 밝게 빛날 수 있었다. 지속적인 지원과 친절한 말을 아끼지 않은 기관 세미나나 공개 세미나의 청중들에게, 조언을 구해온 모든 자문 고객들과 온라인 고객들에게도 고마움을 전한다.

일본 속담에 "현인과 하룻저녁 대화하는 것이 10년 동안 홀로 공부하는 것보다 낫다"는 말이 있다. 나에게 친절한 도움을 아끼지 않은 모든 현인에게 고마움을 전한다. 나에게 준 도움으로 마땅히 감사의 말을 받아야 할 많은 사람들은 1장에 언급해놓았다. 하지만 내가 가야 할 길을 인도해준 것에 대해 고마움을 표현하고 싶은 사람들은 그 외에도 많이 있다. 이 책을 쓰는 데 대단히 많은 사람들이 도움을 줬는데 만약 잊어버리고 여기에 언급하지 않은 사람들이 있다면 용서를 구한다.

캔들차트에 관한 내 연구는 리처드 솔버그의 번역 작업에서 비롯됐다. 그가 입수한 일본의 캔들차트 서적과 그의 생각, 저서는 계속된 내 캔들차트 연구에 발판을 마련해줬다.

시장 기술적 분석가 협회(Market Technicians Association)는 특별히 언급을 해야 마땅할 것이다. 내가 영어로 쓰인 캔들차트 관련 서적을 처음 본 것은 이 협회의 도서관에서였다. 이 책은 내용은 빈약하지만 구하기조차 힘들었다. 그런데 완벽한 장서를 자랑하고 있던 시장 기술적 분석가 협회의 도서관에 그 책이 있었던 것이다.

요지 이나타는 내가 하는 어려운 질문에 답하느라 많은 시간을 빼앗겼다. 그는 또한 필요한 경우에는 더 상세한 대답을 해주기 위해 일본의 다른 동료들에게 연락을 취하는 친절도 마다하지 않았다.

일본 기술적 분석가 협회(Nippon Technical Analysts Association)는 가장 큰 찬사를 받아야 할 것이다. 코지로 와타나베 씨는 내가 이 협회의 회원들에게 연락을 취할 수 있도록 도와줬고 협회 회원들 역시 큰 도움을 줬다. 미노루 에다 씨와 야스시 하야시, 노리 하야시 등이다.

시중에서 사용할 수 있는 캔들차트 소프트웨어 프로그램은 많다. 이 책에서는 내가 최상으로 생각하는 두 가지 프로그램을 활용했다. 그래픽스(www. aspenres.com)와 CQG(www.cqg.com)의 프로그램이다. 이들 회사의 제품과 지원은 정말 최고이다.

"하루에 한 가지 아이디어"의 브루스 카미치에게도 다시 한번 고마운 마음을 전하고 싶다. 브루스는 25년 동안 친구이자 동료 기술적 분석가로 나와 함께 지냈다. 그는 지금도 여전히 내게 뛰어난 아이디어와 많은 제안을 해주고 있다.

오랜 세월 나의 친구이자 동료로 지낸 마크 던켈은 캔들차트에 관한 탁월한 식견을 보여줬다. 이 책에 대한 그의 기여는 크게 칭송받을 만한 것이다.

수잔 배리는 이 책의 편집자로서 뛰어난 선견지명으로 캔들차트가 인기를 끌 것이고, 따라서 책을 출판할 가치가 있다고 자신의 사장을 설득했다. 1991년 출간된 이후 지속적으로 늘어난 『캔들차트 투자기법』의 판매량은 그녀의 생각이 틀리지 않았음을 확인시켜줬다. 이 책에 대해 말하자면 프렌티스 홀의 엘런 슈나이드 콜먼과 시빌 그레이스의 공이 컸다.

몰론 내 가족의 도움도 있었다. 이 책을 쓰고 있을 때 내 첫 아들이 태어났다는 사실은 거의 믿기지 않는다(아이는 지금 11살이다). 나는 아이 이름을 거의 캔들스틱스 니슨이라고 지을 뻔했다. 그 이름으로 지었다면 정말 멋졌을 것이다. 에반은 무엇이든 빨리 배운다. 특히 돈 문제에 관해서는 말이다. 캔들차트에 관해서는 잘 이해하지 못한다 하더라도 에반이 우리 가족의 재정 문제를 맡는다면 조금도 걱정할 필요가 없을 것 같다.

이 책의 초판이 발간될 당시 4살이었던 레베카는 이제 매우 총명한 숙녀가 되어 있다. 나는 레베카의 아버지라는 사실이 자랑스럽다. 만약 우리 가족의 재정을 딸에게 맡긴다면 우리 가족은 홈리스가 될 것이지만 대신 많은 옷과 화장품을 얻게 될 것이다.

아내 보니는 우리 가정의 주춧돌이다. 그녀가 없었다면 모든 것이 산산조각 나고 이 책도 세상의 빛을 보지 못했을 것이다.

저자 : 스티브 니슨

서구에 캔들차트의 독창적인 우수성을 알린 최초의 인물로 현재 캔들차트의 최고 권위자로 인정받고 있다. 그의 두 저서 『캔들차트 투자기법』과 『캔들차트를 넘어서Beyond』는 세계적인 베스트셀러이고, 캔들차트에 대한 모든 연구와 분석의 토대로 여기고 있다.

스티브는 18개 국가의 거의 모든 주요 투자 회사에 있는 전문가들에게 이 기법을 어떻게 활용하는지 가르쳤다. 그는 또한 연방준비위원회, 세계은행 그리고 수많은 대학에서 강의를 했으며 현재는 뉴욕금융연구소의 강사이다.

스티브는 일찍이 시장 기술적 분석가 협회로부터 공인 기술적 분석가로 임명받았다. 메릴 린치에서 수석 기술적 분석가로 일했고 다이와증권사에서 수석 부사장을 역임했다. 금융 및 투자 부문 경영학 석사 학위 소지자이며, 현재 캔들차트 닷 컴(Candlecharts.com)의 대표이다. 이 사이트에서는 기관을 위한 세미나나 공개 세미나를 열고 교육용 제품이나 컨설턴트 서비스를 제공하고 있다. 궁금한 독자들은 웹사이트를 직접 방문해보기 바란다.

C.O.N.T.E.N.T.S

감수의 글 … **4**

서문 … **10**

감사의 말 … **12**

저자 소개 … **15**

CHAPTER 1 | 머리말 … 22

이 책의 새로운 점 … **23**

왜 캔들차트 분석기법이
세계 각지에 있는 투자자들의 관심을 사로잡았는가? … **24**

이 책은 누구를 위한 책인가? … **26**

배경 … **26**

이 책은 어떤 내용으로 이루어져 있는가? … **29**

주의해야 할 점 … **31**

기술적 분석의 중요성 … **34**

CHAPTER 2 | 역사적 배경 … 38

PART 1
캔들차트의 기본

CHAPTER 3 | 캔들차트의 구성 … 46
캔들의 구조 … 46

CHAPTER 4 | 반전 패턴 … 55
우산형 … 57

망치형 … 59

교수형 … 64

장악형 … 69

흑운형 … 78

관통형 … 85

C.O.N.T.E.N.T.S

CHAPTER 5 | 별형 ··· 92

샛별형 ··· 93

저녁별형 ··· 98

십자샛별형과 십자저녁별형 ··· 104

유성형과 역망치형 ··· 109

CHAPTER 6 | 그외의 반전 패턴 ··· 117

잉태형 ··· 117

십자잉태형 ··· 119

하락집게형과 상승집게형 ··· 125

샅바형 ··· 133

까마귀형 ··· 136

흑삼병 ··· 138

상승적삼병 ··· 141

삼산형과 삼천형 ··· 146

반격형 ··· 155

만두형 천장과 프라이팬형 바닥 ··· 161

탑형 천장과 탑형 바닥 ··· 168

CHAPTER 7 | 지속형 패턴 … **175**

창 … **176**

타스키형 … **186**

고가 및 저가 갭핑플레이 … **189**

나란히형 … **193**

상승삼법형과 하락삼법형 … **196**

갈림길형 … **207**

CHAPTER 8 | 도지형 … **212**

북향 도지형(상승장의 도지형) … **215**

키다리형 도지(인력거꾼), 비석형 도지, 잠자리형 도지 … **220**

삼별형 … **231**

CHAPTER 9 | 종합 … **234**

C . O . N . T . E . N . T . S

PART 2
수렴

CHAPTER 10 | 캔들군 … 249

CHAPTER 11 | 캔들차트에서 추세선을 활용하는 법 … 254

　　스프링과 업스러스트 … 262

　　극성변화의 원칙 … 270

CHAPTER 12 | 캔들차트에서 되돌림 수준을 활용하는 법 … 279

CHAPTER 13 | 캔들차트에서 이동평균선을 활용하는 법 … 284

　　단순 이동평균 … 284

　　가중 이동평균 … 286

　　지수 이동평균 … 286

　　이동평균선을 활용하는 법 … 287

CHAPTER 14 | 캔들차트에서 오실레이터를 활용하는 법 … 294

상대강도지수 … 295

이동평균 오실레이터 … 299

스토캐스틱 … 305

이동평균 수렴 · 확산 지수 … 310

CHAPTER 15 | 캔들차트에서 거래량을 활용하는 법 … 314

CHAPTER 16 | 주가 변동의 측정 … 324

CHAPTER 17 | 동양과 서양의 조화 : 수렴의 힘 … 341

용어사전 A … 346

용어사전 B … 363

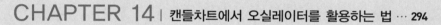

CHAPTER 1
머리말

始めは大事
The beginning is most important

시작이 가장 중요하다

캔들차트는 주가를 나타내는 선이 양초 모양과 비슷하기 때문에 이러한 이름이 붙었는데 일본에서 오랫동안 사용하면서 정교해졌다. 『캔들차트 투자기법』이 출간되기 전까지 일본식 차트 분석의 "발톱" – 즉 캔들차트 – 은 서구에는 한 세기 이상 숨겨진 비밀로 남아 있었다. 이 책은 최초로 서양에 이 "동양의 비밀"을 상세히 밝혀줬다.

"캔틀스틱"이라는 말은 종종 "캔들"로 줄여서 쓰이기 때문에 이 책에서는 두 용어를 자유롭게 바꿔 사용했다.

이 책이 기술적 분석의 혁명을 일으켰고 책이 출간된 뒤에는 다른 저자들의 모든 책이나 글들이 이 책을 밑거름으로 삼았다는 평판에 나는 그저 기쁠 따름이다. 사실 그게 내가 바라던 바였다. 나는 캔들차트 분석기법의 토대를 놓기 위해 이 책을 썼다. 따라서 이 책이 종종 "캔들차트 분석의 바이블"이라고 불리는 것에 나는 큰 만족을 느끼고 있다.

1991년 이 책이 간행되기 전에 누가 캔들차트에 대해 들어본 적이 있는가? 또 지금은 누가 캔들차트에 대해 전혀 들어본 적도 없다고 말하겠는가?

온라인 트레이더나 데이 트레이더, 기관 투자자, 투자 전문가들은 모두 어느 정도는 캔들차트 분석에 신경을 쏟고 있다. 웹사이트, 실시간 거래 시스템, 기술적 분석 소프트웨어에서는 쉽게 캔들차트를 볼 수 있다. 이 사실은 오늘날의 변덕스러운 주식시장에서 거래를 하는 데 캔들차트가 얼마나 인기를 끌고 있으며 얼마나 보편적인 호소력을 지니고 있는가를 보여주고 있다. 캔들차트는 그 어떤 때보다 각광을 받고 있다.

내 11살짜리 아들 에반은 캔들차트 분석을 제공하는 어떤 온라인 차트 분석 서비스를 보더니 "아빠, 아빠가 없었다면 인터넷이나 미국 어디에도 캔들차트를 볼 수 없었던 거 아닌가요? 그렇죠?"라고 물었다. 나는 맞다고 대답해줬다. 그러자 아들은 잠시 생각해보더니 이렇게 말했다. "멋지네요. 그렇다면 내 용돈을 좀 올려도 되겠군요."

이 책의 새로운 점

이 책의 포맷과 기본 개념은 초판과 동일하다("망하지 않았다면 바꾸지 말라"라는 말도 있지 않은가). 하지만 그 뒤로 시장의 거래 환경과 투자자들이 꽤 달라졌기 때문에 이 책에서는 새로운 차트를 싣는 동시에 다음과 같은 변화를 줬다.

- 더 많은 일중 시장(Intraday Markets)을 분석했다.
- 온라인 트레이더, 데이 트레이더, 스윙 트레이더의 거래에 더 많은 관심을 기울였다.
- 일중차트를 최대한 활용하는 새로운 방법들을 제시했다.
- 캔들차트와 서구식 기술적 분석을 새롭게 조합했다.
- 원금을 보전하는 방법에 더 큰 관심을 기울였다.

왜 캔들차트 분석기법이 세계 각지에 있는 투자자들의 관심을 사로잡았는가?

캔들차트 분석기법에 대한 관심은 계속해서 커져왔는데 이유는 다음과 같은 캔들차트의 특성 때문이다.

- 이해하기 쉽다 : 초보 차티스트에서부터 베테랑 전문가까지 누구나 캔들차트를 쉽게 활용할 수 있다. 캔들차트의 분석기법이 단순하다고 해서 우습게보지 말기를 바란다. 시장의 건전성을 분석하는 이 도구의 힘은 다른 어떤 차트 분석 도구와도 비교할 수 없다.
- 시장 추세의 변화를 보다 일찍 알려준다 : 캔들차트는 대개 전통적인 바차트나 P&F차트의 지표보다 일찍 반전신호를 보여준다. 따라서 더욱 적절한 시기에 시장에 들어가거나 나올 수 있다.
- 시장에 관한 고유한 정보를 제공한다 : 캔들차트는 바차트처럼 주가 움직임의 추세를 보여줄 뿐만 아니라 바차트와 달리 주가 움직임의 토대를 이루고 있는 힘을 보여준다.
- 재미있게 배울 수 있다 : 캔들차트에서는 흑운형이나 망치형, 창 같은 흥미로운 용어들을 사용하며 재미를 느낄 수 있다. 하지만 이러한 용어들 때문에 캔들차트를 우습게봐서는 안 된다. 캔들차트 분석기법은 여러분이 시장에서 전쟁을 할 때 강력한 무기가 되어줄 것이다.
- 서양의 차트 분석기법을 강화해준다 : 캔들차트는 여러 방법으로 활용할 수 있으며 서구식 기술적 분석 도구와도 잘 어울린다. 우리의 경우는 고객들을 위해 캔들차트와 가장 강력한 서구식 기술적 분석 도구를 함께 사용한다. 경험이 많은 기술적 분석가들은 일본식 캔들차트와 기술적 분석 도구들을 결합해서 사용할 때 얼마만큼 강력한 시너지 효과가 발생하는지를 알게 될 것이

다. 동양적 분석기법과 서양적 분석기법의 결합으로 여러분은 전통적인 서구식 차트 분석기법밖에 모르는 사람들을 쉽게 뛰어넘을 수 있을 것이다.

• **분석의 효율을 높인다** : 캔들차트를 보면 즉각적으로 얻을 수 있는 시각적 정보 덕분에 시장 분석을 더 빨리, 더욱 효율적으로 할 수 있다.

동양 속담에 "천 리 길도 한 걸음부터"라는 말이 있다. 이 장은 캔들차트 분석으로 향하는 길에서 중요한 첫 번째 걸음이 될 것이다. 머리말이라는 이름이 붙은 이 첫째 장 이후로 여러분은 캔들차트를 이용하여 어떻게 시장을 효과적으로 분석하고, 어떻게 들어가고 나오는 타이밍을 맞추며, 어떻게 새롭고도 효과적이며 독특한 차트 분석의 길을 개척할 수 있는지 알게 될 것이다.

이 책의 초판에서 나는 대담하게 이렇게 예상했었다. "조만간 캔들차트가 바차트만큼 표준적인 차트가 될 것이며 많은 기술적 분석가들이 캔들차트를 자유자재로 활용하게 될 것이다. 그들은 더 이상 바차트를 사용하지 않을 것이다." 정말로 현재 상황은 그렇게 전개되고 있다.

기관 세미나나 공개 세미나가 끝날 무렵 나는 종종 청중에게 이렇게 묻는다. "여러분 중에 현재 바차트를 사용하는 분이 계십니까?" 내 세미나에 참가한 수천 명의 주식 투자자 중에서 손을 든 사람은 한 명도 없었다. 만약 여러분이 캔들차트를 처음 접한다면 이 책을 다 읽은 후 그 이유를 알게 될 것이다(어쩌면 앞의 몇 장(章)을 읽고 나서라도).

바차트 대신 캔들차트를 사용하는 것은 윈윈 전략이다. 캔들의 구조를 다룬 장에서 보게 되겠지만 캔들차트를 그리는 데 필요한 자료는 바차트와 똑같다(시가, 고가, 저가, 종가). 이 점은 매우 중요하다. 왜냐하면 바차트를 이용한 모든 기술적 분석(이동평균선, 추세선, 되돌림 등)이 캔들차트에서도 똑같이 가능하다는 뜻도 되지만 중요한 것은 캔들차트에서는 바차트에서는 볼 수 없는 신호를 볼 수 있기 때문이다. 그 덕분에 여러분은 전통적인 서구식 차트 분석기법밖에 모르는 사람들보다 앞서 나갈 수 있을 것이다. 바차트 대신에 캔들차트를 사용하면 바차트로 할 수 있는 모든 똑같은 분석을 하는 동시에 다른 방법으로는 알수 없는 시장의 건강에 관한 정보를 얻을 수 있다.

이 책은 누구를 위한 책인가?

이 책은 다음과 같은 사람들을 위한 책이다.

- 현재 고객들에게 캔들차트 분석 서비스를 제공하고 있으며 이를 충분히 활용하고 싶어하지만 부족함을 느끼고 있는 사람
- 다른 사람들과의 경쟁에서 앞서 나가고 싶은 사람
- 더욱 적절한 시점에 시장에 들어가거나 나오고 싶어하는 사람
- 새로운 기법을 통해 현재 사용하고 있는 거래 도구를 보완하고 싶어하는 사람
- 배우면서 즐거움을 얻고 싶은 사람
- 캔들차트를 처음 접하는 사람이나 혹은 경험이 많은 전문가

배경

나는 종종 나 자신에게 이렇게 물어봤다. "어떻게 이러한 거래 기법이 그토록 오랫동안 서구에 알려지지 않을 수 있었단 말인가? 일본인들이 비밀로 하려했던 것일까?" 나는 이에 대한 답을 찾을 수는 없었다. 하지만 나는 오랜 세월의 연구를 통해 모든 퍼즐 조각을 꿰맞췄다. 나는 여러 면에서 운이 좋았다. 아마도 다른 사람들은 내가 가진 끈기와 내게 찾아든 행운을 동시에 갖지 못했던것 같다.

1987년 나는 일본의 한 주식 중개인을 알게 됐다. 어느 날 그녀의 사무실에 갔을 때, 마침 그녀가 일본의 주식 차트 책을 찾고 있었다(일본의 차트 책들은 캔들 차트로 이루어져 있었다). 그녀가 "보세요, 창이에요."라고 말했다. 나는 그게 무슨 소리인지 물었다. 그녀가 '창'이 서구의 기술적 분석에서는 '갭'에 해당하는 말이라고 알려줬다. 그녀는 나아가 서구의 기술적 분석에서는 "갭을 메운다"는 표현을 쓰지만 일본에서는 "창을 닫는다"고 표현한다고 했다. 그녀는 "도지형"이나 "흑운형"이라는 표현도 썼다. 나는 커다란 흥미를 느꼈고, 그 뒤로 3년 동안 캔들차트에 관한 모든 것을 조사하고 연구하고 분석했다.

쉽지 않은 일이었다. 처음에는 일본의 한 주식 중개인에게서 도움을 받아 나 스스로 캔들차트를 그리며 분석했다. 그 뒤에 뉴욕에 있는 시장 기술적 분석가 협회 도서관에서 일본 기술적 분석가 협회에서 발간한 소책자를 발견했다. 영어로 번역된 『일본의 주가 분석』이라는 책이었다. 불행히도 그 책에는 캔들차트 해석에 관한 부분이 단 10쪽에 불과했다. 그럼에도 나는 마침내 영어로 된 캔들차트 자료를 얻게 된 데에 대해 크게 만족했다.

몇 달 뒤에는 캔들차트 분석에 관한 더 기초적인 정보를 제공하는 책을 빌릴 수 있었다. 그 책도 기술적 분석가 협회 도서관에서 발견했다. 세이키 시미즈가 쓰고 그렉 니콜슨이 번역한 『일본의 차트 분석』(도쿄 선물 거래 출판사에서 간행됐다)이라는 책으로 시장 기술적 분석가 협회의 실장 셸리 레벡이 직접 일본에서 가져온 것이었다. 그 책을 발견한 것은 내게는 정말로 중요한 일이었다. 캔들차트에 관한 글이 70쪽에 달했으며 영어로 쓰여 있었기 때문이다.

그 책은 풍부한 정보들이 가득했지만 개념을 정확히 이해하는 데는 어느 정도의 시간과 노력이 필요했다. 그 전부가 무척이나 새로웠기 때문이었다. 나는 일본식 표현에도 익숙해져야 했다. 글의 문장은 이따금 모호했는데 그것은 번역과 관련된 문제인 듯했다. 그 책은 원래 일본의 독자들을 대상으로 약 25년

전(책을 발견할 당시)에 쓴 것이다. 내 책의 번역 작업 때 알게 된 사실이지만 이렇게 특수한 분야를 일본어에서 영어로 옮기는 일은 끔찍하게 어려운 일이었을 것이다.

그럼에도 나는 얼마간 참조할 만한 자료를 모아놓고 있었다. 나는 그 책을 가져와서 수개월 동안 읽고 또 읽으면서 수많은 메모를 하고, 캔들차트 분석기법을 내가 직접 손으로 그려놓은 캔들차트에 적용해봤다(캔들차트 분석 소프트웨어가 없었기 때문에 모든 차트를 내가 직접 손으로 그려야만 했다). 나는 새로운 개념과 용어들을 꼭꼭 씹고 음미했다. 행운도 따랐다. 세이키 시미즈가 도움을 줬다. 그는 내가 하는 수많은 질문에 일일이 대답을 해줬다. 시미즈 씨는 영어를 몰랐지만 책의 번역자 그렉 니콜슨이 친절하게도 팩스로 우리의 중개자 역할을 해줬다. 『일본의 차트 분석』은 그 뒤 캔들차트에 대한 내 연구의 토대가 됐다.

캔들차트 분석기법을 조금 더 잘 이해하기 위해 나는 캔들차트를 실제로 사용하고 있는 일본인을 찾아봤다. 그 사람은 물론 나와 캔들차트에 관해 이야기할 만한 시간과 열의가 있는 사람이어야 했다. 나는 일본인 트레이더 모리히코 고토를 만났다. 그는 오래전부터 캔들차트를 사용해왔는데 기꺼이 자신의 귀중한 시간과 지식을 나에게 제공해주고자 했다. 나는 정말로 흥분했다! 게다가 그의 말에 따르면 그의 가족은 수 세대에 걸쳐 캔들차트를 사용하고 있다는 것이었다! 우리는 캔들차트의 역사와 활용법에 관해 얘기하며 함께 많은 시간을 보냈다. 그는 진정한 지식의 보고라 할 수 있었다.

영어로 번역된 일본의 캔들차트 책들 역시 내게는 소중한 정보가 되어줬다. 나는 그 다음에도 운이 꽤 좋았다. 리처드 솔버그라는 훌륭한 번역자를 찾았기 때문이었다. 그는 일본에 있는 모든 캔들차트 책들을 찾아내고 나를 위해 번역을 해줬다(내가 아는 한 일본 외의 지역에서 캔들차트에 관한 책을 가장 많이 보유하고 있는 사람은 아마도 나일 것이다).

1989년 12월 나는 캔들차트에 관한 2쪽짜리 글을 썼다. 이 글은 캔들차트와 관련하여 일본인이 아닌 사람이 쓴 최초의 글이었다. 1990년 초, 나는 기술적 분석가 협회의 공인 기술적 분석가 시험을 위해 캔들차트에 관한 글을 썼다. 이 글은 일본식 캔들차트에 관해 서양인이 쓴 최초의 상세한 논문이었다. 메릴 린치에서 팸플릿이 간행된 것은 그 뒤였다(1만 건 이상의 요청이 쇄도했다고 한다).

『캔들차트 투자기법』은 1991년 간행됐고, 1994년에는 『캔들차트를 넘어서』가 뒤따랐다. 이 글을 쓰고 있는 지금 이 책들은 이미 8개 국어로 번역됐고 여러 쇄를 찍었다.

내 책은 《월스트리트 저널》이나 《일본 경제 저널》, 《바론즈》, 《워스 매거진》, 《인스티튜셔널 인베스터》 같은 세계 유수의 금융 잡지와 수많은 출판물에서 조명을 받았다. 내가 CNBC의 전신인 FNN에 출연했을 때는 방송국 사상 유례가 없는 많은 사람들이 프로그램을 시청했다.

베트남을 포함하여 17개 이상의 국가에서 주식 투자자와 애널리스트들에게 내 거래 전략과 기법을 가르쳤던 것은 큰 영광이었다. 나는 또한 세계은행과 연방준비위원회에서 연설을 하는 특권도 누렸다.

1997년에는 방문 세미나와 기술적 분석에 관한 자문 서비스를 제공하기 위해 니슨 국제 연구소를 개설했다.

2000년에는 캔들차트 닷 컴(Candlecharts.Com)을 만들었다. 여기서는 온라인 세미나와 비디오 그리고 또 다른 서비스들을 제공하고 있다. 우리의 웹사이트 www.candlecharts.com을 방문해보기 바란다.

이 책은 어떤 내용으로 이루어져 있는가?

이 책의 1부에서 여러분은 수많은 캔들의 형태와 패턴을 어떻게 찾고 어떻게 해석하는지를 보게 될 것이다. 이를 바탕으로 하여 2부에서는 캔들차트를 서구식 기술적 분석과 결합하면 얼마만큼 큰 효과를 얻을 수 있는가를 배우게 될 것이다. 이 책이 여러분에게 시장에 대한 전지전능한 지식을 줄 수는 없다. 나는 단지 여러분이 이 책을 읽고 일본식 캔들차트 분석기법을 통해 주식 거래 능력을 향상시킬 수 있기를 바랄 뿐이다.

지표가 어떻게 작동하는지 알고자 한다면 시장의 사례를 직접 보는 것이 가장 좋다. 일본인들은 "백문(百聞)이 불여일견(不如一見)"이라고 말한다. 그래서 이 책에서는 각 기법을 설명할 때 많은 실례를 들었다.

이 책은 주로 미국의 증권시장을 대상으로 하고 있다. 하지만 이 책의 도구와 기법은 어느 시간과 틀에서든 어느 시장에서든 활용할 수 있다. 캔들차트는 주간차트(헤저(hedger, 연계매매를 통해 가격변동의 위험을 줄이려는 투자자 – 옮긴이)의 경우), 일간차트(스윙 트레이더(보유 기간이 1주일 이내인 주식 투자자 – 옮긴이)와 중기 트레이더의 경우), 일중차트(스윙 트레이더와 데이 트레이더(하루에 여러 차례 거래하는 투자자 – 옮긴이)) 등 다양한 시간 단위로 활용할 수 있다. 또 이 책에서 소개하는 기법은 주식, 선물, 옵션, 외환시장을 가리지 않는다. 따라서 기술적 분석이 적용되는 어떤 시장이든 어느 시간과 틀 내에서든 얼마든지 활용할 수 있는 것이다.

나는 여러분의 이해를 돕기 위해 캔들 패턴을 그림으로 표현해놓았다. 하지만 이러한 그림은 단순히 '예'일 뿐이다. 어떤 지침과 원리를 제시하기 위해 그렸다는 사실을 명심하라. 여러분에게 정확한 의미를 전달하기 위해 그린 그림과 달리 실제 패턴은 분명하게 드러나지는 않는다. 이 책에 등장하는 많은 차트에서는 그 사실이 강조되어 있다. 하지만 다양한 패턴의 변화에서도 여러분은 시장의 상황에 대한 중요한 단서를 발견할 수 있을 것이다.

따라서 어떤 캔들 패턴을 보고 어떤 결정을 내리는 데는 주관적 판단이 개입할 수밖에 없지만 다른 어떤 차트 분석기법에서도 이러한 주관적 판단이 존재한다. 예컨대 주식이 현재 100달러에서 지지되고 있다고 하자. 여러분은 하루

중에 주가가 100달러 아래로 내려가면 지지선이 무너졌다고 생각하는가? 아니면 폐장 때 주가가 100달러 아래로 내려가면 지지선이 무너졌다고 생각하는가? 50센트가 떨어지면 지지선이 무너졌다고 생각하는가? 아니면 그 정도는 괜찮다고 생각하는가? 우리는 각자의 거래 방식이나 시장에 관한 시각에 따라 이에 답할 것이다. 이와 마찬가지로 나는 본문과 그림, 실례를 통해 캔들 패턴의 인식을 위한 일반적인 원칙과 지침을 제공할 테지만 실제의 사례들이 이상적인 패턴과 일치하리라 예상해서는 안 될 것이다.

이 책의 마지막 부분에는 두 가지 용어사전이 있다. 첫 번째는 캔들차트 용어에 관한 것이고, 두 번째는 이 책에 사용된 서구식 기술적 분석 용어에 관한 것이다. 캔들차트 용어 해설에서는 패턴에 관한 설명도 볼 수 있을 것이다.

주의해야 할 점

캔들차트 분석에서는 기술적 분석에서처럼 때때로 어떤 패턴들이 개인의 경험이나 배경에 따라 달리 정의되기도 한다. 내가 경험한 바에 따르면 보통 사소하기는 하지만 어떤 특정한 패턴에 대해 다른 정의가 내려지는 경우가 있다. 예컨대 한 일본인 저자는 흑운형이 형성되기 위해서는 시가가 전날의 종가보다 높으면 된다고 쓰고 있다. 하지만 다른 저서나 다른 사람의 말에 따르면 흑운형은 시가가 전날의 고가보다 높아야 한다.

정의가 다른 경우, 나는 패턴의 예측이 정확할 가능성이 높은 정의를 선택했다. 예컨대 방금 전에 말한 패턴은 고점에서 나타나는 반전신호이다. 따라서 나는 시장의 시가가 전날의 고가보다 높아야 한다는 정의를 택했다. 그게 더 강력한 하락세를 표현하고 있기 때문이다. 시가가 전날의 고가보다 높아진 다음 주가가 떨어질 때와 시가가 전날의 종가보다 높아진 다음 떨어질 때를 비교해서 생각해보면 쉽게 알 수 있을 것이다.

내가 접한 일본의 글들은 대부분 구체적이지 않았다. 부분적으로는 일본인의 다소 모호한 성향 때문일 텐데 이러한 성향은 중세에서 기원한다. 그때는 사무라이들이 내키지 않으면 언제든 그 자리에서 평민들의 목을 베어도 괜찮았다. 평민들은 어떻게 해야 사무라이들의 비위를 건드리지 않을 것인지 알지 못했다. 그래서 그들은 모호한 태도를 지키면서 자신의 목도 지켰다. 하지만 설명이 모호할 수밖에 없는 더 중요한 원인은 기술적 분석이 과학이라기보다는 예술이라는 사실과 관련되어 있을 것이다.

이 분야에서 엄밀한 법칙을 바라서는 안 된다. 기술적 분석은 대부분의 경우 일종의 안내 표지일 뿐이다. 예컨대 어떤 일본 책에서 상승세를 판단하기 위해서는 캔들이 극복되어야 한다고 했을 때, 나는 극복된다는 것을 "종가가 높아져야 한다"는 것으로 받아들였다. 왜냐하면 내 생각에는 종가가 장중에 일어나는 저항선이나 지지선의 돌파보다 더 중요하기 때문이다. 여기서도 주관이 개입된다. 일본의 문헌에 따르면 많은 캔들 패턴은 고가 영역이나 저가 영역에서 특히 중요한 신호가 된다. 그런데 "고가"나 "저가" 영역은 분명히 해석에 따라 달라진다. 나는 고가나 저가를 판단하기 위한 한 가지 기법으로 시장이 과매수 상태인지 또는 과매도 상태인지 파악할 수 있는 오실레이터를 추천한다. 바로 이 같은 사례에서 캔들차트 분석기법에 (오실레이터 같은) 서구식 기술적 분석 도구를 함께 사용하는 일이 얼마나 중요한지 깨달을 수 있었다.

모든 차트 분석기법과 마찬가지로 캔들차트 패턴은 각자가 해석을 해야 한다. 하지만 캔들차트를 손에 들고 시장에서 경험을 쌓다 보면 어떤 패턴이 여러분이 참여한 시장에 가장 잘 맞는지를 곧 알게 될 것이다. 주관적 해석이 필요하다고 해서 겁먹지 말기를 바란다. 오히려 여러분은 주관적 해석 능력을 기름으로써 시간과 노력을 들여 시장을 면밀히 추적하려 하지 않는 사람들보다 앞서나가는 기회를 잡을 수 있을 것이다.

3장에서 논의하겠지만 각각의 캔들을 그리기 위해서는 종가가 필요하다. 따라서 유효한 거래 신호를 얻기 위해서는 장이 마감될 때까지 기다려야 한다. 그렇다면 여러분은 장 마감 때 동시호가 주문을 내거나 아니면 종가를 예측하고 장이 마감되기 몇 분 전에 주문을 해야 할지도 모른다. 아니면 다음날의 시가를 확인하고 주문을 낼 수도 있을 것이다.

장이 마감되기를 기다리는 일이 캔들차트 분석에서만 요구되는 것은 아니다. 유효한 신호를 얻기 위해 종가를 필요로 하는 기술적 분석기법은 많다(특히 종가의 이동평균선에 기초한 기법의 경우). 이 때문에 거래 시간이 끝나기 몇 분 전에 전산화된 거래 신호가 종가에 맞춰 쏟아지면서 종종 거래량이 치솟곤 한다. 일부 기술적 분석가들은 저항선 위의 종가만을 유효한 매수 신호로 파악한다. 따라서 그들은 장이 마감되기를 기다려 종가를 확인해야만 한다.

캔들차트에서는 유용한 거래 신호를 많이 확인할 수 있다. 하지만 캔들차트가 가격목표치를 정해주지는 않는다. 이 때문에 캔들차트에서 서구식 기술적 분석을 활용하는 것이 매우 중요하다. 이에 관해서는 2부에서 중점적으로 다룰 것이다.

이 책에는 수백 개의 차트가 나오는데 차트에서 내가 놓친 패턴을 본다고 해서 놀라지 말기 바란다. 또 한편으로는 제대로 들어맞지 않는 캔들 패턴도 때때로 있을 수 있다. 캔들차트를 포함하여 오류가 전혀 없는 기술적 도구는 존재하지 않는다. 캔들차트는 완벽한 체계가 아니다. 하나의 무기일 뿐이다. 하지만 시장에서 여러분이 들고 싸울 수 있는 매우 강력한 무기이다.

캔들차트라는 주제를 파고들기 전에 간략하게나마 하나의 분야로서 기술적 분석의 중요성에 대해 얘기해보자. 다음의 내용은 이 분야를 처음 접하는 사람들에게 기술적 분석이 왜 그렇게 중요한 것인지 알려줄 것이다. 기술적 분석에 대해서 잘 알고 있는 사람이라면 이 부분은 건너뛰어도 될 것이다. 다음의 내용을 읽지 않는다고 해서 신경 쓸 필요는 없다. 그 뒤의 캔들차트 분석을 살펴보는 데는 아무런 지장도 없기 때문이다.

기술적 분석의 중요성

여러 측면에서 기술적 분석은 중요하다. 첫째, 기본적 분석(fundamental analysis)은 공급 · 수요 상황에 대한 판단 기준(즉 주가/주당 순이익, 경제 통계) 등을 제공하지만 여기에는 심리적 요소가 결여되어 있다. 하지만 시장은 때때로 감정에 커다란 영향을 받는다. 존 메이너드 케인스가 언급했듯이 "비이성적인 세계에서 이성적인 투자 방침만큼 위험천만한 것은 없다." 기술적 분석만이 모든 시장에 존재하는 "비이성적인(감정적인)" 요소를 측정하는 메커니즘을 제공한다.

아래에 소개하는 이야기는 사람의 심리가 시장에 얼마나 큰 영향을 미치는지를 잘 보여준다. 『뉴 개츠비』라는 책에 나오는 이야기이다. 배경은 시카고 상품 거래소이다.

콩 가격이 치솟았다. 일리노이 콩 재배 지역에 가뭄이 들었기 때문이다. 가뭄이 곧 끝나지 않으면 콩의 수급에 심각한 타격이 생길 것이다. … 갑자기 유리창에 비가 몇 방울 떨어졌다. 누군가가 외쳤다. "봐! 비가 온다!" 500명 이상의 사람들이 한꺼번에 커다란 창으로 눈을 돌렸다. … 비가 창문을 타고 흘러내렸다. 엄청난 비가 줄기차게 내리기 시작했다. 시카고 시내에 비가 내리고 있었던 것이다.

매도. 매수. 매도. 매수. 건물 바깥에서 들리는 천둥소리와 함께 사람들의 입에서 연신 고함이 터져 나왔다. 콩 가격이 점차 내려가기 시작했다. 콩 가격은 마치 열병처럼 무너져 내렸다.

맞다. 시카고에 비가 내리고 있었다. 하지만 시카고에서는 아무도 콩을 기르지 않는다. 시카고에서 남쪽으로 무려 300킬로미터나 떨어져 있는 콩 재배 지역에는 여전히 파란 하늘에 뙤약볕이 내리쬐고 있었고, 무척이나 건조했다. 그러나 그곳에 비가 내리지 않더라도 사람들의 머릿속에서는 비가 내리고 있었다는 사실이 중요한 것이다. 시장에서는 시장의 반응을 이끌어내지 않는 것은 무엇도 중요하지 않다. 게임은 머리와 감정으로 하는 것이다.

대중심리의 중요성에 대해 조금 더 강조하자면 "돈"이라고 불리는 종잇조각을 음식이나 옷과 교환할 때 일어나는 일을 생각해보라. 왜 아무런 내재 가치도 없는 종이와 유형의 물건을 맞바꾸는가? 모든 사람들이 어떤 심리를 공유하고 있기 때문이다. 모든 사람들은 그 종잇조각을 누구든 받아들이리라 믿고 있고, 사실이 그렇다. 이러한 공유된 심리가 증발하면, 즉 사람들이 더 이상 돈을 신뢰하지 않게 되면 그것은 무가치한 것이 되고 만다.

둘째, 기술적 분석가들은 트레이딩 훈련을 받은 사람들로서 시장의 중요한 한 요소이다. 그들은 훈련 덕분에 모든 트레이더들에게 주어지는 형벌, 즉 감정을 다스릴 줄 안다. 시장에 돈을 집어넣자마자 감정이 운전석에 앉고 이성과 객관성은 단순히 승객 역할을 하게 된다. 이 사실이 의심스러우면 모의투자를 한번 해보라. 그러면 자신이 긴장과 예감, 불안이라는 비생산적인 측면에 얼마나 크게 좌지우지되고, 이 때문에 시장을 보는 시각과 거래 방식이 얼마나 크게 바뀌는지를 곧 알게 될 것이다. 그 정도는 보통 시장에 투자한 돈의 액수에 비례하여 크거나 작아진다. 기술적 분석가들은 객관성을 잃지 않고 거래를 할 수 있다. 기술적 분석은 시장에 들어가는 시점과 나가는 시점, 리스크/수익 비율, 주식 처분 시점을 정하는 메커니즘을 제공한다. 이를 활용하면 리스크 관리와 자금 관리가 용이하게 된다.

기술적 분석가들은 시장의 객관성에 기여한다. 자신이 보고 싶은 대로 시장을 보는 것은 사실 인간의 본성이다. 여러분은 다음과 같은 일이 얼마나 자주 일어나는지를 생각해보라. A라는 사람이 주식을 샀는데 주가가 떨어진다. 그렇다면 A는 손실을 받아들일 것인가? 아니다. 보통은 그러지 않는다.

시장이 호전될 가능성이 없음에도 A는 여기저기에서 주가 상승을 부추길 뉴스를 찾아다닌다. 주가가 올라가리라는 자신의 희망을 뒷받침하기 위해서이다 (우리 고객 중 한 명이 말했듯이 그는 "현재의 상황을 합리화할 근거를 찾으려" 하는 것이다). 그동안 주가는 계속 내려간다. 시장은 그에게 뭔가를 말하려 하는 것이다. 시장은 늘 우리와 의사소통을 시도한다. 우리는 기술적 분석을 통해 시장의 메시지를 알 수 있다. 하지만 A는 시장이 메시지를 보내도 눈과 귀를 닫고 있다.

이 사람이 한걸음 뒤로 물러나 주가의 움직임을 객관적으로 본다면 시장을 더 잘 이해할 수 있을 것이다. 시장에 우호적인 소식들이 전해져도 주가가 오르지 않고 심지어 더 떨어진다면 어떻게 하겠는가? 이러한 움직임은 시장의 심리와 주식 거래에 관한 많은 정보를 제공한다.

위대한 주식 투자자 제시 리버모어[1] 역시 거리를 두고 보면 전체를 훨씬 더 잘 볼 수 있다는 견해를 피력했다. 기술적 분석을 통해 우리는 한걸음 뒤로 물러나 시장에 대한 다른 그리고 훨씬 나은 시각을 얻을 수 있다.

셋째, 기술적 분석을 충분히 신뢰하지 못한다 하더라도 기술적 분석가들을 따라 움직이는 것은 매우 중요하다. 왜냐하면 때로는 차트의 움직임이 거꾸로 시장의 움직임을 낳는 중요한 요인이 되기 때문이다. 기술적 분석가들은 시장을 움직이는 한 요소이기 때문에 늘 주시해야 한다.

넷째, 랜덤워크 가설에 따르면 어느 날의 주가는 그 다음날의 주가에 아무런 영향도 미치지 못한다고 한다. 하지만 이러한 아카데믹한 견해는 중요한 요소, 즉 사람을 배제하고 있다. 사람들은 전날의 주가를 기억하고 있고, 그에 따라 행동한다. 말하자면 사람들의 반응은 주가에 영향을 미치며, 역으로 주가는 사

---

1) 제시 리버모어 : 월스트리트 역사상 가장 위대한 개인투자자로서 1877년에 가난한 농부의 아들로 태어나 월스트리트의 지배자로 군림한 입지전적인 인물이다. 그와 관련되거나 그가 집필한 저서로는 에드윈 르페브르의 『어느 주식투자자의 회상』과 『주식 매매하는 법(How to trade in stocks)』이 있다. (편집자 주)

람들에게 영향을 미친다. 따라서 주가 자체는 주식시장 분석의 중요한 한 요소가 된다. 기술적 분석을 무시하는 사람들은 이 점을 모르고 있는 것이다.

다섯째, 주가의 움직임은 전체 수요·공급 관계를 볼 수 있는 가장 직접적이고 가장 손쉬운 수단이다. 따라서 중요한 뉴스가 일반 대중에게 알려져 있지 않을 때라도 그 뉴스가 이미 주가에 반영되어 있으리라 예상할 수 있다. 시장을 움직일 만한 사건에 대해 미리 알고 있는 사람들은 주식을 매입하거나 매도했을 것이고, 결국 주가는 그들이 알고 있는 정보를 반영하고 있을 것이다.

CHAPTER 2
역사적 배경

吉きを訪ねて新式を知る
Through inquiring of the old we learn the new

옛것을 익혀 새것을 배운다

이 장에서는 일본의 기술적 분석이 어떻게 발전해왔는지를 알아볼 것이다. 책의 내용(즉 캔들차트의 기법과 활용)에 대해 서둘러 알고 싶다면 이 장을 건너뛰거나 아니면 책을 다 읽은 다음에 마지막으로 읽어도 좋다. 지금 할 이야기는 흥미로운 역사 이야기이다.

과거의 가격을 이용하여 미래의 가격변동을 예측한 일본인으로 최초이자 가장 유명한 사람은 혼마 무네히사[2]다. 그는 1700년대에 쌀 시장에서 거래를 통해 엄청난 부를 축적했다. 하지만 혼마에 대해 얘기하기 전에, 우선 혼마가 활약할 수 있었던 경제적 배경에 대해 개괄적으로 살펴봐야 할 것이다. 그 기간은 대략 1500년대 말부터 1700년대 중반까지이다. 이 시기에 일본은 60개의 지역이 하나의 국가로 통합되면서 상업이 꽃을 피웠다.

---

2) 혼마 무네히사 : 일본 에도시대의 거상(巨商)이다. 당시 쌀 거래로 일본 경제를 흔들었던 사카다의 거상이며 캔들차트의 창시자다. 또한 우리나라에는 '사계다 전법'으로 알려진 그의 '사카다 5법'은 세계 투자자들이 참고하는 투자비법이다. 관련 서적으로는 『거래의 신, 혼마』가 있다. (편집자 주)

1500년에서부터 1600년까지 일본은 끊임없는 전쟁에 시달렸다. 다이묘(중세의 봉건 영주)들은 이웃의 영토를 빼앗기 위해 서로 전쟁을 일으켰다. 이 100년의 기간을 "전국시대(戰國時代)"라고 한다. 이때는 무질서와 혼란의 시대였다. 1600년대 초에 이르러 세 명의 뛰어난 장수－오다 노부나가, 도요토미 히데요시, 도쿠가와 이에야스－가 40년에 걸쳐 일본을 통일한다. 일본의 역사와 민담에서는 그들의 무용과 업적을 기리고 있다. 일본에는 이러한 말도 있다. "노부나가가 떡을 치고, 히데요시가 떡을 만들면, 도쿠가와가 떡을 먹는다." 이 세 명의 장수 모두 일본의 통일에 공헌했지만 도쿠가와 이에야스가 마침내 쇼군이 됐고, 그의 가문은 1615년부터 1867년까지 일본을 통치했다. 이 시기를 도쿠가와 막부 시대라고 한다.

수세기 동안 일본을 지배한 군사적 상황들은 캔들차트 용어에도 스며들어 있다. 생각해보면 거래에는 전쟁에서 이기는 데에 필요한 많은 기술들이 똑같이 요구된다. 이러한 기술에는 전략, 심리, 경쟁, 전략적 후퇴 그리고 물론 운도 포함되어 있다. 따라서 여러분이 이 책의 곳곳에서 전쟁을 연상시키는 캔들차트 용어들을 만난다고 해도 놀랄 일이 아닐 것이다. "아침공격", "야간공격", "적삼병", "반격형" 등등이다.

도쿠가와 막부가 추진한 중앙 집권화된 중세 봉건제에 의해 상대적인 안정이 찾아들면서 새로운 기회가 찾아왔다. 농업 경제가 성장하고, 더욱 중요한 것으로 상업이 확대되고 손쉽게 됐다. 17세기에는 전국적 규모의 시장이 커지면서 지역적이고 고립됐던 시장 시스템을 대신하게 됐다. 중앙 집중화된 시장이라는 개념은 일본에서 기술적 분석이 발달하는 일에 간접적인 영향력을 미쳤다.

도요토미 히데요시는 오사카를 일본의 수도로 생각하여 상업 중심지로 키우고자 노력했다. 당시 육로 수송은 시간이 많이 걸렸고 위험하며 비용도 많이

들었다. 오사카는 바다와 가까웠기 때문에 물자를 집하하고 각지로 수송하는 국가적 항구가 됐다. 오사카는 일본에서 제일 큰 상업과 금융의 도시로 발전했다. 오사카의 엄청난 부와 거대한 창고들 덕분에 오사카는 "일본의 부엌"이라는 별명을 얻게 됐다.

오사카는 물자의 지역적 차이를 없애 가격 안정에 큰 기여를 했으며, 이 도시의 삶에는 이윤 추구의 욕망이 스며들게 됐다(반면 다른 도시에서는 돈 버는 일을 천시했다). 당시의 사회는 무사, 농부, 수공인, 상인의 네 가지 계급으로 나뉘어 있었고 이 계급제도는 상인이 사회적 장벽을 허물어뜨리는 1700년대까지 계속된다. 오늘날에도 오사카에서는 흔히 "돈 좀 버셨습니까?"라고 인사한다.

오사카에서 요도야 케이안은 도요토미 히데요시를 위해 일하는 전쟁상인이 됐다. 요도야는 쌀을 운송하고 배분하고 쌀의 가격을 정하는 일을 하면서 비범한 능력을 발휘했다. 그가 사는 집의 앞뜰은 매우 중요한 장소가 됐고, 거기에서 최초의 쌀 거래가 이뤄졌다. 그는 많은 돈을 벌었고, 사실 너무 많은 돈을 벌었다. 1705년 막부는 그가 호화롭게 살며 사회에 전혀 보탬이 되지 않는다는 이유로 그의 전 재산을 몰수했다. 일부 상인들이 엄청난 세력으로 성장하자 막부는 이를 염려했다. 1642년 어떤 관리와 상인들은 쌀 시장을 독점하려고 시도했으나 그들에게 내려진 형벌은 가혹했다. 아이들이 처형당했고, 상인들은 유배를 갔으며, 전 재산이 몰수됐다.

원래 요도야 집의 앞뜰에서 시작하여 커져간 쌀 시장은 1600년대 말 오사카에서 도지마 쌀 거래소가 만들어지면서 제도화됐다. 거래소에서 상인들은 쌀의 등급을 정하고 가격을 흥정했다. 1710년까지 거래소에서는 현물 쌀이 거래됐는데 1710년 이후에는 창고 영수증을 발급하고 유통시키기 시작했다. 창고 영수증은 쌀 증권이라고 불렸다. 이 쌀 증권은 역사상 최초로 거래된 선물 계약이 됐다.

쌀 중개업은 오사카가 누린 번영의 토대였다. 쌀을 거래하는 중개인만 해도 1,300명이 넘었다. 당시는 표준 통화가 없었기 때문에(경화를 유통시키기 위한 그전의 시도는 화폐가치 저하로 인해 실패로 돌아가고 말았다) 쌀은 실질적인 교환과 거래의 수단이 됐다. 다이묘는 돈이 필요한 경우 오사카로 쌀을 보냈는데, 이 쌀은 그의 이름이 붙은 창고에 비축됐다. 다이묘는 창고로 보낸 쌀 대신 이에 해당하는 쌀 증권을 받았다. 그는 원하면 언제든 이 쌀 증권을 팔 수 있었다. 당시는 많은 다이묘들이 종종 재정적인 곤란에 처하게 되곤 했는데 이 때문에 그들은 다음 해의 세금에 대한 쌀 증권까지 팔곤 했다(농부들은 쌀로 다이묘에게 세금을 지불했는데 보통 수확량의 40~60퍼센트였다). 따라서 때로는 몇 년치 쌀이 저당으로 잡혀 있기도 했다. 이러한 쌀 증권은 활발히 거래됐다. 미래에 수확될 쌀의 증권은 세계 최초의 선물 계약이 됐고, 쌀 증권이 거래되는 도지마 쌀 거래소는 세계 최초의 선물 거래소가 됐다. 당시는 쌀 선물 거래가 대단히 성행했다. 1749년에 오사카에서 거래된 쌀 증권은 총 110,000곤포 규모였다(쌀은 곤포로 거래되곤 했다). 사실 그해 일본 전역에는 겨우 30,000곤포의 쌀밖에 없었다.

이러한 배경에서 "거래의 신"이라는 혼마가 등장했다. 혼마 무네히사는 엄청난 거부였는데 당시에는 이러한 말도 있었다. "나는 혼마가 되지는 못할 테지만 지방 영주는 되어볼 생각이다." 혼마는 1750년 가문의 사업을 맡게 되면서부터 사카다라는 항구 도시의 쌀 거래소에서 거래를 하기 시작했다. 사카다는 쌀의 집하 · 배송 지역이었다. 혼마가 사카다 출신이기 때문에 여러분은 일본식 캔들차트에 관한 글에서 종종 "사카다 전법"이라는 말을 듣게 될 것이다. 이는 혼마의 거래 법칙을 말하는 것이다.

아버지가 죽자 혼마는 가족의 재산을 관리하는 책임을 맡았는데 사실 그는 막내아들이었다(당시는 보통 큰아들이 이러한 권한을 물려받았다). 아마도 시장을 보는 그의 뛰어난 안목 덕분이었을 것이다. 그는 집안의 돈을 갖고 일본에서 가장 큰 쌀 거래소, 즉 오사카의 도지마 쌀 거래소로 갔고, 거기서 쌀 선물 거래를 시작했다.

혼마의 가족은 거대한 규모의 논을 소유하고 있었다. 따라서 그들은 보통 쌀 시장에 관한 정보를 미리 알 수 있었다. 이외에도 혼마는 투자자의 심리에 대해 파악하기 위해 요도야의 집 앞뜰에서 쌀 거래가 이뤄질 때로 거슬러 올라가 전 기간에 걸쳐 쌀 가격을 분석했다. 그는 또한 자신만의 고유한 의사소통 체계를 만들었다. 그는 정해진 시간에 지붕 위로 사람을 올려 보내 깃발로 신호를 보내게 했는데 이러한 사람들이 오사카에서 사카다까지 이어져 있었다. 오사카 시장을 평정한 뒤 혼마는 에도(지금의 도쿄)의 쌀 거래소에서 거래를 시작했고 엄청난 부를 축적했으며 연속으로 100차례의 거래에서 이익을 낸 적도 있다고 한다.

그의 명성은 실로 대단하여 에도에서는 다음과 같은 민요를 불렀다고 한다. "사카다(혼마의 고향)에 햇빛이 쨍쨍하면, 도지마(오사카의 도지마 쌀 거래소)에는 먹구름이 끼고, 쿠라마에(에도의 쿠라마에 쌀 거래소)에는 비가 온다네." 다른 말로 하자면 사카다의 쌀 작황이 좋으면 도지마 쌀 거래소의 쌀 가격이 떨어지고 에도에서는 쌀 가격이 붕괴된다는 것이다. 이 민요는 혼마가 쌀 시장에서 얼마나 큰 영향력을 휘두르고 있었는지를 보여준다. 말년에 혼마는 정부의 재정 고문이 됐고 사무라이의 칭호를 수여받았다. 그는 1803년 사망했다. 시장에 관해 쓴 혼마의 책(『사카다 전법에 관한 상세한 설명』과 『시장에 바친 한 인생의 이야기』)은 1700년대에 쓰였다고 한다. 그가 쌀 시장에 활용한 거래 원칙은 현재 일본에서 사용되고 있는 캔들차트 분석기법으로 진화했다.

PART 1
캔들차트의 기본
千里の道も一歩から
Even a thousand-mile journey begins with the first step

천 리 길도 한 걸음부터

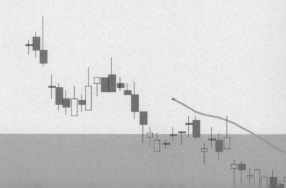

CHAPTER 3
캔들차트의 구성

櫓櫂がなくて舟で渡れぬ
Without oars you cannot cross in a boat

노가 없으면 배로 강을 건널 수 없다

캔들차트에서는 전통적인 서양의 바차트와 똑같이 시가, 고가, 저가, 종가 정보를 이용한다. 이를 염두에 두고 그림 3.1의 바차트를 보라. 그림 3.2는 바차트의 가격 정보를 이용하여 만든 캔들차트이다.

가격 정보들이 페이지에서 튀어나올 것 같지 않은가? 캔들차트에서는 시장을 입체적으로 볼 수 있다. 평면적인 2차원 바차트가 거의 3차원적인 시각 자료가 된다. 캔들차트는 눈에 잘 들어온다. 그림 3.3에서는 똑같은 정보가 바차트와 캔들차트에서 각각 어떻게 나타나는지를 잘 알 수 있다.

캔들의 구조
그림 3.4에서 3.6까지 볼 수 있는 캔들의 직사각형은 "몸통"이라고 부른다. 몸통은 시가와 종가의 범위이다. 몸통이 검은색이면(음봉이면) 종가가 시가보다 낮다는 것을 뜻한다. 몸통이 흰색이면(양봉이면) 종가가 시가보다 높다는 것을

그림 3.1 루슨트, 일간(바차트)

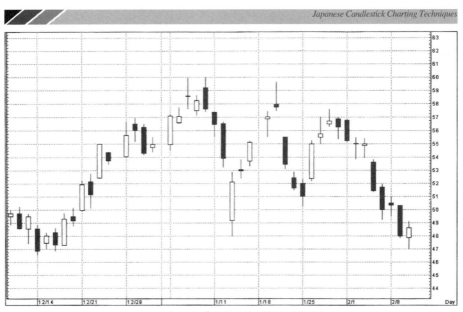

그림 3.2 루슨트, 일간(캔들차트)

시간 단위	시가	고가	저가	종가
1	20	30	15	25
2	25	25	10	15
3	30	35	15	20
4	45	50	35	40
5	25	40	25	35

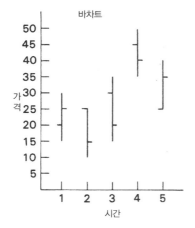

그림 3.3 바차트와 캔들차트

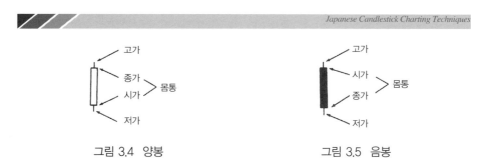

그림 3.4 양봉   그림 3.5 음봉

알 수 있다.

　몸통의 위와 아래에 있는 얇은 선은 그림자라고 한다(이름이 거의 시적이다. 몸통의 그림자라는 뜻이다). 이러한 그림자는 고가와 저가를 나타낸다. 몸통 위쪽의 그림자

는 "윗그림자"라 하고, 아래에 있는 그림자는 "아랫그림자"라고 한다. 따라서 윗그림자의 맨 끝은 고가를, 아랫그림자의 맨 밑은 저가를 보여준다. 캔들에 윗그림자가 없으면 "민머리"라 하고, 아랫그림자가 없으면 "민바닥"이라고 한다.

왜 이 선들을 캔들이라고 하는지 알 수 있을 것이다. 심지가 달린 양초처럼 보이기 때문이다. 머리말에서 얘기했듯이 우리는 이 책 전체에서 캔들과 캔들스틱이라는 말을 자유롭게 혼용할 것이다.

일본인들은 몸통을 "주가 움직임의 핵심"이라고 생각한다. 몸통이라는 이름이 붙은 것도 이 때문이다. 몸통의 길이와 색깔을 보면 시장이 상승세인지 하락세인지 금세 알 수 있다.

따라서 캔들차트를 이용하면 시장 분석을 더 빨리 그리고 더욱 효율적으로 할 수 있다. 예컨대 그림 3.4의 길고 흰 캔들을 보자. 여기에서 어느 세력이 움직임을 주도하고 있는가? 매도세력인가 매수세력인가? 분명 매수세력이다. 시장이 저가 근처에서 시작되어 고가 근처에서 마감됐기 때문이다. 이와 비슷하게 길고 검은 캔들(그림 3.5)은 매도세력이 시장을 주도하고 있다는 것을 보여준다. 시장이 고가 근처에서 개장되어 저가 근처에서 마감됐기 때문이다.

캔들은 시간 단위에 구애받지 않고 일중차트, 일간차트, 주간차트 등 많은 차트를 만들 수 있다. 예컨대 그림 3.4의 양봉(흰색 캔들)은 일간차트일 경우 몸통의 밑바닥이 하루의 첫 번째 거래가를 의미하고(양봉에서는 시가가 몸통의 밑바닥이라는 사실을 기억하라), 몸통의 맨 위는 그날의 종가를 의미한다. 그날의 고가와 저가는 각각 윗그림자의 맨 위와 아랫그림자의 맨 아래이다.

이와 비슷하게 5분 단위의 캔들차트에 음봉(검은색 캔들)이 있을 때는 검은 몸통의 맨 위가 5분이라는 기간의 시가이며 바닥이 그 종가라는 것을 보여준다. 5분 동안의 고가와 저가는 물론 윗그림자와 아랫그림자로 알 수 있다.

몸통의 길이는 실제적으로 시장의 모멘텀을 파악하는 지표로 활용된다.

그림 3.6 팽이형   그림 3.7 도지형의 예

장대 양봉이나 음봉은 한쪽 방향으로의 움직임을 보여주지만 몸통이 작아지면 모멘텀이 약화되고 있다는 뜻이다. 일본인들은 작은 몸통(양봉이든 음봉이든)을 "팽이형"이라고 불렀다. 그림 3.6의 캔들에는 윗그림자와 아랫그림자가 있지만 그림자의 길이는 중요하지 않다. 캔들이 팽이 형태가 되는 것은 몸통이 작기 때문이다.

팽이형은 샛별형, 저녁별형, 잉태형, 망치형 그리고 적절한 곳에서 상세히 설명할 다른 여러 캔들 패턴에서 한 요소를 이루고 있다.

그림 3.7을 보면 캔들의 몸통이 없다. 이러한 캔들을 "도지형"이라고 한다. 시장의 시가와 종가가 같을 때(아니면 매우 근접할 때) 나타나며 반전신호를 보여준다. 도지형에 관해서는 8장에서 더욱 상세하게 다룰 것이다.

그림 3.8에서 일련의 음봉을 보면 4월 1일에 시작되는 한 주 동안 315포인트 근처에서 하락이 시작됐다는 것을 알 수 있다. 주가 하락이 계속되면서 몸통은 길어졌고 이 사실은 하락 모멘텀의 증가를 반영하고 있다. 4월 8일 팽이형이 나타나면서 매도세력은 그전까지 완전히 장악하고 있던 시장에서 힘을 잃어버렸다. 이 팽이형 캔들은 결국 하루 동안의 주가 움직임을 나타내는 것에 불과하기 때문에 불확실한 단서가 될 뿐이다. 하지만 그럼에도 분명 반전의 가능성을 보여주는 최초의 신호이기도 하다. 여기에 캔들차트의 중요한 장점이 있다. 캔들차트에서는 시장의 반전 가능성을 하나의 캔들로도 알 수 있는 것이다.

매도세 주도

팽이형

© Aspen Graphics. Used by permission.

그림 3.8 필라델피아 반도체 지수, 일간차트(팽이형)

　4월 8일의 팽이형은 캔들차트에서 나타나는 신호이지만 서양의 전통적인 기술적 분석지표를 확인시켜주기도 한다. 3월 10일과 3월 23일의 저가를 잇는 상승추세선을 보라. 따라서 우리는 팽이형과 상승추세선이라는 두 가지 신호를 통해 285포인트 근처에서 지지가 이뤄지고 있다는 사실을 알 수 있다. 동양과 서양의 차트 분석기법을 함께 활용하는 일은 2부에서 중점적으로 다룰 것이다.

　그림 3.8에서 반전을 암시해주는 팽이형은 또 있다. 4월 2일에 팽이형(몸통의 색깔은 중요하지 않다는 점을 기억하라)이 형성되고 315포인트에서 주가 하락이 시작된 것을 보라. 그 앞에는 장대 양봉이 있다(이때는 매수세가 시장을 주도했다).

캔들차트의 매력적인 점 한 가지는 바차트에서는 명확하게 드러나지 않는 경고 신호를 볼 수 있다는 것이다. 예컨대 그림 3.2의 차트로 되돌아가 보자. 1월 18일로 시작되는 한 주에 주가가 60달러 수준으로 다가가면서 나타난 두 개의 캔들이 있다. 만약 이것이 바차트였다면 차트의 주식은 견실해 보였을 것이다. 시가나 저가, 심지어 종가까지도 전보다 올라갔기 때문이다. 하지만 캔들차트는 다른 측면을 드러낸다. 즉 캔들의 작은 몸통들이 매수세력이 시장을 완전히 장악하고 있지 못하다는 사실을 보여주는 것이다. 또 1월 18일로 시작되는 한 주의 고가가 저항선 근처에 있는 것을 보라. 이때 작은 몸통들이 나타나면서 저항선을 확인시켜주고 있는 것이다.

지금까지 봤듯이 일본인들은 시가와 종가의 관계를 크게 강조했다. 왜냐하면 시가와 종가가 그날 하루 중에서 가장 감정에 따라 움직인 주가이기 때문이다. 일본에는 이러한 속담이 있다. "아침의 첫 시간이 하루를 결정한다." 이와 비슷하게 시가는 그날 시장의 방향타가 된다. 시가는 그날 하루 주가가 어떤 방향으로 움직일지에 대해 최초로 단서를 제공해준다. 이때는 밤사이에 흘러들어온 모든 뉴스와 소문이 한꺼번에 쏟아져나오는 시점이기 때문이다.

초조할수록 일찍부터 거래에 나서는 법이다. 따라서 장이 열리자마자 공매도자들은 주식을 되사기 위해 애쓰고, 매수세력은 주식을 더 사기 위해 몰려들고, 헤저(hedgers)들은 새로운 포지션을 취하거나 원래의 포지션을 처분하려든다. 그런 식이다.

개장 무렵 급격한 거래 활동이 이뤄진 뒤에는 이제 잠재적인 매수자와 매도자들이 흐름을 파악하기 시작한다. 주식 거래는 종종 전쟁에 비유된다. 이러한 의미에서 시가는 전황을 일찍 보여주고 한시적으로 누가 아군이고 누가 적군이 될지를 알려준다고 하겠다.

종가 역시 매우 중요한 가격 데이터이다. 장이 마감될 무렵에도 감정이 주가에 큰 영향을 미친다. 종가는 많은 기술적 분석가들에게 특히 중요한 주가 포인트이다. 그들은 캔들차트에서 큰 변화가 일어나는지의 여부를 확인하기 위해 종가를 기다린다. 또한 선물시장의 마진 콜은 종가에 따르고, 많은 컴퓨터 거래 시스템(예컨대 이동평균선 시스템)에서는 종가로 판단을 내린다.

캔들차트 분석에서는 개장과 폐장 시 예외적으로 큰 주문이 일어날 때에 군사적 비유를 쓴다. 종가에 영향을 미치려는 의도로 폐장 무렵에 대규모 매도 또는 매수 주문이 발생했을 때 일본인들은 이를 "야간공격"이라고 부른다. 이러한 일이 개장 무렵에 일어나면 물론 "아침공격"이라고 한다.

캔들차트의 용어와 시장의 감정적 요소

기술적 분석은 주식시장의 감정적 요소를 측정할 수 있는 유일한 방법이다. 우리는 감정이 현실을 변화시키는 경우를 수없이 봐왔다. 펀더멘털에 아무런 변화가 없음에도 장이 급격하게 변하는 이유를 달리 어떻게 설명하겠는가?

캔들차트의 장점 중에 한 가지는 캔들 패턴의 이름이 주식시장의 감정적 상황을 다채롭게 묘사해준다는 것이다. "흑운형"이라는 표현을 듣는다면 장이 감정적으로 건전한 상태에 있다고 생각하겠는가? 물론 그렇지 않다! 나중에 보겠지만 흑운형은 약세장의 패턴이고 이 이름은 장의 취약한 상태를 명확하게 보여주고 있다고 할 수 있다.

이 책에는 수많은 패턴과 개념이 소개되어 있다. 일본인들이 캔들 패턴에 붙인 이름들은 캔들차트를 재미있게 만들어줬다. 또한 그 덕분에 어떤 패턴이 약세를 나타내는지 강세를 나타내는지 기억하기도 쉽다. 예컨대 5장에서는 "저녁별형"과 "샛별형"에 대해 배울 것이다. 이 패턴이 어떤 모양인지 모르고 주식시장에서 어떤 의미를 갖는지 모른다고 해도 단지 이름만 듣고도 어떤 것이 약세 패턴이고 어떤 것이 강세 패턴인지를 알 수 있을 것이다. 어둠이 깔리기 전에 나타나는 저녁별(금성의 별명)은 약세 신호이다. 그리고 샛별은 일출 전에 나타나기 때문에 강세 신호이다.

CHAPTER 4
반전 패턴

一寸先は闇

Darkness lies one inch ahead

한 치 앞도 모른다

기술적 분석가들은 주가에서 주식시장 심리와 추세의 변화를 알려주는 단서를 찾는다. 반전 패턴은 이러한 기술적 단서 중 하나이다. 서구의 반전 지표에는 이중천장형과 이중바닥형, 반전일, 머리어깨형, 섬꼴 반전 등이 있다. 하지만 "반전 패턴"이라는 말에는 약간 오해의 소지가 있다. 이 말을 들으면 여러분은 기존의 추세가 갑자기 끝나고 새로운 추세가 시작된다고 생각할지도 모른다. 하지만 그런 일은 잘 일어나지 않는다. 추세는 시장의 심리가 바뀌면서 보통 느리게 단계적으로 변한다. 추세 반전신호는 이전의 추세가 바뀔 가능성이 크다는 것을 의미하지 꼭 바뀐다는 것은 아니다. 추세를 자동차 운전과 비교해보자. 빨간 신호등이 켜지면 차는 멈춘다. 빨간불은 이전의 추세(즉 차가 앞으로 가는 방향)가 끝났다는 반전신호이다. 하지만 이제 차가 정지해 있다. 운전자는 지금 무슨 생각을 할까? 차를 뒤쪽으로 돌릴 생각일까? 아니면 멈춘 채 그대로 있을 작정일까? 아니면 다시 앞으로 계속 갈 생각일까? 또 다른 단서가 없는

그림 4.1 하락 반전   그림 4.2 상승 지속   그림 4.3 하락 반전

한 우리는 알지 못한다.

그림 4.1에서 4.3까지는 하락 반전신호가 나타난 뒤에 어떤 일이 일어날 수 있는지를 보여주고 있다. 예컨대 기존의 상승세를 벗어난 주가는 한동안 횡보세를 보이다가 하락 반전하거나(그림 4.1) 상승을 지속할(그림 4.2) 수 있다. 그림 4.3은 상승세가 갑자기 하락세로 바뀌는 것을 보여주고 있다.

"반전 패턴"이 나타났다고 했을 때, 그것은 이전의 추세가 끝났음을 의미할 뿐 언제나 반전이 일어난다는 뜻은 아님을 기억해두자. 반전 패턴은 추세 변화 패턴으로 생각하는 것이 현명하다. 반전 패턴을 파악하는 기술은 매우 중요하다. 성공적인 주식 거래를 위해서는 추세를 파악하고 일어날 일을 예측할 수 있어야 한다. 시장의 반전 지표는 "조심 : 추세가 바뀌는 중" 같은 도로 표지판과 같다. 다른 말로 하자면 시장의 심리가 바뀌는 중이라는 것이다. 따라서 이 때는 새로운 시장 환경에 맞게 거래 방식을 바꾸어야 한다. 반전 지표에 따라 포지션을 처분하거나 취하는 방법은 매우 많다. 우리는 이 책에서 그런 수많은 예를 보게 될 것이다.

(반전신호에 따라) 새로운 포지션을 취할 때 중요한 원칙은 그 신호가 주된 추세와 같은 방향에 있어야 한다는 것이다. 예컨대 상승장에서 반전 패턴이 나타났다고 하자. 그렇다 하더라도 이러한 약세 신호는 공매도 거래의 근거가 되지

못한다. 주된 추세가 하락세임이 확인되지 않았기 때문이다. 하지만 매수포지션은 이때 처분해야 한다. 만약 그 다음에 추세가 상승세를 이어나간다면 조정이 일어났을 때 강세 신호를 찾아 다시 매수에 나서야 한다.

반전 패턴에 대해서는 상세히 다뤘다. 왜냐하면 대부분의 캔들차트 지표가 반전신호이기 때문이다. 이제 이러한 반전 지표의 첫 번째 그룹을 보도록 하자. 망치형과 교수형을 포함하고 있는 우산형이다.

우산형(Umbrella Lines)

그림 4.4는 아랫그림자가 길고 몸통이 작은 캔들(양봉이든 음봉이든)을 보여준다. 몸통은 일중 거래 범위의 위쪽에 있다. 이러한 캔들은 우산과 비슷해 보이기 때문에 "우산형"이라고 한다. 우산형은 시장 환경에 따라 강세 신호 또는 약세 신호가 된다.

하락 추세에서 우산형이 나타나면 하락 추세가 끝났다는 신호이다. 이러한 우산형을 "망치형"이라고 부른다(그림 4.5를 보라). "주가가 바닥을 찍었기 때문"이다. 망치형에 쓰이는 일본어는 사실 "타쿠리"이다. 타쿠리는 "바닥을 더듬어서 물의 깊이를 잰다"는 뜻이다. 이것은 정말 망치형에 딱 맞는 표현이라고 하겠다. 망치형이 나타나면서 주가가 바닥을 확인하기 때문이다. 망치형 캔들은 머리와 손잡이가 달린 망치처럼 생겼다.

Japanese Candlestick Charting Techniques

이 두 캔들 모두 강세나 약세를 나타낼 수 있다

양봉도 될 수 있고 음봉도 될 수 있다

양봉도 될 수 있고 음봉도 될 수 있다

그림 4.4 우산형   그림 4.5 망치형   그림 4.6 교수형

이미 언급했듯이 우산형은 그전에 지속된 추세에 따라 성격이 달라진다. 하락세 마지막에 나타난 우산형이 망치형의 강세 신호가 된다는 것은 이미 얘기했다. 하지만 그림 4.4의 두 캔들이 주가 상승 마지막에 나타나면 교수형이라고 불리는 하락 반전신호가 된다(그림 4.6을 보라). "교수형"이라는 이름은 교수형 밧줄에 사람이 매달려 있는 모습과 비슷하기 때문에 붙여졌다.

똑같은 캔들이 강세 신호도 될 수 있고 약세 신호도 될 수 있다는 사실이 이상할지도 모르겠다. 하지만 섬꼴 천장이나 바닥에 대해 잘 알고 있는 독자는 섬꼴이나 우산형의 개념이 매우 비슷하다는 것을 깨달을 것이다. 섬꼴 형태는 추세가 어떠냐에 따라 강세 신호도, 약세 신호도 될 수 있다. 장기간의 상승 추세 마지막에 나타나는 섬꼴은 약세 신호이며, 하락 추세 마지막에 나타나는 섬꼴은 강세 신호이다.

캔들차트 분석기법을 연구할 때 내가 느꼈던 어려움에 대해 얘기해보자. 내가 읽었던 어떤 책에서는 그림 4.4의 우산형을 설명하면서 "아래에서 사고 위에서 팔라"는 말을 했다. 이게 무슨 뜻인가? 그 책을 읽을 당시 나는 이미 망치형과 교수형에 대해 알고 있었다. 하지만 그 말의 뜻을 이해하는 데는 얼마간의 시간과 연구가 필요했다. 알고 보니 저자는 하락장 뒤에는 강세가 오며("아래에서 사고") 상승장 뒤에는 약세가 온다("위에서 팔라")고 말하고 있었던 것이다. 이 "동양의 신비"를 푸는 데 오랜 세월의 연구가 필요했던 것은 캔들차트의 패턴과 기법 대부분이 이처럼 모호하게 설명되어 있었기 때문이다. 내가 도전을 마다하지 않는 성격이라는 사실이 얼마나 다행스러운 일이었던가!

망치형과 교수형은 다음의 세 가지 사실로 판단한다.

1. 몸통이 거래 범위의 맨 위쪽에 있다. 몸통의 색깔은 중요하지 않다.
2. 아랫그림자가 길다. 적어도 몸통 길이의 두 배이다.

3. 윗그림자는 없거나 매우 짧다.

    교수형과 망치형은 세 가지 면에서 구분된다. 추세, 캔들이 나타나기 전 주가 변동의 폭, 그리고 확인 과정의 필요 유무이다. 구체적으로 말하자면 다음과 같다.

- **추세** : 망치형은 하락장 마지막에 나타난다. 교수형은 상승장 마지막에 나타난다.
- **캔들이 나타나기 전 주가 변동의 폭** : 단기간의 하락 뒤라도 망치형은 유효하다. 하지만 교수형은 상당히 큰 상승 폭, 특히 사상 최고가를 기록한 뒤에 나타난다.
- **확인** : 나중에 설명하겠지만 교수형은 확인 과정이 필요하다. 망치형은 필요 없다.

    아랫그림자가 길수록, 윗그림자가 짧을수록, 몸통이 작을수록, 약세 신호로서의 교수형이나 강세 신호로서의 망치형은 의미가 커진다. 우선 망치형에 대해 상세히 알아보고 그 다음에 교수형에 대해 알아보기로 하자.

망치형(Hammer)
    망치형은 양봉일 수도 있고 음봉일 수도 있다. 그림 4.5에서는 설령 망치형의 몸통이 검은색이라 하더라도 종가가 장중 고가와 매우 비슷할 것이다. 몸통이 흰색일 때는 (종가가 장중 고가로 끝났기 때문에) 상승세가 약간 더 강하다고 할 수 있다. 일본인들은 망치형 양봉을 "동력선(power line)"이라고 부르기도 한다. 하지만 내 경험으로 판단하건대 망치형은 몸통의 색깔이 그다지 중요하지 않다.

    망치형의 경우 아랫그림자가 길고 종가가 장중 고가 근처에서 형성된다는

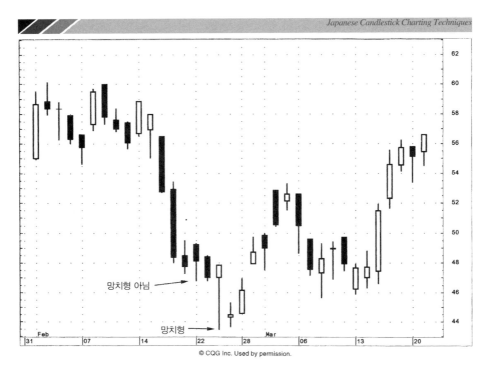

© CQG Inc. Used by permission.

그림 4.7　월마트, 일간차트(망치형)

사실은 주가가 크게 떨어졌다가 거래 마감 무렵에 장중 고가 근처로 뛰어올랐다는 것을 알려준다. 이는 매수세의 존재를 의미한다. 고가 근처에서 장이 마감됐기 때문에 망치형에는 윗그림자가 아예 없거나 거의 없다. 만약 윗그림자가 길면 장이 마감될 때 주가가 고가 아래로 많이 내려가 있었다는 것을 뜻한다. 윗그림자의 길이는 망치형을 판단하는 기준이 된다. 망치형은 상승 반전신호이기 때문에 그전의 추세는 하락세여야 한다.

　그림 4.7에서는 2월 24일에 망치형을 볼 수 있다. 아랫그림자가 매우 길며 작은 몸통이 거래 범위의 맨 위쪽에 있기 때문에 이 망치형은 전형적인 형태라

고 할 수 있다. 또한 하락세 뒤에 등장했다. 망치형에 필요한 조건을 모두 충족시키고 있다.

2월 22일의 캔들은 망치형이라고 하지 않는다. 아랫그림자의 길이가 몸통의 2~3배가 되지 않기 때문이다. 망치형의 아랫그림자는 그 정도로 길어야 한다. 긴 아랫그림자를 통해 주가가 장중에 크게 떨어졌다가 마감 무렵에 일본인들이 말하는 "가미카제 공격"이 있었다는 사실을 보여줘야 한다. 종가가 장중 고가 근처에서 형성됐다는 사실은 매도세력이 주도권을 상실했다는 것을 뜻한다. 2월 24일의 전형적인 망치형이 정확히 이러한 상황을 보여주고 있다. 이러한 전형적인 망치형이 나타난 뒤에는 매도세력이 상황을 재고할 것이 틀림없다.

그림 4.7은 캔들차트 분석의 중요한 측면을 보여준다. 캔들차트를 이용하여 성공적인 주식 거래를 하려면 캔들 패턴에 대해 제대로 알아야 할 뿐만 아니라 캔들 패턴이 어디서 나타나는지 파악하고 리스크/수익 면을 따져봐야 한다. 어떤 캔들 패턴에 따라 거래를 하기 전에는 항상 리스크/수익 면을 고려해야만 한다. 이처럼 리스크/수익 면을 염두에 두고 2월 24일의 이상적인 망치형을 살펴보자.

망치형이 완성될 무렵(장이 마감될 때까지 기다려야 한다는 점을 기억하라) 주가는 48달러였다. 따라서 망치형이 완성됐을 무렵 (48달러 근처에서) 주식을 사면 리스크는 망치형 캔들의 저가(약 43달러)까지의 범위이며 대략 5달러이다. 우리는 이제 5달러의 리스크를 부담하고 있다. 만약 목표하는 수익이 그보다 크다면 이 정도의 리스크 부담은 괜찮다. 하지만 일부 주식 투자자들은 5달러가 너무 큰 리스크라고 생각할 것이다.

그렇다면 거래의 위험 부담을 줄이기 위해 망치형의 아랫그림자 범위 내에서 조정을 기다릴 수 있다(물론 망치형 출현 이후 주가가 조정을 겪지 않는 때도 많다). 나 같은 경우는 망치형의 저가를 매수 가능 영역으로 삼아 최저 가격에 더 가까운 시점에서 주식을 매입하곤 한다.

A라는 투자자가 2월 24일에 망치형을 봤다고 하자. 그는 정의에 딱 들어맞는 이 망치형에 무척이나 흥분해서 망치형의 종가인 48달러 근처에서 주식을 매수했다. 그런데 다음날 개장하자마자 주가는 44.50달러로 주저앉았다. 이에 따라 A는 3.50달러의 손해를 봤다. 그는 3.50달러의 손실을 감수하고 매수했던 주식을 처분할지도 모른다. 이러한 시나리오에 따르면 A는 캔들차트 분석이 잘 맞지 않는다고 생각할 것이다.

B라는 투자자는 망치형을 보며 잠재적인 반전신호를 확인했지만 리스크/수익 면을 따져봤을 때 망치형의 종가에서 매수하는 것이 바람직하지 않다고 생각했다(그에게는 리스크가 너무 컸기 때문이다). 다음날 시장이 개장하면서 주가가 긴 아랫그림자의 맨 끝에 있는 잠재적 지지영역 근처로 내려갔다. B는 주가가 지지선 근처로 내려온 것을 확인하고 주식 매수에 나섰다. 주가가 이 지지영역에서 반등한 뒤에는 캔들차트의 놀라운 예측 능력에 B는 탄복할 것이다.

물론 주가가 잠재적인 지지선이나 저항선을 벗어날 때도 있으며 망치형의 경우도 마찬가지이다. 캔들차트로 얼마나 큰 성공을 거둘 수 있는가의 여부는 여러분의 개인적인 능력에 좌우된다.

그림 4.7의 차트에서는 망치형이 어떻게 잠재적 지지영역이 될 수 있는지 알아봤다. 그림 4.8에서는 망치형이 어떻게 지지선을 확인하는 데 이용될 수 있는지 배워보자. 이 나스닥100(NDX)의 차트에서는 A 지점에서 반등이 시작됐다. 주가 상승 행진이 멈췄다는 최초의 신호는 3723포인트 근처에 있는 두 개의 작은 음봉 몸통(1과 2)에서 확인할 수 있다. 주가는 여기서부터 가파르게 하락했다. 주가가 3680포인트 근처의 잠재적 지지선(A의 지지선)에 다가가면서 망치형이 형성됐다. 지지세가 견고하다면 이 망치형은 지지선이 될 것이다. 실제로 다음 두 개의 캔들에서 보듯이 망치형은 지지선이 됐다. 물론 NDX의 주가

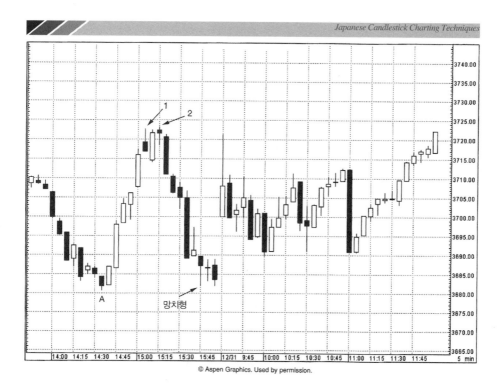

그림 4.8 NDX, 5분 단위차트(망치형)

가 3680포인트 아래로 떨어졌다면 주가 상승에 관한 우리의 예상은 틀린 판단
이 됐을 것이다. 이는 기술적 분석의 중요한 한 측면이다. 주가가 언제든지 우
리의 예상을 벗어날 수 있다는 뜻이다. 그림 4.8의 차트에서는 주가가 3680포
인트 아래로 떨어졌을 경우에는 우리의 예상이 빗나갔다고 해야 할 것이다.

　그림 4.9에서는 아랫그림자가 길고 작은 몸통이 거래 범위의 맨 위쪽에 위치
한 망치형을 볼 수 있다. 이처럼 망치형에는 작은 윗그림자가 있을 수 있다. 이
망치형은 견고한 지지선을 이루고 있다.

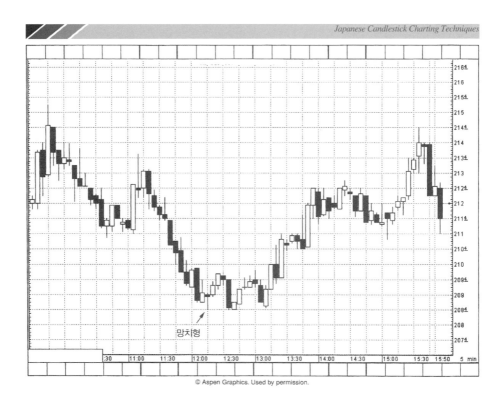

© Aspen Graphics. Used by permission.

그림 4.9   IBM, 5분 단위차트(망치형)

교수형(Hanging man)

교수형은 망치형과 모양이 똑같다. 둘의 유일한 차이라면 교수형은 주가 상승 마지막에 출현한다는 것이다(그림 4.6을 보라). 긴 아랫그림자는 강세 요소이다. 그런데 교수형은 아랫그림자가 길다. 따라서 교수형의 경우에는 하락 추세를 확인하는 것이 매우 중요하다. 최소한 다음날의 시가가 교수형의 몸통 아래에서 형성되어야 한다. 하지만 나는 보통 교수형 아래로 종가가 형성된 것을 확인하고 난 다음 추세를 하락세로 판단한다.

교수형의 몸통 아래로 종가가 형성되는 것을 확인하는 이유는 교수형이 나

타난 날 시가나 종가로 주식을 산 사람들(사실 이 두 시점에서 많은 거래가 일어난다)
은 다음날 마감 때 종가가 더 내려가면 이제 손실을 보는 입장에 처하기 때문
이다. 내가 사상 최고가, 적어도 중요한 변동의 고점에 나타난 교수형을 선호
하는 것도 이 때문이다. 이러한 시나리오라면 교수형이 나타난 날 주식을 매수
한 사람들은 새로운 고점에 있는 탓에 훨씬 더 불안해 한다. 따라서 이러한 사
람들은 손실을 보는 상황에서 빠져나오려고 한다. 그러면 매물이 흘러넘쳐 매
도 압력이 훨씬 더 커진다. 그림 4.8(2번)을 보면 두 번째 작은 몸통이 하락 추
세를 예고하고 있다. 그 다음 5분간 종가가 더 낮아졌다는 사실에서 하락 추세
를 확인할 수 있다.

© Aspen Graphics. Used by permission.

그림 4.10 마이크로소프트, 일간차트(교수형과 망치형)

그림 4.10의 예에서는 똑같은 캔들 패턴이 하락 추세(1월 29일의 교수형)와 상승 추세(2월 22일의 망치형)를 똑같이 예고할 수 있다는 사실을 알 수 있다. 이 예에서 교수형과 망치형은 모두 양봉이다. 하지만 여기서 몸통의 색깔은 중요하지 않다.

첫 번째 캔들은 상승 추세 마지막에 나타났기 때문에 교수형이다. 교수형은 주가 변동의 새로운 고점에서 형성된다. 다음날(2월 1일)의 종가가 교수형의 몸통보다 낮다. 따라서 교수형의 시가 또는 종가로 주식을 매수한 사람들은 번뇌에 휩싸일 것이다.

2월 22일의 캔들은 하락 추세 뒤에 나타났기 때문에 망치형이다. 망치형 앞의 캔들은 몸통이 작다. 이것은 매도세력의 힘이 약화됐다는 최초의 단서이다. 망치형은 그보다 강력한 상승 반전신호이다.

그림 4.11의 12월 13일로 시작되는 주에서 주가가 단기간의 박스권(옆으로 길쭉한 거래 범위를 나타내는 용어)을 상향 돌파하는 것을 볼 수 있다. 세 개의 장대 양봉이 출현하면서 주가 상승이 이어졌다. 이 세 양봉은 모두 주가가 저가 근처에서 시작되어 고가 근처에서 마감됐다. 매수세력이 시장을 지배하고 있다는 뜻이다. 세 번째의 장대 양봉 이후에 주의할 만한 신호가 나타났다. 양봉들에 윗그림자가 생긴 것이다. 또 이 기간에 형성된 고가의 기울기를 눈여겨봐야 한다. 한 지점의 고가에서 다음 지점의 고가로 이어진 기울기가 완화되고 있다(곡선으로 나타난다). 이것은 여전히 새로운 고가가 형성되고 있다 하더라도 주가 상승의 속도가 둔화됐다는 것을 의미한다.

매수세력이 시장에서 지배력을 잃고 있다는 신호는 교수형의 출현으로 뚜렷해진다. 이 교수형은 게다가 상승장에서 최초로 나타난 팽이형이며 음봉이다. 다음날의 종가가 교수형의 몸통보다 아래에 있다는 사실로 교수형이 암시했던 하락 추세가 확인된다. 2~3일 뒤 주가를 새로운 고가 영역으로 끌어올리려는

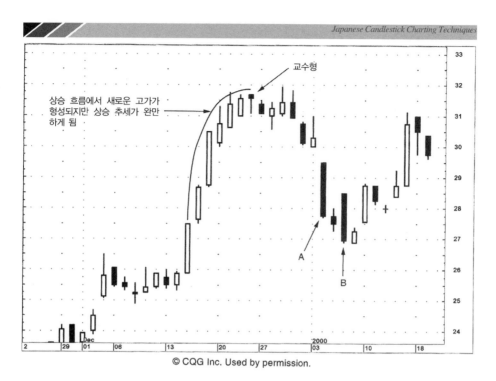

교수형

상승 흐름에서 새로운 고가가
형성되지만 상승 추세가 완만
하게 됨

A

B

© CQG Inc. Used by permission.

그림 4.11 유니방코, 일간차트(교수형)

시도는 32달러 근처에서 저지당했고 이에 따라 긴 윗그림자들이 형성됐다.

교수형이 나타나고 32달러 근처에서부터 주가 하락이 이어졌지만 27달러
근처에서 하락 모멘텀이 끝났다. 그 사실은 A와 B에서 장대 음봉이 형성된 뒤
에 각각 무슨 일이 일어났는지를 확인함으로써 알 수 있다. 구체적으로 보자면
장대 음봉이 나타난 다음날 각각 작은 캔들 몸통이 나타났고, A와 B에서 각각
하락장이 형성된 뒤에는 다음날 주가가 더 떨어지리라 예상되었다. 하지만 다
음날의 팽이형에서 보다시피 그런 일은 일어나지 않았다.

이 사실은 A와 B의 장대 음봉에서 드러나듯이 매도세가 두 차례 시장을 장

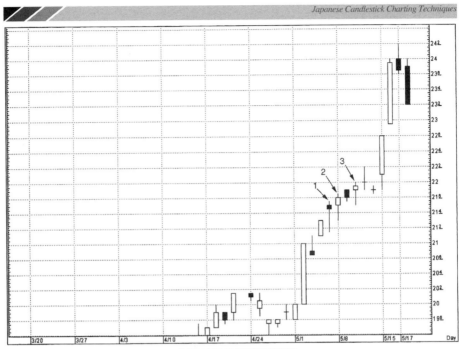

그림 4.12 가벨리 자산 관리, 일간차트(교수형의 확인)

악하려 시도했으나 결국 두 차례 모두 실패했다는 것을 보여준다. 그렇다면 매
도세력은 이제 상황을 재고하고 매수에 나설 가능성이 크다.

　그림 4.12를 보면 교수형의 경우 주가의 하락 움직임을 확인하는 것이 얼마
나 중요한지를 알 수 있다. 차트에서 1, 2, 3번은 모두 교수형이다(이들 캔들은 윗
그림자가 매우 작아서 충분히 교수형이라고 할 수 있다). 하지만 이들 캔들은 계속하여
종가가 높아졌고, 따라서 여기서는 상승 모멘텀이 작용하고 있다고 하겠다. 이
들 교수형에서 하락세를 확인하고 더 이상 주가 상승이 일어나지 않으리라고
확신하기 위해서는 이들 세 교수형에서 다음날의 종가가 이전 캔들의 몸통보

다 아래에서 형성되는 일이 일어나야 한다. 그런데 그런 일은 일어나지 않았다. 교수형이 등장한 날 시가나 종가로 주식을 산 사람들은 모두 고가에서 산 사람들이다. 교수형 뒤에도 주가가 계속 올라간다면(이 경우에는 사실 그랬지만) 이들이 괴로워할까? 물론 그렇지 않다. 그들이 샀을 때보다 주가가 올라갔기 때문에 그들은 기뻐할 것이다. 이 사례에서 보듯이 주가가 교수형의 몸통 아래에서 형성되지 않으면 상승세는 지속된다.

장악형(Engulfing patterns)

망치형과 교수형은 모두 개별적인 캔들 한 가지의 형태이다. 지금까지 봤듯이 단 하나의 캔들이라도 몸통의 색깔과 그림자의 길이로 주가 변동에 관한 중요한 사실을 파악할 수 있다. 하지만 대부분의 캔들 신호는 여러 개의 캔들로 이루어져 있다. 장악형은 상반된 색깔의 몸통 두 개로 구성되어 있는 중요한 반전신호이다.

그림 4.13은 상승장악형이다. 그림에서 주가는 떨어지고 있었다. 그런데 상승세의 양봉이 나타나 앞에 있는 음봉의 몸통을 덮거나 삼켜버린다(이 때문에 장악형이라는 이름이 붙었다). 이 패턴은 포옹형이라고 불리기도 한다(밸런타인데이라면 이렇게 불러도 좋을 것이다). 여기서는 매수세력이 매도세력을 압도했다는 것을 알 수 있다.

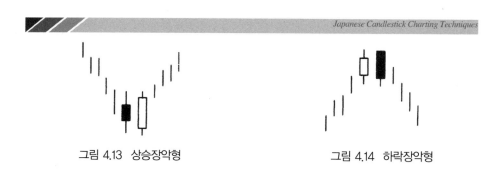

그림 4.13 상승장악형   그림 4.14 하락장악형

그림 4.14는 하락장악형이다. 여기서는 주가가 올라가고 있었다. 하지만 음봉의 몸통이 양봉의 몸통을 덮어버렸다. 이것은 하락 반전신호이다. 여기서는 공급이 수요를 압도했다는 것을 알 수 있다.

장악형은 세 가지 기준으로 판단한다.

1. 단기간이라 하더라도 주가의 상승 추세(하락장악형)나 하락 추세(상승장악형)가 명확해야 한다.
2. 두 개의 캔들이 장악형을 형성한다. 두 번째 캔들의 몸통이 첫 번째 캔들의 몸통을 덮어야 한다(그림자까지 덮을 필요는 없다).
3. 장악형에서 나타나는 두 번째 캔들의 몸통은 첫 번째 캔들의 몸통과 색깔이 달라야 한다(장악형의 첫 번째 몸통이 도지형일 때는 이 규칙이 적용되지 않는다. 하락장에서 도지형이 나타나고, 이 도지형이 장대 양봉의 몸통에 덮인다면 상승 반전신호이다. 상승장에서는 도지형이 장대 음봉의 몸통에 덮일 경우 하락 반전 패턴으로 볼 수 있다).

서구식 기술적 분석에는 일본의 장악형과 비슷한 패턴으로 외적 반전(outside reversal)이 있다. 외적 반전이라는 패턴은 상승 추세(혹은 하락 추세)에서 새로운 고가(혹은 저가)가 형성됐지만 종가가 전날의 종가보다 낮은(혹은 높은) 경우에 생긴다.

다음과 같은 경우에는 장악형이 중요한 반전신호가 될 가능성이 커진다.

1. 장악형의 첫째 날은 몸통이 매우 작고(즉 팽이형) 둘째 날은 몸통이 매우 길 때이다. 첫째 날의 캔들 몸통이 매우 작다는 사실은 기존의 추세를 지탱하던 힘이 소진됐다는 뜻이다. 둘째 날의 긴 몸통은 새로운 움직임을 떠받치는 힘이 증가했다는 사실을 보여준다.
2. 매우 길거나 혹은 신속한 주가 움직임 뒤에 장악형이 나타났을 때이다. 신속

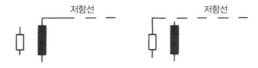

그림 4.15 하락장악형의 저항선

그림 4.16 상승장악형의 지지선

하거나 긴 주가 움직임 뒤에는 시장이 과열되거나 아니면 침체되어 있기 마련이다(과매수 또는 과매도). 따라서 시장은 이익 실현 과정에 취약하게 된다.

3. 장악형의 두 번째 날 거래량이 엄청날 때이다. 거래량에 관해서는 2부에서 다룰 것이다.

장악형은 주로 지지선과 저항선을 판단하는 데 이용된다. 그림 4.15와 4.16을 보라. 그림 4.15에서는 하락장악형을 구성하고 있는 두 개의 캔들 중에서 더 높은 고가가 저항선이 된다. 그림 4.16의 상승장악형에 대해서도 똑같은 개념을 적용해볼 수 있다. 상승장악형의 두 캔들 중에서 더 낮은 저가가 지지선이 된다.

장악형으로 저항선이나 지지선을 찾는 기법은 특히 주가가 저가에서 너무 올라갔거나(상승장악형에서) 고가에서 너무 내려가서(하락장악형에서) 매수나 매도 시점을 찾기 어려울 때 유용하게 쓰인다. 예컨대 상승장악형이 형성됐을 때는

© Aspen Graphics. Used by permission.

그림 4.17 루슨트, 1시간 단위차트(상승장악형)

(상승장악형을 확인하기 위해서는 두 번째 날의 종가까지 기다려야 한다는 사실을 명심하라) 주가가 저점을 벗어난 것으로 생각할 수 있다. 따라서 매수에 나설 적기가 지났다고 판단해야 한다. 이러한 경우에는 지지선까지 반락이 일어나기를 기다렸다가 시장에 들어가는 방법을 고려해봐야 한다. 하락장악형의 경우에도 똑같은 얘기를 반대로 할 수 있을 것이다.

그림 4.17을 보면 5월 5일 아침, 주가가 하락하면서 6개의 음봉이 만들어지고 이어 처음으로 양봉이 출현한다. 이 양봉의 출현으로 상승장악형이 형성됐다. 따라서 56달러 근처에 있는 상승장악형의 저가(이 패턴을 이루고 있는 두 개의

그림 4.18   유로/달러 환율, 일간차트(상승장악형)

캔들 중에서 더 낮은 저가)가 지지선이 된다. 루슨트의 주가는 이 상승장악형에서 반등을 시작하여 하락장악형을 만나 상승세가 멈췄다. 이 하락장악형의 고가가 다음 캔들이 나타났을 때 저항선이 되는 점에 주목하라. 이어 주가가 계속 내려가다가 도지형이 나타났다. 도지형은 주가가 그전의 상승장악형에서 형성된 잠재적 지지선에서 안정을 찾고 있다는 신호이다. 주가는 이 상승장악형에서 지지를 받아 반등하고, 하락장악형의 저항선에서 얼마간 주춤거리다가 지지를 받고 계속 상승했다.

1장에서 몸통의 중요성에 대해 얘기한 바 있다. 하지만 그림자 역시 가격 흐름의 분석에서 매우 중요한 부분을 차지한다. 그림 4.18에서 그 예를 보도록 하자. 11월 2일로 시작하는 주와 16일로 시작하는 주에 약세 요소인 긴 윗그림 자들이 나타났다. 이 윗그림자들은 시장이 1.1850을 거부하고 있다는 강력한 증거이다. 두 번째 하락 흐름은 망치형(아랫그림자가 긴 캔들이다. 그림자의 중요성을 보여주는 또 다른 사례이다)으로 끝나고 있다. 망치형이 출현하고 나서 며칠 뒤 환율이 크게 떨어졌다. 여러분은 장대 음봉을 볼 수 있을 것이다(망치형의 지지선을 얼마간 무너뜨렸다). 하지만 다음날 장대 양봉이 나타나 상승장악형이 형성됐다. 여기서부터 환율이 반등했고 1.1950에서 도지형이 형성됐다. 이 도지형이 10

그림 4.19 원유, 주간차트(상승장악형)

월 말 긴 윗그림자들에 의해 형성된 저항선을 확인시켜주고 있다는 사실에 주목하라. 상승장악형이 잠재적 지지선이 된다는 개념에 따르면 11월 27일과 28일의 상승장악형에서 1.1470을 지지선으로 삼을 수 있다. 1월 11일로 시작되는 주에 주가가 이 지지선을 확인시켜줬다.

그림 4.19에서는 유가가 큰 폭으로 떨어지면서 전형적인 형태의 상승장악형이 형성됐다. 첫 번째 캔들은 몸통이 작은 음봉이고(매도세가 힘을 잃고 있다는 증거이다), 두 번째 캔들은 몸통이 대단히 큰 장대 양봉이다. 이 양봉은 시가가 저가였지만 종가는 고가 근처에서 형성되어 있다. 이 상승장악형에서 중요한 점은 양봉의 몸통이 한 개가 아니라 세 개의 음봉 몸통을 감싸 안고 있다는 것이다. 이것은 분명히 매수세가 매도세를 압도했다는 뜻이다. 하지만 그렇다고 이를 통해 상승장악형 이후 주가의 상승 정도를 판단할 수는 없다는 사실을 알아야 한다. 캔들차트에서는 상당히 일찍 반전신호가 나타나 추세를 판단하는 데 도움을 주지만 가격목표치를 제시하지는 않는다. 이 때문에 서구식 기술적 분석이 중요하다. 서구식 기술적 분석에서는 가격목표치를 예측할 수 있다. 2부에서는 이에 관해 다룰 것이다.

그림 4.20에서는 A에서 반등이 시작됐다. 주가는 3월 말 긴 윗그림자와 도지형이 나타나면서 43.50달러에서 주춤했다. 주가가 5일 동안 이 저항선에서 매도 압력을 견디면서 일본인들이 표현하듯이 "먼지가 날아갔다." 그 뒤 다시 주가가 치솟았고, 4월 13일과 14일 하락장악형이 형성되면서 상승이 중단됐다. 하락장악형에서 음봉의 몸통이 매우 크다는 점에 유의하라. 이것은 매도세가 매수세를 완전히 압도했다는 사실을 보여준다. 이 하락장악형이 저항선이 된다는 사실은 몇 주 뒤에 또 다른 하락장악형의 출현으로 확인된다. 매수세력이 주가를 51.50달러로 끌어올리려 했지만 그때마다 매도세력이 나타나 주도권을 빼앗았다.

© CQG Inc. Used by permission.

그림 4.20   시티은행, 일간차트(하락장악형)

　이 두 차례의 하락장악형과 외적 반전을 비교해보자. 서구에서는 주가가 새로운 고가를 기록하지만 종가가 전날의 종가보다 낮을 때를 외적 반전이라고 한다(나는 하락 외적 반전(top outside reversal)을 말하고 있는 것이다). 그림 4.20에 있는 최초의 하락장악형은 바차트의 형태로 봤을 때 외적 반전일에도 해당된다. 주가는 음봉의 윗그림자 맨 위쪽에서 새로운 고가를 기록했지만 전날의 종가보다 낮은 종가를 기록했기 때문이다.

　이제 4월 말의 두 번째 하락장악형을 보자. 여기서는 두 번째 캔들이 새로운 고가를 기록하지 못했다(이때 고가는 51.25달러였고 전날의 고가는 51.75달러였다). 따라

© Aspen Graphics. Used by permission.

그림 4.21 시스코, 일간차트(하락장악형)

서 서구의 전통적인 바차트에서 보자면 이때는 (새로운 고가를 형성하지 못했기 때문에) 외적 반전일이 아니며 반전신호가 되지 못한다. 하지만 캔들차트에서는 (이 경우가 바로 그렇지만) 음봉의 몸통이 양봉의 몸통을 둘러싸기만 하면 하락장악형이라고 한다. 이 사례에서 명확히 알 수 있듯이 캔들차트를 활용하면 단순히 서구식 바차트 분석에만 의존하는 사람보다 앞서서 시장의 흐름을 파악할 수 있다.

그림 4.21에서는 7월 초에 그전의 주가 상승이 끝나고 하락장악형이 형성됐다. 이 하락장악형은 다음 주와 그 다음 주 중반까지 저항선으로 작용했다. 7월 15일 종가가 이 하락장악형의 고가 위에서 형성되면서 상향 돌파가 일어났다

(캔들이 도지형이라 하더라도 종가가 그전보다 높아졌다는 것은 명백한 사실이다). 모멘텀으로 매도와 매수를 결정하는 투자자들은 하락장악형이 돌파됐다는 사실을 추가 상승의 징후로 파악하여 주식 매수를 고려할 수도 있다. 상향 돌파를 확인하려면 장중 돌파를 보는 데 그치지 말고 종가의 저항선 돌파를 보는 것이 좋다. 7월 21일 형성된 하락장악형의 저항선은 8월 말 시험을 받았다. 주가가 저항선에 접근함에 따라 작은 몸통들이 생기면서 상승 추세가 멈췄다.

흑운형(Dark-cloud cover)

다음으로 살펴볼 반전 패턴은 흑운형이라고 불린다(그림 4.22를 보라). 두 개의 캔들로 이뤄진 흑운형은 하락 반전 패턴으로 상승 추세 마지막에 나타나거나 때때로 밀집해 있는 여러 캔들의 맨 위에 나타난다. 흑운형의 첫 번째 캔들은 강세의 양봉이며, 두 번째 날의 시가는 전날의 고가보다 높다(즉 전날의 윗그림자보다 위에 있다). 하지만 두 번째 날의 장이 마감될 무렵에는 종가가 전날의 양봉 몸통 안으로 밀려 내려간다. 밑으로 더 많이 내려갈수록 이곳에서 천장이 형성될 확률이 높다. 어떤 일본인 기술적 분석가들은 두 번째 날의 종가가 첫 번째 캔들의 몸통 절반 이하에 위치해야 한다고 주장한다. 음봉의 종가가 양봉 몸통

그림 4.22 흑운형

의 절반 아래에서 형성되지 않으면 흑운형 뒤에 따르는 추가적인 하락신호를 기다리는 것이 가장 좋은 방법이다. 어떤 경우에는 시가가 전날의 고가가 아니라 전날의 종가보다 높을 때에도 흑운형으로 볼 수 있다.

이 하락 패턴의 논리는 쉽게 설명할 수 있다. 흑운형에서는 첫 번째 날 강세의 양봉이 만들어지며 주가가 여전히 상승세에 있다. 그 뒤 두 번째 날에 시가가 큰 폭으로 오른다. 이때까지는 매수세력이 시장을 장악하고 있다. 하지만 그 다음에는 상황이 완전히 바뀌어 두 번째 날의 종가가 전날의 종가에 미치지 못할 뿐만 아니라 전날의 양봉 몸통 내에 위치하게 된다. 따라서 첫 번째 날의 주가 상승분이 상당 부분 날아가버린다. 이러한 시나리오에서는 주식 보유자들이 상황을 재고할 것이다. 또 공매도 기회를 노리고 있던 사람들은 이제 손실제한주문을 해둘 기준점을 알게 될 것이다. 흑운형의 두 번째 날에 형성된 새로운 고가가 바로 그 기준점이 된다.

흑운형을 몇 가지 상황에 따라 알아보도록 하자.

1. 흑운형에서 음봉의 몸통이 전날의 양봉 몸통 아래까지 깊숙이 들어갈수록 이 지점에서 천장이 형성될 가능성이 높다(음봉의 몸통이 전날의 양봉 몸통 전체를 덮으면 흑운형이 아니라 하락장악형이 된다). 흑운형을 태양의 일부가 가려지는 부분 일식으로 생각해보라(즉 음봉이 전날의 양봉 몸통 일부만 가린다). 그러면 하락장악형은 태양 전체가 가려지는 개기 일식으로 생각할 수 있다(즉 음봉이 전날의 양봉 몸통 전체를 가린다). 따라서 하락장악형은 조금 더 강력한 하락 반전신호가 된다. 그 뒤 장대 양봉이 나타나고, 그 종가가 흑운형이나 하락장악형의 고가를 넘어서면 또 다른 반등을 예상할 수 있다.
2. 장기간의 주가 상승 국면에서 시가가 저가이며(즉 민바닥) 종가가 고가인(즉 민머리) 양봉이 나타난 뒤, 그 다음날 시가가 고가에서 시작됐으나 결국 종가가

저가가 되면 민바닥이며 민머리인 장대 음봉이 생긴다. 이렇게 형성된 흑운형은 하락 패턴으로서의 의미가 커진다.

3. 흑운형에서 두 번째 캔들의 몸통(즉 음봉의 몸통)이 주요 저항선 위에서 시작했다가 밑으로 떨어지면 매수세가 시장을 주도할 수 없다는 뜻이다.

4. 두 번째 날 시가의 거래량이 엄청난 규모일 경우, 그 다음에는 매수세가 증발해버릴 수 있다. 예컨대 장이 열리면서 엄청난 거래량과 함께 시가가 새로운 고가를 형성했다는 것은 많은 신규 매수자들이 한꺼번에 배 위로 뛰어들었다는 것을 의미한다. 하지만 그 뒤 주가가 하락하기 시작한다. 그러면 얼

그림 4.23 인텔, 일간차트(흑운형)

마 안 있어 수많은 신규 매수자들(그리고 상승 추세를 따르고 있던 기존의 주식 보유 자들)은 그들이 뛰어오른 배가 타이타닉이었다는 것을 깨달을 것이다. 선물 투자자들에게는 매우 많은 미청산 계약 건수가 또 다른 경고가 될 수 있다.

하락장악형이 저항선이 되는 것처럼 흑운형을 이루는 두 개의 캔들 중 높은 쪽의 고가가 저항선이 된다. 그림 4.22를 보라.

그림 4.23에서는 흑운형이 주가 상승을 저지하고 있다. 흑운형이 출현한 다음날 인텔의 주가는 다시 위로 치고 올라갔지만 흑운형의 고가 근처에서 다시 주춤했다. 71달러 근처다. 한 주 뒤, 그리고 다시 두 주 뒤에도 주가는 저항선을 돌파하지 못했다. 1월 20일 인텔이 저항선 위로 머리를 내밀기는 했지만 종가가 저항선을 돌파하는 데 실패했다는 것에 유의하라.

그림 4.24에서 8월 중순부터 시작된 주가 상승의 흐름을 보자. 8월 22일 주가는 갭을 형성하며 치솟았고 교수형이 형성됐다. 하지만 이 잠재적인 하락신호는 다음날의 주가 흐름에 의해 뒷받침되지 않았다. 다음날의 종가가 교수형의 몸통보다 위에 있었기 때문이다. 8월 28일에 주가는 마지막으로 힘을 받아 큰 폭으로 뛰어오르며 43.25달러의 시가를 기록했다. 매수세력의 관점에서는 시가가 괜찮아 보였지만 장이 마감되면서 주가는 40.62달러를 기록했다. 그리하여 흑운형이 형성됐다. 음봉이 전날의 양봉 몸통 아래쪽으로 깊숙이 내려갔다.

이 캔들 패턴은 정의에 딱 들어맞는 흑운형이지만 리스크-수익 관점에서 보자면 흑운형이 출현했을 때를 매도의 적기라고 할 수는 없다. 왜냐하면 흑운형은 두 번째 날의 종가로 완성이 되지만 그때쯤에는 주가가 고가에서 너무 내려가 있기 때문이다. 흑운형을 잠재적 저항선으로 생각하면 주가가 다시 저항선 근처로 반등할 때까지 기다릴 수도 있다(그런 일이 일어나리라고 가정했을 때). 10월 초에는 주가가 흑운형의 고가까지 반등했지만 작은 음봉 몸통이 생기면서 힘

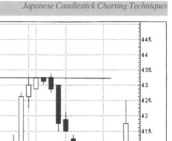
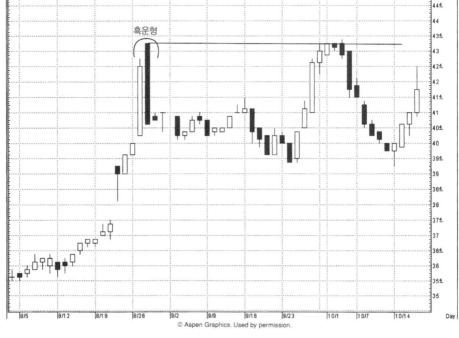

© Aspen Graphics. Used by permission.

그림 4.24   울버린 튜브, 일간차트(흑운형)

이 바닥났다는 신호가 나타났다. 이 무렵 4일 연속으로 43.25달러에서 고가가 형성됐다. 10월 초부터 하락한 주가는 마침내 망치형을 만들었다. 이 망치형은 9월 말의 지지선을 확인시켜줬다.

그림 4.25의 1과 2에서 볼 수 있는 두 개의 상승장악형은 3275~3250포인트의 지지선이 견고하다는 사실을 보여준다. 두 번째 상승장악형에서 시작된 반등은 흑운형을 만나 주춤했다. 이 흑운형 뒤에 나타난 양봉의 몸통이 얼마간 흑운형의 저항선(수평선을 그린)을 돌파했다. 돌파가 결정적이지 못했다 하더라도 저항선 위로 종가를 기록했고 따라서 강세 신호로 볼 수 있었다.

© Aspen Graphics. Used by permission.

그림 4.25 나스닥 종합지수, 시간 단위차트(흑운형)

그림 4.25는 변화하는 시장의 조건에 맞게 적응하는 것이 중요하다는 사실을 보여준다. 즉 첫 번째 흑운형의 저항선이 돌파되면서 강세가 형성됐지만 다음날 주가를 보면서 우리는 조금 더 신중한 태도를 취할 수밖에 없다. 왜 그런가? 저항선이 돌파된 다음날 음봉이 나타나면서 또 하나의 흑운형이 형성됐기 때문이다. 이 두 번째 음봉은 매수세가 새로운 고가를 유지할 여력이 없다는 사실을 보여준다.

손실제한주문의 중요성

　기술적 분석의 큰 장점 중에 하나는 주식 거래에서 리스크와 자금 관리 메커니즘으로 활용할 수 있다는 것이다. 리스크를 관리하기 위해서는 손실제한주문을 해둬서 예상치 못한 역방향의 주가 움직임에 대비해야 한다.

　손실제한주문은 처음 거래 때에 해둬야 한다. 이때가 상황을 가장 객관적으로 판단할 수 있는 때이기 때문이다. 주가가 예상대로 움직이면 포지션을 유지한다. 하지만 주가의 움직임이 예상을 빗나가면 포지션을 처분해야 한다. 주가가 불리한 쪽으로 움직일 때에도 여러분은 이렇게 생각할지도 모른다. "손실제한주문을 해둘 필요가 있을까? 주가 흐름이 그저 잠깐 동안 예상과 다르게 전개되는 것뿐인데?" 그리하여 여러분은 이제 곧 주가가 자신에게 유리한 방향으로 움직일 것이라는 희망 속에 고집스럽게 포지션을 유지한다. 다음의 두 가지 사실을 기억하라.

　1. 모든 장기 추세는 단기간의 변동으로 시작된다.
　2. 시장에서는 희망을 품을 여유가 없다. 시장은 여러분이나 여러분의 포지션을 전혀 고려하지 않고 스스로의 길을 간다.

　주가는 여러분이 그 주식을 갖고 있는지 아닌지의 여부를 상관하지 않는다. 틀린 것보다 더 나쁜 것은 틀린 것을 고집하는 것이다. 돈을 버리지 말고 고집을 버려라. 실수를 일찍 인정할 수 있다는 사실을 자랑스럽게 생각하라. 손실제한주문으로 거래가 완료되면 실수가 사실로 드러난다. 사람들은 자존심과 위신 때문에 이를 괴롭게 여긴다. 그들은 실수를 인정하는 것을 싫어한다. 하지만 훌륭한 주식 투자자는 유연한 시각을 갖고 있는 법이다. 유명한 개인 투자자 워렌 버핏에게는 두 가지 규칙이 있다고 한다.

1. 자본을 보전하라.
2. 규칙 1을 잊지 말라.

손실제한주문은 규칙 1과 동의어이다. 누구에게나 자본은 한정되어 있다. 이 자본을 최대로 불려야 하며 적어도 잃지는 말아야 한다. 시장이 불리한 방향으로 전개되면 손을 털고 나와서 더 나은 기회를 찾아보라. 손실은 사업을 하는 데 드는 비용으로 생각하라.

일본의 많은 캔들차트 용어는 군사적 개념에 기초하고 있는데 손실제한주문도 이러한 맥락에서 생각해볼 수 있다. 여러분이 하는 매번의 거래는 전투다. 전투에서는 이따금 잠정적으로 전술적 후퇴를 해야 한다. 위대한 장군들조차 그렇게 했고 여러분도 그렇게 할 수 있어야 한다. 장군은 군대와 군수품을 잃지 않으려는 것이다. 여러분은 자본과 평정을 잃지 않아야 한다. 전쟁에 이기기 위해서는 때때로 몇 차례의 전투에서 승리를 내줄 줄도 알아야 한다. 일본에는 "연어를 낚기 위해서는 낚싯바늘 하나는 잃어버려도 괜찮다"는 속담이 있다. 손실제한주문이 실행되어 손해를 보더라도 낚싯바늘 하나를 잃어버렸다고 생각하라. 다른 낚싯바늘로 커다란 고기를 낚을 수 있을 것이다.

관통형(Piercing pattern)

대부분의 캔들 패턴이 그렇지만 각각의 하락 패턴에는 상반되는 상승 패턴이 있다. 흑운형의 경우도 마찬가지이다. 흑운형과 상반되는 패턴은 관통형이다(그림 4.26을 보라). 관통형은 하락장에서 나타나는 두 개의 캔들로 구성되어 있다. 첫 번째 캔들은 음봉이고 두 번째 캔들은 양봉이다. 이상적인 형태를 보자면 양봉의 시가는 전날의 저가보다 낮지만 그 뒤에 주가는 전날의 음봉 몸통 안으로 파고 들어간다.

관통형은 상승장악형과 비슷하
다. 상승장악형에서는 양봉의 몸통
이 전날의 음봉 몸통 전체를 감싸
안는다. 관통형에서는 양봉의 몸통
이 전날의 음봉 몸통을 뚫지만 뒤덮
지는 못한다. 양봉의 몸통이 전날의
음봉 몸통 안으로 더 깊이 들어갈수
록 이 지점에서 상승 반전이 일어날

지지선

그림 4.26 관통형

가능성은 더욱 커진다. 이상적인 관통형에서는 양봉 몸통이 전날의 음봉 몸통
을 절반 이상 파고 올라간다. 관통형의 출현 전후에 형성되는 시장 심리는 이
렇게 설명할 수 있다. 시장의 추세는 약세이다. 하락세의 음봉 몸통은 이 판단을
뒷받침해준다. 다음날 개장과 함께 주가는 큰 폭으로 떨어진다. 매도세력은 시
장 상황에 만족한다. 하지만 그 뒤 장이 마감될 무렵 주가가 치솟고 종가가 전날
의 종가를 뛰어넘는다. 매도세력은 상황을 재고한다. 매수를 원하는 사람들은
주가가 더 이상 낮아지지 않으리라 판단하고는 좋은 기회가 왔다고 생각한다.

관통형은 흑운형에서 얘기한 1~4의 경우가 똑같이 적용된다. 물론 흑운형과
는 상황이 반대로 전개된다(앞부분을 보라). 흑운형에서는 두 번째 날의 음봉이
전날의 양봉 몸통 절반보다 아래에서 종가를 형성하는 것이 바람직하지만 이
규칙에는 어느 정도 융통성이 있다. 그런데 관통형에는 융통성이 별로 없다.
관통형의 양봉은 필히 음봉 몸통의 절반 위로 올라가 있어야 한다. 대신 일본
인들은 관통형 말고도 세 가지 패턴을 따로 구분했다. 걸침형, 진입형, 돌파형
이다(그림 4.27~29를 보라). 이들 패턴은 관통형과 기본적으로 비슷한 모양이다.
차이는 양봉이 음봉의 몸통 안으로 얼마나 깊이 들어가느냐에 있다. 걸침형의

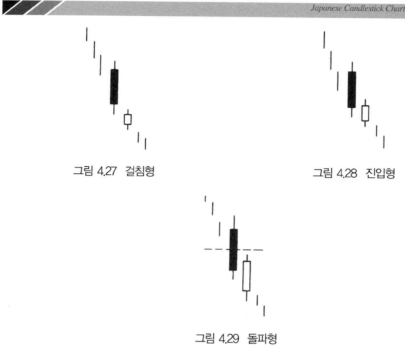

그림 4.27 걸침형

그림 4.28 진입형

그림 4.29 돌파형

양봉(보통 작다)은 전날 음봉의 저가 근처에서 종가가 형성된다. 진입형의 양봉은 전날의 음봉 몸통 안으로 약간 파고들어가 종가를 형성한다(양봉의 몸통이 역시 작다). 돌파형은 양봉이 더 크지만 여전히 종가가 앞에 있는 음봉 몸통의 절반 위로 올라가지 못한다.

사실 그림 4.27~29의 개별적인 패턴들을 기억할 필요는 없다. 단 양봉이 음봉 몸통의 절반 위로 올라가면 더 강력한 상승 반전신호가 된다는 사실만은 명심하라.

그림 4.30의 1과 2에서 볼 수 있는 긴 아랫그림자들은 56달러 근처에 있는 잠재적 지지선의 존재를 확인시켜준다. 하지만 9월 8일의 캔들은 54달러 근처에서 시가를 기록하며 지지선을 하향 돌파했다. 이때는 매도세가 시장을 장악했거나 아니면 적어도 그렇게 보였다. 하지만 9월 8일 장이 마감될 무렵 매수

그림 4.30 데이턴-허드슨, 일간차트(관통형)

세가 주가를 전날의 종가 위로 끌어올리는 데 성공했다. 9월 7일과 8일의 캔들
은 관통형을 만들었다. 관통형 출현 후 1주일이 지나고 나서 9월 16일 망치형
이 출현해 54달러 근처에서 지지선을 형성했다. 망치형 출현 후 1주일이 지나
긴 아랫그림자들이 만들어지면서 이 지지선을 확인시켜줬다.

그림 4.31을 보면 3월 중순에 상승장악형에서 반등이 시작됐다. 하지만 3월
24일에 59달러 근처에서 팽이형이 출현하면서 더 이상의 주가 상승이 힘겹다
는 신호가 나타났다. 4월 3일 장대 양봉이 나타나면서 종가가 59달러를 넘었
다. 적어도 다음날이 될 때까지는 매수세가 다시 힘을 얻은 듯했다. 4월 4일에

그림 4.31 아메리칸 제너럴, 일간차트(관통형)

는 변형된 형태의 흑운형이 형성됐다. 이 흑운형을 변형된 형태라고 하는 것은 일반적인 흑운형은 두 번째 날의 시가가 전날의 고가보다 높기 때문이다. 이 경우에는 두 번째 날의 시가가 전날의 종가보다 높을 뿐이다. 그럼에도 4월 4일의 음봉은 양봉의 몸통 아래쪽으로 깊숙이 내려갔기 때문에 이상적인 흑운형만큼 효과적인 반전신호가 된다고 하겠다.

　4월 17일과 18일의 관통형은 반등을 예고한다. 여기서 시작된 주가 상승 흐름은 4월 25일과 26일에 또 다른 흑운형이 출현하기 전까지 계속됐다. 이 두 번째 흑운형 역시 변형된 형태의 흑운형으로 볼 수 있다. 왜 그런가? 음봉 몸통이 양봉 몸통의 절반 아래로 내려가지 않았기 때문이다. 이 패턴은 고전적인 흑운형에 속하지는 않지만, 이 변형된 형태의 흑운형이 고전적인 흑운형만큼 신뢰할 만한 하락 반전신호라고 믿을 수 있는 데는 두 가지 이유가 있다. (1) 4월 26일의 음봉은 시가가 전날의 고가보다 훨씬 높았지만 종가는 전날의 종가 아래로 떨어졌다. (2) 이 패턴은 또한 추가 상승의 실패를 보여준다. 따라서 4월 초의 흑운형에서 형성된 저항선을 확인시켜주고 있다.

이 차트를 통해 우리는 이상적인 캔들 패턴이 아니라고 해도 그 캔들이 (1) 전체 시장의 관점에서 (2) 어디서, 어떻게 형성됐는지 보고 판단해야 한다는 점을 배울 수 있다. 이 두 가지 사항을 유념하면 완전하지 못한 어떤 패턴이 명확하게 정의된 이상적 패턴만큼 의미가 있는지의 여부를 판단하는 데 도움이 될 것이다. 이러한 주관적인 판단이 필요하기 때문에 캔들 패턴을 컴퓨터로 인식하는 일은 곤란할 수밖에 없다. 예컨대 그림 4.31에 있는 두 개의 흑운형은 흑운형의 고전적 정의를 충족시키지 못하지만 이미 얘기했듯이 어디서 어떻게 형성됐는가에 따라 흑운형으로 간주할 수 있는 것이다.

관통형에서 양봉이 전날의 음봉 몸통 안으로 깊숙이 파고들지 않을 때는 다음번에 더 높은 종가를 기록하는가를 확인하는 것이 좋다. 그림 4.32에서는 3월 31일의 늦은 아침 시간에 양봉이 음봉 몸통 안으로 밀고 들어왔다. 하지만 종가가 음봉의 절반 위에서 형성되지 않았기 때문에 관통형은 아니었다. 이것은 돌파형이었다. 그러나 그 뒤에 나타난 캔들의 종가가 더 높아졌기 때문에 이 돌파형을 상승 반전신호로 판단할 수 있다. 3월 31일의 조금 더 늦은 시간에 117달러 근처에서 다시 돌파형이 출현했다. 보통 돌파형이 출현하면(이날 조금 더 이른 시간에 봤듯이) 상승 움직임을 추가적으로 확인해야 한다. 하지만 이 두 번째 돌파형은 그전의 지지선을 확인시켜줬기 때문에 추가적인 확인이 그다지 필요하지 않다(즉 그 다음 캔들에서 더 높은 종가를 확인할 때까지 기다릴 이유가 별로 없

© Aspen Graphics. Used by permission.

그림 4.32 인터내셔널 비즈니스 머신, 15분 단위차트(돌파형)

다). 따라서 적극적인 모멘텀 투자자에게는 두 번째 돌파형을 이루고 있는 양봉의 종가가 매수 기회가 될 것이다. 다음날 아침 일찍 등장한 하락장악형은 반전신호로서 이때는 시장을 빠져나가야 한다.

CHAPTER 5
별형(Star)

用人に飽きはない
One cannot be too cautious

아무리 조심해도 지나치지 않은 법이다

별형은 매혹적인 반전신호이다. 몸통이 큰 캔들이 등장한 뒤 갭을 형성하면서 작은 몸통의 캔들(음봉이든 양봉이든)이 등장할 때 이를 별형이라고 한다(그림 5.1을 보라). 별형의 몸통은 앞에 있는 캔들의 윗그림자 안에 있을 수 있다. 하지만 중요한 것은 몸통이 서로 겹치지 않아야 한다는 것이다(이 규칙에는 예외가 있다. 뒤에서 얘기할 것이다). 별형이 작은 몸통이 아니라 도지형이면 이를 도지별형이라고 한다(그림 5.2를 보라). 별형은, 특히 도지별형인 경우에는 기존의 추세가 끝났다는 신호이다.

별형의 작은 몸통은 매수세와 매도세 사이의 균형 상태를 나타낸다. 매수세는 주가 상승을 이끄는데 이때 별형이 등장하면 매수세력의 시장 주도에서 매수세와 매도세 간의 교착 상태로 상황이 바뀌었다는 의미다. 이러한 교착 상태는 매수세의 감소나 매도 압력의 증가 때문에 발생한다. 어쨌든 별형은 주가 상승의 동력이 얼마간 소진됐다는 것을 말해준다. 따라서 주가는 조정을 받을

그림 5.1 상승 추세와 하락 추세의 별형

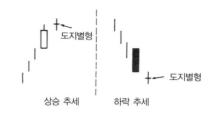

그림 5.2 상승 추세와 하락 추세의 도지별형

가능성이 크다.

하락 추세에서 나타나는 별형에 대해서도 똑같은 얘기를 할 수 있을 것이다. 물론 상황은 반대다(때때로 하락 추세에서 나타나는 별형을 물방울형이라고 부르기도 한다). 하락 추세에서 장대 음봉은 매도세가 시장을 주도하고 있다는 사실을 보여준다. 이때 나타나는 별형은 변화를 예고한다. 별형의 출현은 매도세력과 매수세력이 균형상태에 이르렀다는 것을 의미하기 때문이다. 다른 말로 하자면 하락의 기세가 이제 누그러졌다는 것이다. 이러한 상황에서는 하락장이 유지되기 힘들다.

별형은 4가지가 있다.

1. 샛별형
2. 저녁별형
3. 도지별형
4. 유성형

샛별형(Morning star)

샛별형(그림 5.3)은 상승 반전 패턴이다. 이 이름이 붙은 것은 일출을 예고하

는 샛별(수성의 별명)처럼 샛별형이 주
가 상승을 예고하기 때문이다. 샛별
형을 이루고 있는 캔들은 모두 세
개이다.

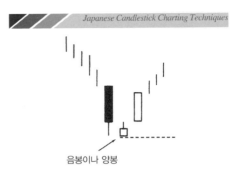

음봉이나 양봉

그림 5.3 샛별형

- 첫 번째 캔들 : 장대 음봉이다. 매
  도세가 시장을 주도하고 있다는
  증거다.
- 두 번째 캔들 : 이 캔들의 몸통은 앞의 음봉 몸통에 닿지 않는다(첫 번째 캔들과
  함께 이 두 캔들이 기본적인 별형을 이룬다). 몸통이 작다는 것은 매도세력이 주가의
  하락세를 유지할 능력을 잃어버렸다는 뜻이다.
- 세 번째 캔들 : 샛별형의 마지막 캔들은 양봉이다. 이 양봉의 몸통은 첫 번째
  캔들의 몸통 안으로 깊숙이 파고든다. 매수세가 시장에서 주도권을 잡았다
  는 신호다.

샛별형을 이루고 있는 세 캔들 중에서 가장 낮은 저가가 지지선을 형성한다.
그림 5.3에서 점선을 보라.

이상적인 샛별형은 두 번째 캔들과 세 번째 캔들의 몸통 사이에 갭이 있다.
내 경험으로는 이러한 갭이 없다고 해도 샛별형의 의미가 약해지지는 않는 것
같다. 두 번째 캔들이 팽이형이어야 하고, 세 번째 캔들이 첫 번째 음봉의 몸통
안으로 깊숙이 밀고 들어가야 한다는 것이 샛별형의 결정적인 요소이다.

그림 5.4에서 샛별형의 예를 보도록 하자. 7월 말과 8월 초에 세 개의 캔들
이 샛별형의 필요조건을 충족시키고 있다. 장대 음봉과 몸통이 작은 음봉, 그
다음에는 장대 양봉이 나타났다. 물론 이 패턴은 하락 추세 마지막에 출현했

하락 추세대 상향 돌파

샛별형

그림 5.4   밀, 주간차트(샛별형)

다. 이 패턴에서 이상적인 샛별형과 다른 점이 있다면 세 번째 캔들의 몸통이 두 번째 캔들의 몸통을 감싸 안고 있다는 것이다. 하지만 내 경험으로는 두 번째와 세 번째 캔들이 서로 겹친다 하더라도 이 패턴의 의미가 약화되지는 않는다. 사실 여기서 샛별형의 두 번째와 세 번째 캔들은 상승장악형을 이루고 있다.

이 그림은 또한 캔들차트가 바차트보다 얼마나 빈번히 반전신호를 제공하는지도 보여주고 있다. 3월에 시작된 하락 추세대는 이 해의 3/4분기까지 지속됐다. 서구식 기술적 분석에서는 종가가 하락 채널을 상향 돌파할 경우 하락 추세가 끝났다는 신호이다. 하지만 캔들차트에서는 그림 5.4에서 보다시피 하락 추세대의

© Aspen Graphics. Used by permission.

그림 5.5 메릴 린치, 일간차트(샛별형)

상향 돌파가 일어나기 훨씬 전에 (샛별형을 통해) 상승 반전을 예측할 수 있다.

   샛별형에는 한 가지 제약이 있다. 샛별형은 세 개의 캔들로 구성되어 있기 때문에 패턴을 확인하기 위해서는 세 번째 캔들의 종가가 나타날 때까지 기다려야 한다. 대개의 경우 세 번째 캔들이 장대 양봉이면 주가가 이미 큰 폭으로 상승한 뒤에 신호를 확인하게 된다. 다른 말로 하자면 샛별형이 형성됐을 때는 리스크/수익 관점에서 그다지 매력적인 거래 기회가 아닐 수 있다는 것이다. 한 가지 선택은 샛별형의 지지선까지 주가 조정을 기다렸다가 주식 매수에 나서는 것이다. 그림 5.5에서는 2월 8일로 시작하는 주에 샛별형이 형성됐다. 누군가 샛별형이 만들어지고 나서 72달러 근처에서 주식을 샀다면 다음날 그는 손해를 볼 것이다. 하지만 주식 매수에 나서기 전 샛별형의 저가 근처로(65.50달러 근처로) 주가 조정이 일어나기를 기다리면 리스크를 줄일 수 있을 것이다. 이때는 샛별형의 저가 아래에 손실제한주문을 해둬야 한다. 주가는 상승하는 지지선을 따라 계속 올라갔다(추세선에 관해서는 11장에서 상세히 다룰 것이다).

이상적인 샛별형과 저녁별형은 세 캔들의 몸통이 서로 닿지 않지만 직전 종가와 이어지는 시가가 서로 같거나 비슷한 시장의 경우에는 샛별형(그리고 저녁별형)에 대한 정의가 훨씬 더 유연해진다. 다음과 같은 경우다.

1. 공식적인 개장과 폐장이 없는 외환시장
2. 반도체 지수나 제약 지수 같은 지수 차트
3. 일중 차트―예컨대 15분 단위의 차트에서 15분 단위의 시가는 앞의 15분의 종가와 거의 다르지 않다.

그림 5.6의 일중 차트를 이용하여 캔들 패턴을 해석하는 데 유연성이 얼마나 중요한지 알아보도록 하자. 12월 27일 정오 지수는 새로운 저가를 형성했고, 그 와중에 그날 일찍 형성됐던 3535~3530포인트의 지지선이 하향 돌파됐다. 따라서 매도세력이 시장을 장악했다. 하지만 오후 1시에 몸통이 작은 양봉이 나타나고 이어 장대 양봉이 나타나면서 샛별형을 형성했다. 이들 캔들의 몸통이 서로 겹쳐 있는 것을 확인하라(두 번째 캔들의 시가는 첫 번째 캔들의 종가와 똑같고, 세 번째 캔들의 시가는 두 번째 캔들의 종가와 똑같다). 이 차트는 대개 시가와 종가의 차이가 미미한 일중 차트이기 때문에 나는 이 샛별형이 유효하다고 생각한다. 패턴을 마무리 짓는 세 번째 캔들이 지수를 이전에 돌파된 3530포인트 근처의 지지선 위로 끌어올렸기 때문에 이 샛별형은 훨씬 더 신뢰할 만한 신호라고 하

그림 5.6   나스닥 종합지수, 15분 단위차트(샛별형)

겠다. 주가가 새로운 저가를 형성했지만 매도세력이 새로운 저가를 유지하지 못할 때는 대개 반전신호로 받아들일 수 있다.

저녁별형(Evening star)

저녁별형은 샛별형과 반대되는 약세 패턴이다. 밤이 오기 전에 저녁별(금성의 또 다른 이름이다)이 나타나기 때문에 이러한 이름이 붙었다. 저녁별형은 상승 추세 뒤에 나타나는 하락 반전신호이다. 세 개의 캔들이 저녁별형을 이루고 있다 (그림 5.7을 보라). 첫 번째 캔들은 장대 양봉이고 두 번째 캔들과 함께 별형을 이

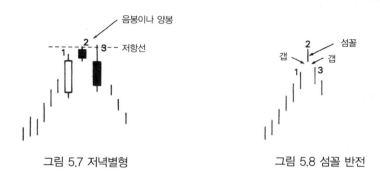

그림 5.7 저녁별형   그림 5.8 섬꼴 반전

른다. 별형은 천장을 암시하는 최초의 신호다. 세 번째 캔들은 천장을 확인시켜주면서 저녁별형의 형태를 완성시킨다. 세 번째 캔들은 음봉으로 종가가 첫 번째 캔들의 몸통 안으로 깊숙이 밀고 내려간다. 저녁별형은 교통 신호등과도 비슷하다. 신호는 녹색(강세의 양봉)에서 노란색(별형의 경고 신호)으로, 그리고 빨간색(이전의 추세가 끝났음을 확인시켜주는 음봉)으로 진행된다.

원칙적으로 저녁별형은 첫 번째와 두 번째 캔들의 몸통 사이에 갭이 있고, 두 번째와 세 번째 캔들의 몸통 사이에도 갭이 있다. 하지만 샛별형을 다룰 때도 말했듯이 두 번째 갭은 보기 드물고 이 패턴에 꼭 필요하다고 할 수도 없다. 중요한 점은 세 번째 캔들(음봉)의 몸통이 첫 번째 캔들(양봉)의 몸통 안으로 얼마나 깊이 파고 들어가는가 하는 것이다.

얼핏 보면 그림 5.7은 서양의 기술적 분석에 쓰이는 섬꼴 반전(그림 5.8)과도 비슷하다. 하지만 더 면밀하게 살펴보면 저녁별형이 섬꼴 반전보다 더 유용한 반전신호라는 것을 알 수 있다. 섬꼴의 경우 둘째 날의 저가가 첫째 날과 셋째 날의 고가보다 높아야 한다. 하지만 이상적인 저녁별형의 경우는 둘째 캔들의 몸통이 첫째 캔들과 셋째 캔들의 몸통 위에만 있으면 반전신호가 된다.

다음과 같은 경우 저녁별형 또는 샛별형이 반전신호가 될 가능성이 커진다.

1. 첫 번째, 둘째, 세 번째 캔들의 몸통이 서로 겹치지 않을 때
2. 세 번째 캔들이 첫 번째 캔들의 몸통 아래쪽으로 깊이 파고들 때
3. 첫째 날에는 거래량이 미미했지만, 둘째 날에는 거래량이 엄청나게 증가했을 때. 이러한 상황은 이전의 추세를 떠받치는 힘이 감소하고 새로운 추세를 이끄는 힘이 증가했다는 것을 의미한다.

저녁별형의 고가는 저항선 역할을 한다. 그림 5.7의 점선을 보라.

그림 5.9를 보자. 1월 초에 고전적인 저녁별형이 형성됐다. 이 저녁별형은 첫 번째와 두 번째 캔들의 몸통 사이에 그리고 두 번째와 세 번째 캔들의 몸통 사이에 갭이 있어야 한다는 필요조건을 충족시킨다. 저녁별형의 두 번째 캔들은 사실 다음날 하락세의 확인이 요구되는 교수형이다. 지수는 저녁별형에서 하락하기 시작하여 한 주 뒤 A지점에서 1210포인트 근처까지 내려간다. 이어 주가는 A에서 반등하여 한 주 뒤에 도지형을 형성하며 주춤한다. 이 근처에는 저녁별형에서 형성된 저항선이 자리 잡고 있다. 이 도지형은 주가 상승세가 끝났다는 것을 암시한다(도지형에 관해서는 8장에서 상세히 다룰 것이다).

2월의 첫째 주 지수가 이 저항선까지 반등했을 때 B 지점에서 하락장악형이 형성됐다. 이 하락장악형은 캔들 패턴을 정의하는 데는 추세가 중요하다는 사실을 보여주고 있다. 이미 말했듯이 음봉 몸통이 전날의 양봉 몸통을 뒤덮을 때 하락장악형이라고 한다. 그런데 A지점에서도 음봉 몸통이 전날의 양봉 몸통을 뒤덮고 있다. 그렇다면 이것 역시 하락장악형일까? 아니다. 주가 하락 뒤에 나타났기 때문에 하락장악형이라고 할 수 없다. 하락 반전신호로서의 하락장악형은 그전에 상승 추세가 존재해야 한다. A가 아니라 B를 하락장악형이라

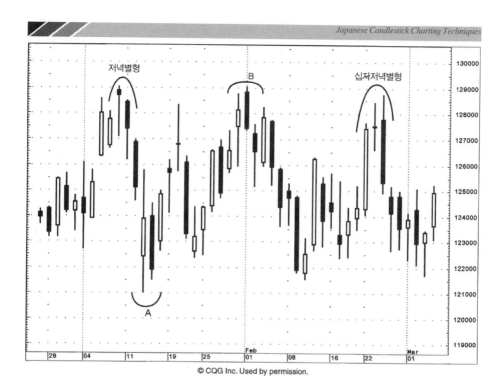

© CQG Inc. Used by permission.

그림 5.9 S&P지수, 일간차트(저녁별형)

고 하는 것도 이 때문이다.

2월 말에 다시 출현한 도지형은 저녁별형의 저항선 근처에서 매도 물량이 쏟아져 나왔다는 사실을 보여준다. 이 도지형 이후에 장대 음봉이 나타나면서 또 다른 저녁별형이 형성됐다. 이 저녁별형의 경우는 둘째 캔들이 팽이형이 아니라 도지형이다. 이러한 도지형은 특별히 십자저녁별형이라고 하는데 이에 관해서는 뒤에서 더 상세히 다룰 것이다. 두 번째 저녁별형은 둘째 캔들과 셋째 캔들 몸통이 서로 겹치는 사례이다. 내 경험으로는 이러한 패턴 역시 캔들 몸통이 서로 닿지 않는 전형적인 저녁별형만큼이나 유효한 반전신호가 된다.

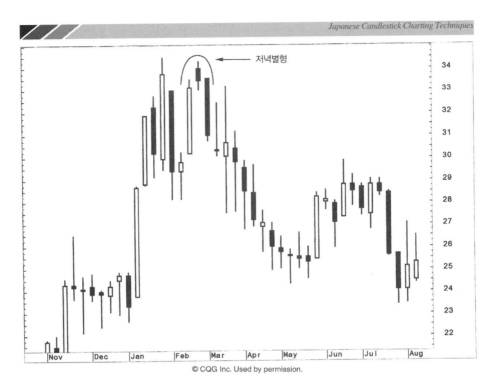

저녁별형

© CQG Inc. Used by permission.

그림 5.10   로저 커뮤니케이션, 주간차트(저녁별형)

일부 캔들 패턴에서 생기는 난처한 문제는 패턴이 완성될 무렵에는 이미 주가가 고가나 저가에서 상당히 벗어나 있게 된다는 점이다. 저녁별형의 경우 장대 음봉의 출현으로 패턴이 완성될 때까지 기다려야 하기 때문에 추세가 바뀌고 나서 얼마 뒤에야 반전신호를 확인할 수 있다. 그림 5.10을 보도록 하자.

차트를 보면 34달러 근처에서 고가가 형성됐고 저녁별형의 세 번째 캔들은 31달러에서 종가를 기록했다. 저녁별형을 보고 31달러에 주식을 팔았다면 저녁별형의 고가인 34달러까지 리스크가 된다. 이 3달러 리스크보다 목표 수익이 훨씬 크다면 리스크는 문제되지 않는다. 그렇다면 리스크/수익률에 따른 유익한 거래가 될 것이다.

하지만 이 3달러 리스크가 너무 크다면 저녁별형의 천장에 있는 저항선 근처까지 주가가 반등하기를 기다려 리스크/수익률을 개선할 수 있다(물론 반등이 반드시 있다고 보장할 수는 없다). 이 예에서 저녁별형이 출현하고 나서 이틀 뒤 2달러가 반등하여 주가는 34달러의 저항선에 매우 근접하게 됐다. 주가 하락이 시작된 뒤에는 4월과 5월까지 하락이 이어졌다. 그러나 작아지는 캔들의 몸통이 추세 반전의 가능성이 커졌다는 사실을 예고하고 있다.

Plus

역사적 배경

저녁별형과 샛별형은 원래 전체 이름이 삼천저녁별형과 삼천샛별형이었다. 나는 처음에는 캔들이 세 개이기 때문에 "삼천"(三川)이라는 이름이 앞에 붙은 줄 알았다. 하지만 그 기원은 내 생각보다 훨씬 더 매혹적이었다. 16세기 말에 활약한 위대한 장수 오다 노부나가는 중세 일본을 통일한 세 명의 군사 지도자 중 한 명이다(2장을 보라). 그는 매우 비옥한 곡창 지대에서 중요한 전투를 벌인 적이 있다. 쌀은 부의 척도였기 때문에 노부나가는 어떻게든 이 땅을 빼앗기로 마음먹었다. 한편 그 땅의 영주도 방어에 총력을 기울였다. 이 비옥한 곡창 지대에는 강이 세 개 있었다. 이곳은 강력한 방어 시설이 구축되어 있었기 때문에 노부나가는 이 세 개의 강을 건너는 데 어려움을 겪다가 마침내 그의 군대가 이 세 강을 건너면서 승리를 거둘 수 있었다. "삼천"저녁별형과 "삼천"샛별형은 이때의 상황을 반영하고 있다. 일단 이러한 패턴이 형성되면 이를 극복하기가 어렵다는 뜻이다. 따라서 강세의 삼천샛별형은 중요한 지지선이 되고, 약세의 삼천저녁별형은 중요한 저항선이 된다. 하지만 "삼천"의 장벽을 넘으면 공격하는 군대는 승리를 보장받을 수 있다. 정말로 저녁별형의 저항선 위로(샛별형의 지지선 아래로) 종가가 형성되면 매수세(매도세)가 전장을 장악하게 된다.

십자샛별형과 십자저녁별형(Morning and Evening doji star)

저녁별형의 두 번째 캔들이 작은 몸통이 아니라 도지형으로 이루어져 있는 경우는 십자저녁별형이라고 한다(그림 5.11을 보라). 십자저녁별형은 독특한 형태의 저녁별형이고 앞의 그림 5.9에서 그 예를 볼 수 있다.

별 부분(즉 세 캔들 중 두 번째 캔들)이 도지형인 샛별형은 십자샛별형이라고 한다(그림 5.12를 보라). 십자샛별형은 상승 반전신호의 의미가 있다.

십자저녁별형에서 도지형의 아랫그림자가 첫 번째나 세 번째 캔들의 윗그림자와 겹치지 않을 경우(즉 그림자가 서로 만나지 않을 경우) 이를 하락기아형이라고 하는 하락 반전신호로 볼 수 있다(그림 5.13을 보라). 하지만 이 패턴은 매우 드물다.

십자샛별형에 대해서도 똑같은 얘기를 반대로 할 수 있다. 즉 십자샛별형에서 도지형이 앞뒤의 캔들과 갭을 두고 떨어져 있으면 이때 바닥이 형성된다. 이렇게 형성된 패턴을 상승기아형이라고 한다(그림 5.14를 보라). 이 패턴 역시 매우 드물게 나타난다. 서구식 기술적 분석에서 도지형의 섬꼴 반전이 형성됐을 때를 기아형이라고 할 수 있는데, 이를 생각해보면 기아형이 얼마나 드물게 일어나는지 짐작할 수 있을 것이다.

그림 5.15에서 볼 수 있는 샛별형은 두 번째 캔들이 도지형이므로 십자샛별형이다. 여기서 우리는 세 번째 캔들이 두 번째 캔들(즉 도지형)의 몸통과 약간

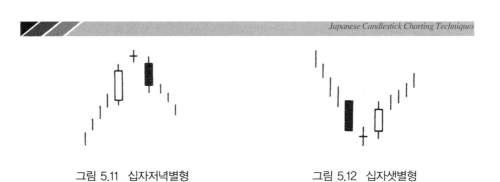

Japanese Candlestick Charting Techniques

그림 5.11 십자저녁별형   그림 5.12 십자샛별형

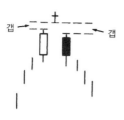

그림 5.13   하락기아형

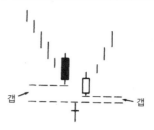

그림 5.14   상승기아형

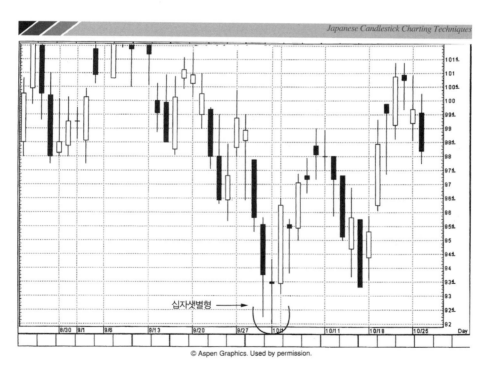

그림 5.15   프록터 앤드 갬블, 일간차트(십자샛별형)

겹치는 것을 알 수 있다. 이 십자샛별형에서 주가 상승이 시작됐지만 일련의 팽이형(작은 몸통)이 형성되면서 힘이 떨어졌다. 전통적인 샛별형의 경우처럼 십자샛별형의 가장 낮은 저가(이 경우에는 92달러)가 지지선 역할을 한다. 이로써 10월 중순의 주가 움직임을 설명할 수 있다. 십자샛별형의 도지형 캔들은 윗그림자와 아랫그림자가 무척 길다. 이는 그전의 주가 추세(이 경우에는 하락세)가 힘을 잃고 있다는 증거다. 이러한 도지형은 키다리형 도지(또는 십자형 도지)라고 하며, 이에 관해서는 8장에서 상세하게 알아볼 것이다.

그림 5.16에서는 십자저녁별형을 볼 수 있다. 이상적인 형태라면 이 패턴에

그림 5.16 제약 지수, 일간차트(십자저녁별형)

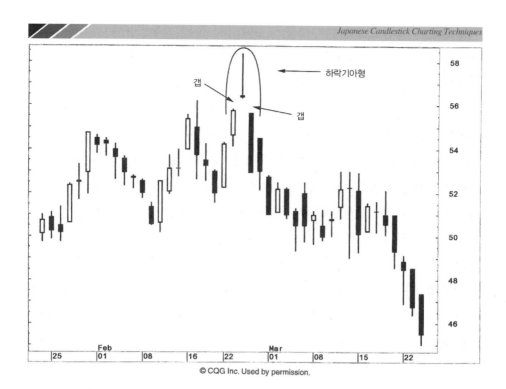

그림 5.17 CVS, 일간차트(하락기아형)

서는 마지막 음봉의 종가가 첫 번째 캔들의 몸통 안으로 조금 더 내려가 있어야 할 것이다. 하지만 이때는 400달러라는 100단위 가격(100단위의 가격은 심리적으로도 지지선이나 저항선이 될 수 있다)을 돌파했던 때이다. 며칠 뒤 주가가 이 패턴의 저항선을 돌파하려다 실패했다는 사실(윗그림자가 긴 캔들을 보라)은 이 패턴이 틀림없는 십자저녁별형임을 입증해준다. 이 400달러선은 다음 몇 주 동안 상승 한계로 남아 있었다. 결국 11월 30일에 장대 음봉의 출현으로 하락장악형이 만들어지면서 "치명타"를 맞았다.

그림 5.17에서는 2월 말에 십자저녁별형이 형성됐다. 도지형의 앞과 뒤에 갭

© Aspen Graphics. Used by permission.

그림 5.18 대두유, 일간차트(상승기아형)

이 만들어져 있기 때문에 이 패턴은 하락기아형이기도 하다. 여기서도 세 번째 캔들을 유심히 봐야 한다. 전날 56달러 위로 올라간 종가는 유지되지 못했다. 새롭게 고가가 형성됐지만 매수세가 이러한 고가 영역을 지탱시킬 수 없을 때는 대개 하락장이 시작된다. 이에 관해서는 11장에서 논의할 것이다.

　　이상적인 상승기아형은 두 번째 캔들이 도지형이다. 그림 5.18에서는 두 번째 캔들이 이상적인 상승기아형에 요구되는 도지형이 아니라 몸통이 작은 양봉이다. 하지만 몸통이 매우 작기 때문에 도지형으로 간주될 수 있고, 따라서 이 패턴을 상승기아형의 변형으로 볼 수 있다(이 두 번째 캔들은 망치형이기도 하다).

여기서부터 주가가 상승했지만 곧 긴 윗그림자들이 나타나(화살표를 보라) 매수세가 시장을 지배하고 있지 못하다는 사실을 알려줬다. 이는 주가가 천장을 쳤다는 예측을 뒷받침했으며 반등은 4월 6일과 7일 상승장악형이 출현한 뒤 시작됐다.

유성형과 역망치형(Shooting star and Inverted hammer)

그림 5.19에서 보듯이 유성형은 몸통이 작고 윗그림자가 길고 아랫그림자가 (거의) 없다. 이 캔들의 이름이 왜 유성형인지는 쉽게 알 수 있을 것이다. 꼬리를 길게 끌며 하늘에서 떨어지는 유성과 닮았기 때문이다. 일본에서는 유성을 보면 근심이 머리 위로 떨어졌다고 생각한다. 하나의 캔들로 되어 있기 때문에 보통 유성형은 하락장악형이나 저녁별형만큼 중요한 반전신호가 되지 못한다. 또한 이 두 패턴처럼 중요한 저항선이 된다고 보기도 어렵다.

모든 별형이 그렇지만 몸통의 색깔은 중요하지 않다. 유성형이 전해주는 시각적 정보는 주가가 저가 근처에서 시작됐다가 큰 폭으로 치솟은 다음 결국 시가 근처로 떨어졌다는 것이다. 다른 말로 하자면 장중의 반등이 유지될 수 없었다는 것이다.

유성형은 하락 반전신호이기 때문에 주가 상승 마지막에 출현해야 한다. 이상적인 유성형은 앞에 있는 캔들 몸통과 갭을 형성한다. 곧 여러 차트에서 그 예를 보겠지만 그럼에도 이러한 갭이 꼭 있어야 하는 것은 아니다. 사실 상승갭이 없으면 유성형을 하락 반전신호로 볼 이유가 더 커진다. 7장에서 논의되겠지만 일본에

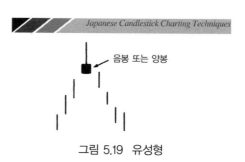

그림 5.19 유성형

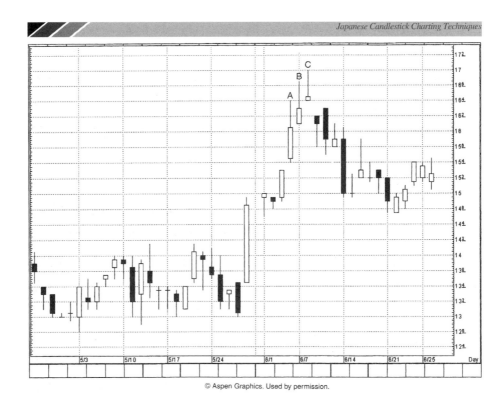

그림 5.20 메일 웰, 일간차트(유성형)

서 "상승창"이라고 불리는 상승갭은 강세 신호이기 때문이다. 따라서 유성형에 갭이 없으면 추세가 강세로 바뀔 가능성은 낮아진다고 말할 수 있다. 유성형 캔들이 하락 추세 마지막에 출현하면 상승신호가 된다. 이러한 캔들은 역망치형이라고 불린다. 역망치형은 이 장의 마지막에서 자세히 얘기할 것이다.

유성형(Shooting star)

그림 5.20을 캔들차트가 아니라 바차트로 만들면 주가는 A, B, C 지점에서

© Aspen Graphics. Used by permission.

그림 5.21 유니방코, 일간차트(유성형)

견조세를 유지하고 있는 것처럼 보일 것이다. 각각의 지점을 지나며 더 높은 고가와 더 높은 저가, 더 높은 종가를 형성하기 때문이다. 하지만 캔들차트에서 보면 위험 신호를 발견할 수 있다. 구체적으로 말해서 A, B, C의 긴 윗그림자들을 보면 주가가 일본에서 말하듯이 "괴로워하며 올라가고 있다"는 사실을 분명하게 알 수 있는 것이다. 마침내 C에서 천장이 형성되면서 유성형이 출현했다. 비석형 도지(시가와 종가와 저가가 같은 도지형 캔들)는 유성형과 비슷하게 생겼다. 사실 비석형 도지는 유성형의 일종이다. 유성형은 몸통이 작지만 비석형 도지는 몸통이 없다. 비석형 도지는 따라서 유성형보다 더 확실한 하락신호이다.

© Aspen Graphics. Used by permission.

그림 5.22 코닝, 30분 단위차트(유성형)

그림 5.21을 보면 3월 10일에 34.50달러에서 최초의 유성형이 등장한다. 몇 주 뒤, 똑같은 34.50달러선에서 세 개의 유성형이 연속적으로 나타난다. 이에 따라 매수세가 매번 주가를 34.50달러까지 끌어올리기는 하지만 장중 고가를 종가까지 끌고 가는 데는 힘이 부친다는 사실을 알 수 있다. 유성형은 시장이 더 이상의 주가 상승을 거부하고 있다는 사실을 시각적으로 보여준다. 이 예에서처럼 똑같은 가격대에서 신호가 거듭 나타날 때 저항선은 굳건해진다. 이 경우에는 연속적으로 출현한 유성형이 반전의 가능성을 극적으로 증가시켰다.

물론 매수세력이 유성형의 고가 이상으로 종가를 끌어올릴 힘이 있었다면 우리는 하락 전망을 재평가했어야 할 것이다.

그림 5.22에서 8월 22일에 일찍부터 출현한 유성형은 304달러 근처의 저항선을 다졌다. 이 유성형이 그 지점에서 상향 돌파에 실패한 3번째 캔들이기 때문이다. 유성형 다음의 30분 뒤 음봉이 출현하여 하락장악형이 형성되며 천장이 형성됐다. 그 뒤 주가는 박스권 안에서 안정화됐다. 8월 23일 늦은 시간에 출현한 망치형은 294달러에서 지지선을 형성했다(다음날 일찍 출현한 또 다른 망치형은 이 지지선을 뒷받침했다). 294달러 근처에서 반등하기 시작한 주가는 유성형의 저항선에 의해 형성된 304달러 근처에서 천장을 쳤다.

역망치형(Inverted hammer)

별형은 아니지만 여기에서 역망치형을 소개하는 것이 좋을 것 같다. 역망치형이 유성형과 비슷하기 때문이다. 그림 5.23에서 별형이나 역망치형이 윗그림자가 길고 몸통이 작으며 아랫그림자가 (거의) 없다는 점에서 똑같다는 것을 알 수 있다. 이 두 패턴의 유일한 차이라면 역망치형은 하락세 마지막에 출현한다는 점이다. 따라서 유성형은 하락 반전신호지만 역망치형은 상승 반전신호이다. 역망치형의 몸통 색깔은 중요하지 않다. 유성형과 역망치형의 개념은 망치형과 교수형의 개념과 비슷하다(4장을 보라). 즉 캔들의 모양은 똑같고 단지 이전의 추세에 따라 상승신호냐 하락신호냐가 결정되는 것이다.

망치형에 하락 추세 확인이 필요한 것처럼 역망치형 역시 상승 추세 확인이 필요하다. 다음날의 시가 그리고 특히 종가가 역망치형의 몸통

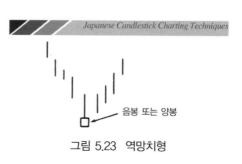

그림 5.23 역망치형

© Aspen Graphics. Used by permission.

그림 5.24 마이크로소프트, 일간차트(역망치형)

위에 있는지를 확인해야 한다.

 역망치형에서 확인이 필요한 이유는 긴 윗그림자가 약세 요소를 나타내기 때문이다. 역망치형이 출현한 날 주가는 저가 근처에서 시작한 다음 반등한다. 하지만 매수세력은 반등을 이어나가는 데 실패하고 장이 마감될 무렵 주가는 저가 근처로 다시 떨어진다. 이러한 하락 움직임이 어떻게 상승 반전신호가 될 수 있는가? 대답은 다음날 어떤 일이 일어나는지 보면 알 수 있다. 다음날 시가 그리고 특히 종가가 역망치형의 몸통 위에서 형성됐다면 역망치형의 시가나 종가에서 공매도를 했던 사람들이 돈을 잃었다는 뜻이다. 주가가 오랫동안 역

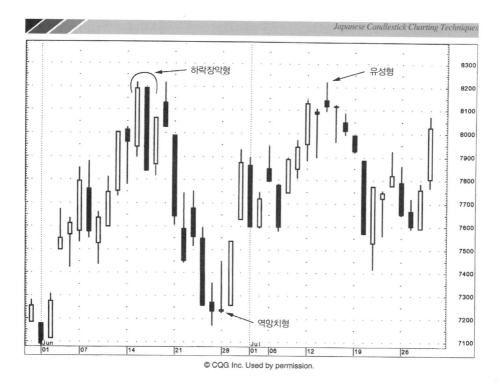

그림 5.25 석유 서비스 지수, 일간차트(역망치형)

망치형의 몸통 위에서 유지되면 공매자들이 주식을 도로 살 가능성이 커진다. 그러면 환매 움직임이 활발해져서 주가가 반등하고, 바닥에서 주식을 산 사람 들은 주식을 가지고 있고자 할 것이다. 이렇게 해서 저절로 주가가 상승하는 결과가 생긴다.

그림 5.24에서 5월 24일 망치형이 출현하여 76달러에서 지지선이 형성됐고 다음날 역망치형이 나타났다. 이로써 새로운 저가가 형성됐고 단기적인 하락 추세를 지시했지만 망치형의 지지선은 여전히 유지되고 있었다. 5월 26일의 종가에는 두 가지 의미가 있다. 우선 다시 한번 망치형의 지지선이 확인됐다.

그리고 역망치형의 몸통 위로 종가가 형성됐기 때문에 역망치형의 상승 추세가 확인됐다. 6월 2일에는 또 다른 망치형이 출현하여 76달러의 지지선을 다시 한번 확인시켜줬다.

그림 5.25에서는 6월 중순에 하락장악형이 형성되어 며칠 뒤 저항선 역할을 했다. 주가는 8200 근처의 저항선에서 하락하여 마지막에 역망치형을 만들었다. 다음날의 시가 그리고 특히 종가가 높아졌다는 사실에서 역망치형의 추세 반전신호가 확인됐다. 여기서 시작된 반등은 7월 12일로 시작되는 주까지 계속됐다. 이때 출현한 유성형은 6월 중순에 출현한 하락장악형의 저항선이 여전히 영향력을 발휘하고 있다는 사실을 보여준다.

CHAPTER 6
그외의 반전 패턴

臭い物に蓋

Put a lid on what smells bad

나쁜 냄새가 나는 것은 뚜껑을 덮어라

4장과 5장의 반전 패턴 대부분은 상대적으로 강한 반전신호다. 이러한 신호들은 매수세력이 매도세력에게서 주도권을 빼앗았다거나(상승장악형이나 샛별형, 관통형의 경우처럼) 매도세력이 매수세력에게서 주도권을 빼앗았다는(하락장악형이나 저녁별형, 흑운형의 경우처럼) 사실을 보여준다. 이 장에서 우선 살펴볼 반전 패턴들은 4장과 5장의 반전 패턴과 비교해봤을 때 항상 그렇지는 않다 하더라도 대개는 약한 반전신호들이다. 여기에는 잉태형, 상승집게형, 하락집게형, 샅바형, 까마귀형, 반격형이 있다. 그런 뒤 그보다는 약간 더 강력한 반전신호들에 대해 알아볼 것이다. 흑삼병, 적삼병, 삼산형, 삼천형, 만두형 천장, 프라이팬형 바닥, 탑형 천장과 탑형 바닥이 있다.

잉태형(Harami)

팽이형(즉 작은 몸통)은 여러 캔들 패턴에서 중요한 요소가 된다. 5장에서 본

별형에서도 이 장에서 다룰 잉태형
에서도 팽이형이 등장한다. 잉태형
(그림 6.1을 보라)에서는 작은 캔들의
몸통이 일본인들이 말하는 "몸통이
비정상적으로 큰 음봉 또는 양봉"
안으로 들어가 있다. 일본인들은 여

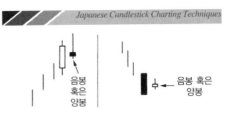

음봉 혹은 양봉

음봉 혹은 양봉

그림 6.1 잉태형

기서 큰 캔들을 "어머니" 캔들, 작은 캔들을 "아기" 또는 "태아" 캔들이라고 부른다. 잉태형의 두 번째 캔들은 음봉도 양봉도 될 수 있다. 예컨대 잉태형의 첫 번째와 두 번째 캔들이 양봉이면 "양봉–양봉 잉태형"이라고 한다.

일본에서는 하락잉태형이 출현하면 시장이 "숨차한다"고 표현한다. 하락잉태형은 시장의 건강에 이상이 생겼다는 것을 보여준다. 구체적으로 말해서 상승 추세 마지막에 장대 양봉에 뒤이어 작은 몸통의 캔들이 나타나면서 견조한 상승세가 불확실성에 빠진다. 또한 작은 캔들 몸통의 시가와 종가가 이전 캔들의 시가와 종가 범위 안에 위치함으로써 상승 동력이 약해졌다는 사실을 암시한다. 따라서 추세 반전의 가능성이 생긴다. 하락장에서는 장대 음봉으로 표현되는 강력한 매도세에 이어 둘째 날 주가 하락이 멈춘다. 작은 캔들 몸통이 나타나 매도세가 감소했다는 것을 알려주기 때문에 이러한 현상은 추세 반전을 예고한다.

첫째 날의 큰 캔들과 둘째 날의 작은 캔들로 이뤄진 잉태형의 캔들 조합은 장악형과는 정반대이다. 장악형에서는 긴 캔들 몸통이 앞에 있는 작은 캔들 몸통을 감싸 안는다.

잉태형과 장악형의 또 다른 차이는 장악형에서는 두 캔들의 몸통 색깔이 반대여야 하지만 잉태형에서는 꼭 그럴 필요가 없다. 하지만 대부분의 경우에는 잉태형에서도 캔들 몸통은 색깔이 반대로 나타난다.

잉태형은 서구의 인사이드 데이 (Inside Day)에 해당한다(그림 6.2를 보라). 인사이드 데이에서는 둘째 캔들의 전체 범위가 첫째 캔들의 전체 범위 안에 있지만 잉태형의 경우에는 꼭 그럴 필요가 없다. 잉태형에

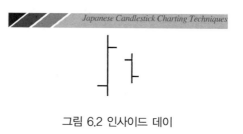

그림 6.2 인사이드 데이

서는 둘째 캔들의 몸통이 첫째 캔들의 몸통 안으로 들어가 있기만 하면 된다. 둘째 캔들의 그림자가 첫째 캔들의 고가와 저가 위나 아래에 있어도 상관없다. 그림 6.1의 왼쪽에 있는 하락잉태형을 보라. 둘째 캔들에서 윗그림자가 전날의 양봉 몸통 위로 뻗어 있다. 하지만 둘째 캔들의 몸통이 첫째 캔들의 몸통 안에 있기 때문에 이것은 여전히 잉태형이라고 할 수 있다.

십자잉태형(Harami cross)

흔한 형태의 잉태형은 몸통이 큰 캔들 뒤에 작은 몸통의 캔들 몸통이 나온다. 하지만 "작은" 캔들 몸통이 얼마나 작아야 하는가에 대해서는 정해진 원칙이 없다. 다른 많은 차트 기법과 비슷하게 주관적인 판단에 따른다. 원칙적으로는 둘째 캔들의 몸통이 작을수록 이 패턴의 의미는 강해진다. 보통 캔들 몸통이 작을수록 불확실성이 커지고 추세 반전이 일어날 가능성이 커지기 때문이다. 극단적인 경우, 몸통이 작아지고 시가와 종가의 간격이 좁아들면서 도지형이 형성된다. 하락장에서 장대 음봉 뒤에(혹은 상승장에서 장대 양봉 뒤에) 도지형이 출현하

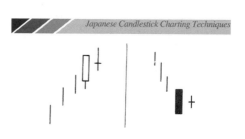

그림 6.3 십자잉태형

그림 6.4 S&P지수, 일간차트(잉태형)

면 이를 특히 십자잉태형이라고 한다. 그림 6.3을 보라.

　십자잉태형은 도지형이 포함되어 있기 때문에 통상적인 잉태형보다 더 강력한 반전신호로 간주된다. 십자잉태형은 때로는 석화(石化)형이라고 불리기도 한다. 그전의 추세가 반전을 준비하면서 돌이나 얼음처럼 굳어버린다는 의미로 이러한 이름이 붙은 것 같다. 매우 큰 양봉의 출현 뒤에 십자잉태형이 형성됐을 때 장기 투자자들의 경우 이를 무시하려면 큰 위험을 감수해야 한다. 십자잉태형은 바닥을 나타내기도 하지만 천장에서 훨씬 더 유용한 반전신호가 된다.

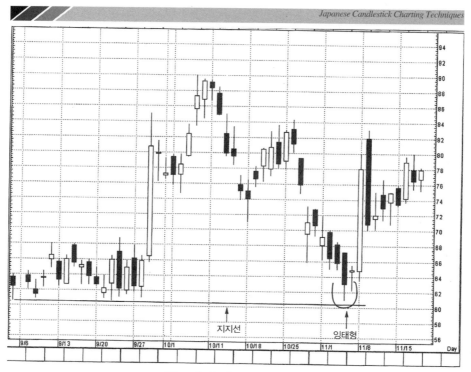

© Aspen Graphics. Used by permission.

그림 6.5 아마존, 일간차트(십자잉태형)

    그림 6.4에서는 10월 26일부터 기세 좋게 반등이 시작됐다. 이러한 움직임에서 세 번째로 나타난 10월 31일의 캔들은 지수를 10월 23~24일에 형성된 하락장악형(B)의 저항선 위로 끌어올렸다. 하지만 그날 매수세력이 무슨 이유 때문에 시장을 낙관하고 있었는지는 모르겠지만 주가 상승 흐름은 단기간에 끝나고 말았다. 그리하여 11월 1일에 잉태형이 형성됐다. 이때 나타난 캔들은 몸통이 매우 작기 때문에 이 패턴을 십자잉태형으로 볼 수도 있다. 잉태형 뒤에 나타난 일련의 팽이형은 상승 추세가 횡보세로 바뀌었다는 사실을 확인시

켜주고 있다. 11월 8일에는 장대 음봉이 출현하여 탑형 천장이 완성됐다(이 장의 마지막 부분을 보라).

그림 6.5에서는 교수형의 출현으로 주가가 하락하기 시작하여 11월 4일과 5일 잉태형이 출현하면서 바닥을 찍었다. 이 잉태형의 두 번째 캔들은 몸통이 매우 작기 때문에 도지형으로 볼 수 있고, 그렇다면 전체 패턴은 십자잉태형이 된다. 이 십자잉태형의 출현에서 중요한 것은 61달러 근처에서 형성되어 있던 지지선이 확인됐다는 사실이다(지지선을 수평선으로 표시했다). 바차트를 그린다고 해도 우리는 9월 초부터 말까지의 주가 움직임에 따라 이와 똑같은 지지선을 얻을 수 있을 것이다. 캔들차트를 활용한다고 해도 전통적인 바차트의 지지선이나 저항선을 활용해야 한다. 그림 6.5에서는 동양의 신호(잉태형)가 전통적인 서양의 신호(지지선)를 확인시켜주는 역할을 한다.

9월 29일과 30일에도 일찍이 십자잉태형이 나타났다. 이 십자잉태형의 출현과 함께 단기 추세는 상승세에서 횡보세로 바뀌었다. 이 패턴은 4장의 초반부에 설명한 중요한 사실을 보여주고 있다. 그것은 추세가 변하더라도 주가가 필연적으로 강세에서 약세로, 아니면 약세에서 강세로 바뀌는 것은 아니라는 사실이다. 이 그림에서는 두 개의 잉태형이 출현한 다음 그전의 상승세가 변화를 맞이했다. 11월의 잉태형에서는 추세가 하락세에서 상승세로 바뀌었고, 9월의 잉태형에서는 추세가 상승세에서 횡보세로 바뀌었다. 이처럼 두 개의 잉태형은 모두 정확하게 추세의 변화를 예고했다.

우리는 시장이 끊임없이 보내는 사소한 실마리들을 찾는 탐정이 되어야 한다. 이러한 실마리를 풀면서 시장의 흐름을 좇아야 한다. 그림 6.6에서 그 사례를 보기로 하자. 4월 19일 장대 양봉이 만들어지면서 주가는 저항선을 상향 돌파했다. 이 상향 돌파와 함께 상승세가 이어질 듯했다. 하지만 다음날 잉태형이 만들어지면서 시장의 분위기가 바뀌었다. 이 잉태형으로 단기 추세가 금세

© CQG Inc. Used by permission.

그림 6.6 파마시아, 일간차트(잉태형)

상승세에서 하락세로 바뀌지는 않는다 하더라도 이것은 분명히 경고 신호이
다. 따라서 주식 보유자들은 이러한 신호를 발견하면 주식을 매도하거나 손실
제한주문의 가격을 높여야 할 것이다. 잉태형 뒤에 도지형이 출현하면서(4월 24
일) 추세가 상승세에서 중립적으로 바뀌었다는 사실을 확인할 수 있다. 도지형
은 매수세력과 매도세력이 균형을 이루고 있다는 의미이다. 여기서부터 주가
는 하락하기 시작하여 5월 1일과 2일에 상승장악형(이 패턴의 첫 번째 캔들은 망치형
이다)을 만났다. 이 상승장악형에서 시작된 반등은 5월 9일 도지형이 나타나면
서 중단됐다. 1과 2지점의 캔들 역시 잉태형이다. 2지점의 잉태형은 두 번째 캔

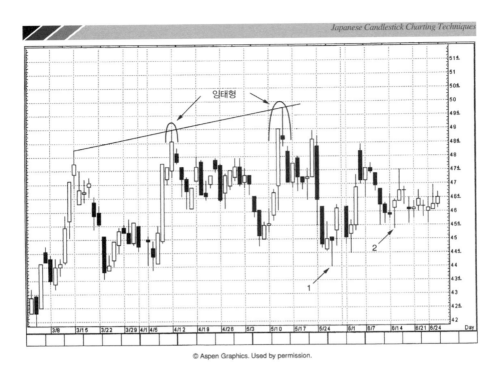

그림 6.7 크리스-크래프트 인더스트리, 일간차트(잉태형)

들이 도지형이기 때문에 십자잉태형이다.

　그림 6.7은 캔들차트 분석기법과 서구식 차트 분석 도구를 어떻게 효율적으로 함께 활용할 수 있는지를 잘 보여준다. 상승하는 저항선이 3월 15일과 4월 12일의 주가를 연결시켜주고 있다. 이 책의 2부(서구식 차트 분석 도구를 중점적으로 다룸)에서 상세히 다룰 테지만 상승 저항선은 공급 영역(area of supply)이 될 수 있다. 5월 13일 주가가 이 저항선과 만날 때 공급이 수요를 압도했다는 사실을 시각적으로 확인할 수 있다. 이때 윗그림자가 긴 캔들이 나타나 잉태형이 완성됐다. 전고점을 이루고 있는 4월 12일의 캔들과 13일의 캔들 역시 잉태형을 이

루고 있는 것을 확인하라. 1과 2지점의 망치형은 주가 안정의 신호이다.

하락집계형과 상승집계형(Tweezers top and bottom)

집계형은 고가 또는 저가가 일치하는 두 개 이상의 캔들로 이루어져 있다. 하락집계형과 상승집계형의 두 가지가 있으며, 두 가닥으로 갈라진 집게와 비슷하다고 해서 이러한 이름이 붙었다. 상승장에서는 두 개 이상의 캔들이 연속적으로 고가가 일치할 때 하락집계형이라고 하며 하락장에서는 두 개 이상의 캔들이 연속적으로 저가가 일치할 때를 상승집계형이라고 한다. 집계형에는 도지형 캔들들이 있을 수 있다. 이상적인 집계형의 경우 첫 번째 캔들은 크고 두 번째 캔들은 작아야 한다. 첫째 날 시장이 어떻게 움직이든(장대 양봉은 상승 추세이고 장대 음봉은 하락 추세) 둘째 날 똑같은 고가(하락집계형) 아니면 똑같은 저가(상승집계형)를 이루는 작은 캔들 몸통이 나타나면 추세의 동력을 잃게 된다. 집계형에 약세 신호(하락 반전)나 강세 신호(상승 반전)가 함께 있을 경우에는 그 중요성이 더욱 커진다.

그림 6.8~6.13에 대해 상세히 알아보자.

• 그림 6.8은 상승 추세에서 장대 양봉에 이어 도지형이 출현한 것을 보여준

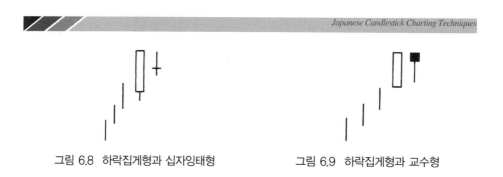

그림 6.8 하락집계형과 십자잉태형   그림 6.9 하락집계형과 교수형

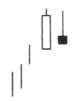

그림 6.10 하락집계형과 유성형

그림 6.11 하락집계형과 흑운형

다. 이 패턴은 캔들 두 개의 고가가 일치하는 십자잉태형이기도 하며, 따라서 중요한 의미를 띤다.

- 그림 6.9에서는 장대 양봉과 교수형으로 구성된 하락집계형을 볼 수 있다. 앞 캔들의 시가 그리고 특히 종가가 교수형의 몸통 아래에 있으면 천장에 도달했을 가능성이 커진다. 이 두 캔들의 조합은 또한 잉태형이기도 하다. 따라서 상승 추세에서 하락 반전신호가 될 수 있다.

- 그림 6.10은 두 번째 캔들이 유성형인 하락집계형이다.

- 이미 언급했듯이 이상적인 집계형은 둘째 캔들이 앞 캔들과 똑같은 고가여야 할 뿐만 아니라 몸통이 작아야 한다. 그림 6.11에서는 둘째 캔들의 몸통이 작지 않다. 하지만 이 패턴은 흑운형의 변형된 형태이다(둘째 날의 시가는 전날의 고가가 아니라 전날의 종가보다 높다). 또한 둘째 날의 고가는 전날의 고가에 근접했다가 떨어졌다. 이 두 번째 사실－두 캔들의 고가가 비슷하다는 사실－은 약세 신호로서 이 흑운형의 중요성을 더욱 크게 한다.

- 그림 6.12에서는 망치형이 전날 나타난 장대 음봉의 저가를 성공적으로 방어했다. 망치형의 형태와 지지선 방어는 매도세가 시장의 주도권을 잃었다는 사실을 보여준다. 이 두 캔들 또한 잉태형을 이루고 있다. 이는 이 지점에서 주가가 지지되고 있다는 또 다른 증거가 된다.

그림 6.12　상승집계형과 망치형

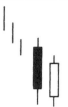

그림 6.13　상승집계형과 관통형

- 그림 6.13에서는 둘째 캔들의 몸통이 결코 작지 않지만 일종의 관통형을 형성하고 있다(원래 관통형은 시가가 전날의 저가보다 낮아야 한다. 여기서는 시가가 전날의 종가보다 낮다). 저가가 비슷한 수준이므로 상승집계형으로 볼 수 있다.

　이상의 6가지 형태가 집계형의 전부는 아니다. 이들은 또 다른 캔들 패턴을 포함하고 있는 상승집계형과 하락집계형의 사례들일 뿐이다. 또 다른 캔들 패턴이 함께 있으면 집계형은 더욱 유용한 추세 예측 신호가 된다.

　집계형은 일중차트, 일간차트, 주간차트, 월간차트에서 각각 다르게 분석해야 한다. 일중차트나 일간차트에서는 이틀 동안 혹은 두 단위 동안 고가 또는 저가가 같더라도 중요한 신호로 생각할 수 없다. 일중차트나 일간차트에서는 캔들이 집계형의 구체적인 기준을 엄격하게 충족시켜야 의미 있는 신호가 될 수 있다(똑같은 고가나 저가를 이루면서, 어떤 캔들 패턴을 형성하거나 아니면 첫째 캔들이 크고 둘째 캔들이 작아야 한다). 한마디로 일중차트 또는 일간차트의 집계형에서는 특별한 캔들의 조합이 이루어져 있는지를 잘 살펴봐야 한다는 말이다.

　더 긴 기간을 두고 거래를 하는 사람들에게는 주간차트와 월간차트에서 연속적인 캔들에 의해 이뤄지는 하락집계형과 상승집계형이 중요한 반전 패턴이 될 수 있다. 또 다른 캔들 패턴을 볼 수 없다 하더라도 괜찮다. 왜냐하면 주간

그림 6.14 캐터필러, 일간차트(상승집계형)

차트나 월간차트에서는 이번 주의 주중 저가가 지난주의 저가를 유지할 경우 반등의 토대가 될 수 있기 때문이다. 하지만 일중차트나 일간차트의 저가에 대해서는 똑같은 말을 할 수 없다.

그림 6.14에서 상승집계형을 볼 수 있을 것이다. 이 상승집계형의 두 번째 캔들 몸통은 첫 번째 캔들의 몸통 안에 있지 않으며 따라서 잉태형이 아니다. 이 상승집계형에 이어 6월 1일에 장대 양봉이 출현하고, 그 뒤에는 작은 음봉이 나타나 59.50달러 근처에서 비슷한 고가를 형성하고 있다. 따라서 6월 1일과 2일의 캔들 조합은 하락집계형으로 볼 수 있다. 하지만 전체적인 그림을 볼

© CQG Inc. Used by permission.

그림 6.15 조지아-퍼시픽, 일간차트(상승집계형)

때 주가는 과열되어 있지 않았으므로 조정이 일어날 가능성은 적었다. 과매수
환경에서 하락집계형이 출현했다면 반락이 일어났을 것이다. 6월 1일과 2일의
하락집계형(또한 잉태형이기도 하다)을 보고 거래에 나섰다 하더라도 일단 6월 3일
의 종가가 1일과 2일의 고가보다 높은 것을 본다면 하락집계형의 하락신호가
유효하지 않다는 것을 깨달아야 한다.

　그림 6.15에서는 1, 2, 3지점에 있는 일련의 하락갭(캔들차트에서는 갭을 "창"이라
고 한다. 이에 관해서는 7장에서 상세히 다룰 것이다)이 하락 모멘텀을 보여주고 있다. 2
월 말의 상승집계형에서 둘째 캔들이 망치형임을 확인하라. 3월 18일로 시작되

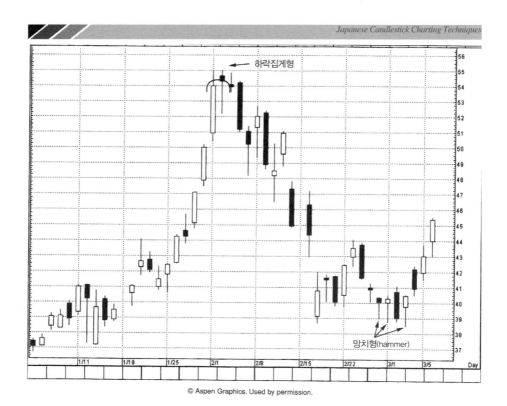

그림 6.16 델, 일간차트(하락집계형)

는 주의 흑운형은 주가 상승의 동력이 소진됐음을 보여준다.

그림 6.16은 하락집계형을 보여준다. 2월 2일 캔들의 작은 몸통이 앞 캔들의 몸통 안에 있지 않기 때문에 잉태형은 아니지만 두 캔들이 55달러의 똑같은 고가를 형성했기 때문에 집계형이다. 게다가 2월 2일의 작은 캔들 몸통은 교수형이다(윗그림자가 충분히 작다). 물론 이 캔들은 (다른 모든 교수형처럼) 다음날의 종가가 교수형의 몸통 아래로 내려가는지의 여부가 확인되어야 한다. 다음날 종가는 실제로 교수형의 종가 아래로 내려갔다.

하락집계형

그림 6.17　커머스 뱅코프, 일간차트(하락집계형)

　델의 주가는 이 하락집계형에서 하락하여 2월 말과 3월 초에 일련의 망치형을 형성하며 안정됐다. 2월 26일과 3월 1일의 망치형은 고전적인 상승집계형이라고 할 수는 없다. 왜 그런가? 두 캔들은 분명히 비슷한 저가를 형성하고 있지만 상승집계형의 표준적인 조건 하나를 충족시키지 못하기 때문이다. 즉 상승집계형의 첫 번째 캔들 몸통이 크지 않은 것이다. 하지만 이 두 망치형은 상승집계형으로 분류될 수 없다 하더라도 상당히 중요한 의미를 지니고 있다. 왜냐하면 이때 긴 아랫그림자가 형성되면서 주가가 39달러 근처에서 더 이상 하락하지 않으리라는 것을 보여주고 있기 때문이다. 이와 같은 관점에서는 이 패

그림 6.18 네트워크 솔루션, 일간차트(하락집계형)

턴을 상승집계형의 변형으로 볼 수 있을 것이다.

　그림 6.17에서 볼 수 있는 12월 22일과 23일의 두 캔들은 흑운형은 아니지만 (음봉이 장대 양봉 몸통의 절반 근처에도 가지 못하기 때문에) 하락집계형을 형성했다. 흑 운형이 하락집계형보다 더 강력한 반전신호이기는 하지만(보통 흑운형에서 음봉의 종가는 양봉 몸통 안으로 깊숙이 파고들기 때문에) 이 하락집계형 역시 분명한 경고 신호 로 볼 수 있다. 이 하락집계형의 의미는 다음 주 작은 캔들 몸통과 도지형이 나 타나면서 주가가 상승세에서 횡보세로 바뀌었다는 점에서 확인할 수 있다.

　그림 6.18의 B 지점에서 볼 수 있는 상승장악형은 2월 초에 주가가 상승하는

토대가 됐다. 주가는 계속 상승하여 3월 7일에 상승갭을 형성했다. 7장에서 논의하겠지만 상승갭의 바닥은 지지선이 될 수 있다. 이 상승갭의 바닥에 형성된 185달러 근처의 지지선은 견실히 유지됐다. 3월 8일에 나타난 캔들의 긴 아랫그림자를 보라.

3월 10일에 250달러 근처에서 작은 캔들 몸통이 생기면서 잉태형이 형성됐다. 잉태형의 두 캔들은 고가가 같기 때문에 또한 하락집게형이기도 하다.

샅바형(Belt-hold line)

샅바형은 하나의 캔들로 이루어져 있다. 상승샅바형은 시가와 저가가 똑같고(아니면 매우 비슷하고) 종가와 고가가 똑같거나 비슷한 장대 양봉을 말한다(그림 6.19를 보라). 상승샅바형은 또한 민바닥 양봉이라 불리기도 하며 저가 영역에서 나타나면 반등을 예고한다.

하락샅바형(그림 6.20을 보라)은 시가가 고가와 같거나 비슷한 장대 음봉이고 종종 민머리 음봉이라고 불리기도 한다. 주가가 높을 때 출현하는 하락샅바형은 하락 반전신호이다.

샅바형은 몸통이 클수록 더 의미 있는 신호가 된다. 샅바형 캔들의 일본 이름은 스모 용어인 "요리키리"다. 이 말은 원래 "상대방의 샅바를 쥐고서 원 밖

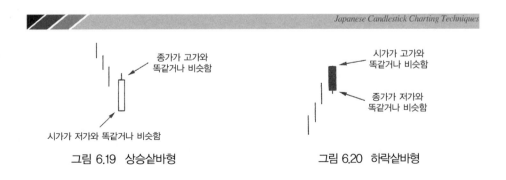

그림 6.19 상승샅바형   그림 6.20 하락샅바형

그림 6.21 주니퍼 네트워크, 5분 단위차트(하락샅바형)

으로 밀어낸다"는 뜻이다.

긴 상승샅바형 캔들 위로 종가가 형성되면 추세 상승을 의미하고, 긴 하락샅
바형 아래로 종가가 형성되면 매도 압력이 커졌다는 것을 의미한다.

샅바형은 저항선이나 또 다른 샅바형을 확인시켜줄 경우이거나 한동안 나타
나지 않다가 오랜만에 나타날 경우에는 그 의미가 커진다. 그림 6.21에서 B 지
점의 하락장악형은 앞으로 주가가 떨어질 수 있다는 가능성을 보여준다. 이 하
락장악형과 비슷한 영역에서 두 개의 하락샅바형이 출현했고, 따라서 이곳이
공급 영역임을 확인시켜주고 있다. 이 짧은 기간에 많은 하락신호들(하락장악형

© CQG Inc. Used by permission.

그림 6.22   레드백 네트워크, 일간차트(상승샅바형)

과 두 개의 하락샅바형)이 나타났지만 그렇다고 두 번째 샅바형 이후에 나타난 급락 과정이 예견되어 있었다고 할 수는 없다. 많은 캔들 신호들은 추세 반전의 가능성을 증가시키지만 그 뒤에 일어날 주가 하락의 규모를 예측하지는 못하기 때문이다.

   그림 6.22에서 6월 초의 상승갭은 곧 지지영역이 됐다. 6월 초순과 중순에 주가는 이 지지선을 성공적으로 방어했다. 6월 13일의 캔들은 상승샅바형이다. 7월 말과 8월 초에 또 다른 상승샅바형이 형성되면서 이 상승갭의 지지선이 다시 시험을 받았다. 이 마지막 두 개의 상승샅바형은 또한 연속적으로 관통형을

완성하고 있다. 8월 초의 저가에서 시작된 반등은 8월 9일에 유성형이 나타나면서 중단됐다.

까마귀형(Upside gap two crows)

그림 6.23에서 보는 패턴은 까마귀형이라고 불린다(참으로 딱 맞는 이름이라고 하겠다). 매우 희귀한 패턴이다. 두 개의 음봉과 그 앞에 나타나는 캔들 사이에 상승갭이 있다(앞에 나타나는 캔들은 보통 양봉이다). 여기서 두 개의 음봉은 나뭇가지에 앉아 불길한 눈초리로 아래를 내려다보는 두 마리의 까마귀에 비유된다. 약간 과장된 이러한 비유에서 짐작할 수 있듯이 이 패턴은 하락 반전신호다. 이상적인 형태의 까마귀형은 두 번째 음봉의 시가가 첫 번째 음봉의 시가보다 위에 있지만 종가는 첫 번째 음봉의 종가보다 아래에 있다.

까마귀형이 어떻게 하락 반전신호가 될 수 있는지 알아보자. 시장이 상승 추세에 있는데 개장 때 주가가 큰 폭으로 상승했다고 하자. 하지만 새로운 고가는 유지되지 못하고 음봉이 형성된다. 그나마 매수세력은 어느 정도 입지를 회복하는데, 이 음봉의 종가가 전날의 종가보다 높다는 것에서 그 사실을 알 수 있다. 하지만 세 번째 캔들의 출현으로 전망은 다시 어두워진다. 새로운 고가를 기록했지만 장이 마감될 때는 이 고가를 유지하지 못했기 때문이다. 더욱 암울한 것은 이 캔들의 종가가 전날의 종가 아래로 내려갔다는 것이다. 시장이 강세에 있다면 어떻게 새로운 고가가 유지되지 못하고 더욱이 종가까지 그전보다 낮아질 수 있겠는가? 매수세력들은 초조해져

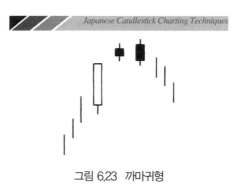

그림 6.23 까마귀형

그림 6.24 도이치 마르크, 일간차트(까마귀형)

서 스스로 그런 질문을 할 것이다. 대답은 그들의 바람과는 달리 시장이 그다
지 강력하지 못하다는 것이다. 만약 다음날 주가가 고가 영역을 회복하지 못하
면 주가는 더 떨어질 것으로 예상해야 한다.

　그림 6.24는 까마귀형을 보여준다. 까마귀형이 출현한 뒤 매우 작은 하락갭
이 형성됐다. 매도세력이 시장의 주도권을 잡았다는 뜻이다. 2월 20일로 시작
되는 주의 주가 상승도 이 하락갭의 저항선에서 저지당했다.

　그림 6.25는 캔들 패턴을 주변의 상황에 비교하여 보는 것이 얼마나 중요한
지를 알려주고 있다. 7월 중순 까마귀형이 출현했지만 이것은 매도 신호가 될

© Aspen Graphics. Used by permission.

그림 6.25 코닝, 일간차트(까마귀형)

수 없다. 왜냐하면 7장에서 상세히 논의하겠지만 주가가 7월 17일 큰 상승갭을 형성했기 때문이다. 캔들차트에서든 바차트에서든 상승갭은 보통 강세 신호기 때문에 까마귀형이 하락세를 경고하고 있다 하더라도 그 의미가 약해진다. 그림 6.24에서처럼 상승갭이 없는 경우와는 다르다.

흑삼병(Three black crow)

까마귀형은 두 개의 음봉으로 이루어져 있다. 연속적으로 하락하는 세 개의

138 | 캔들차트 투자기법

음봉이 있을 경우에는 흑삼병이라
고 한다(그림 6.26을 보라). 흑삼병은
고가 수준에서 나타나거나 주가 상
승이 상당히 진전되고 나서 나타날
경우에는 주가 하락을 예고한다. 일
본에는 "나쁜 소식에는 날개가 달렸

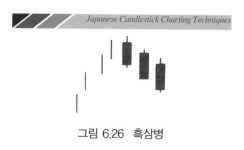

Japanese Candlestick Charting Techniques

그림 6.26 흑삼병

다"는 말이 있다. 흑삼병에 딱 맞는 말이라 하겠다. 이름이 암시하듯이 흑삼은
세 개의 음봉이다. 한 떼의 까마귀가 죽은 나뭇가지에 앉아 있는 불길한 모습
처럼 흑삼병은 하락세를 암시한다. 세 개의 음봉은 종가가 저가와 같거나 비슷
하다. 이상적인 형태에서는 각 음봉의 시가가 앞 캔들의 몸통 안에 위치해야
한다.

　흑삼병은 상대적으로 장기투자자에게 조금 더 유용한 패턴이다. 이 패턴은
세 번째 음봉에서 완성되기 때문이다. 흑삼병이 완성됐을 때쯤에는 주가가 이
미 상당한 조정을 겪었으리라는 것은 미루어 짐작할 수 있는 사실이다. 그림
6.27에서는 흑삼병이 70.75달러에서 시작됐다. 흑삼병 패턴을 확인하기 위해
서는 세 번째 캔들을 기다려야 하는데 흑삼병이 완성됐을 때는 주가가 무려
67.87달러로 떨어졌다.

　하지만 이 경우에는 흑삼병의 첫 번째 음봉에서 어느 정도 주가 하락이 암시
되어 있었다. 장이 열리면서 주가가 3월의 최고가인 70달러를 훌쩍 넘었지만
장이 끝날 무렵에는 매수세력이 새로운 고가를 유지하지 못하고 70달러 아래
에서 장이 마감됐기 때문이다. 이 책의 2부에서 소개할 테지만 주가가 새로운
고가를 기록하고 나서 떨어지면 하락장이 예고된다. 이 경우에 바로 그런 상황
이 전개됐다.

　1과 2 영역에서 형성된 전고점을 보라. 2월 초의 영역 1에서 펜조일은 새로

그림 6.27 펜조일, 일간차트(흑삼병)

운 고점을 형성했지만 주가의 상승세가 지속되지 못하리라는 강력한 신호가
나타났다. 구체적으로 말하자면 2월 2일로 시작되는 한 주의 마지막에 주가는
비록 더 높은 고가와 더 높은 저가, 더 높은 종가를 기록했지만 캔들은 몸통이
작아지고 윗그림자도 길어졌다. 이는 주가가 매수세력에게 우호적인 쪽으로만
움직이지는 않았다는 것을 보여준다. 주가는 그 뒤에도 계속 하락하여 B 지점
에서 상승장악형이 형성됐다. 여기서부터 시작된 반등은 3월 2일로 시작되는
주까지 계속됐다. 차트에서 2 영역으로 표시된 곳을 보라. 2 영역의 반등은 1

영역의 반등과 흡사하다. 단 2 영역에서 조금 더 높은 고가와 조금 더 높은 저가, 조금 더 높은 종가가 형성됐다. 바차트였다면 여기서 주가의 상승세는 견조해 보였을 것이다. 하지만 캔들차트로 보면 3월 4, 5, 6일의 캔들에 긴 윗그림자가 생긴 것을 알 수 있다. 이 사실로 주가 상승 동력이 사라졌다는 것이 확인된다. 3월 6일의 캔들은 유성형이다.

상승적삼병(Three advancing white soldier)

흑삼병과 반대되는 패턴은 상승적삼병 혹은 보다 흔하게 적삼병이라고 불린다(그림 6.28을 보라). 다른 캔들차트 용어와 비슷하게 이 패턴의 이름은 전쟁을 연상시킨다. 적삼병은 장대 양봉 세 개의 종가가 연속적으로 올라가는 패턴이다. 적삼병이 저가 영역에서 나타나거나 안정된 가격 구간 마지막에 나타나면 강세가 시작된다는 신호이다.

적삼병은 세 개의 양봉이 점차적으로 상승하는 모습을 그리며 각 양봉의 시가는 앞 캔들 몸통의 내부나 가까이에 위치한다. 각 양봉은 종가가 고가와 같거나 비슷하다. 적삼병이 출현하면 쉽게 주가 상승을 예측할 수 있다(하지만 양봉이 매우 클 때는 과매수가 일어나지 않았는지 주의해야 한다).

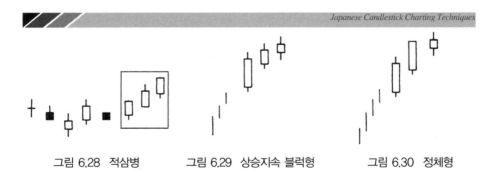

Japanese Candlestick Charting Techniques

그림 6.28 적삼병   그림 6.29 상승지속 블럭형   그림 6.30 정체형

두 번째와 세 번째 캔들 아니면 세 번째 캔들만 약화되는 기미를 보일 때는 "상승지속 블럭형"이라고 한다(그림 6.29를 보라). 이 패턴이 출현하면 주가 상승이 어려움을 겪고 있다는 뜻이다. 따라서 주식 보유자들은 이때 조심해야 한다. 특히 상승세가 충분히 진행된 뒤 상승지속 블럭형이 출현하면 더더욱 조심해야 한다. 양봉의 몸통이 점차 작아지거나 상대적으로 긴 윗그림자가 형성되면 상승 약화의 신호로 받아들일 수 있다.

상승적삼병의 마지막 캔들이 새로운 고가를 형성하는 작은 몸통의 양봉이면 이를 "정체형(stalled pattern)"이라고 한다(그림 6.30을 보라). 때로는 "숙고형 (deliberation pattern)"이라고 부르기도 한다. 이 패턴이 나타난 뒤에는 적어도 잠시나마 매수세력의 힘이 소진됐다고 할 수 있다. 이 마지막 양봉은 앞의 장대 양봉과 갭을 형성하거나(그럴 경우는 별형이 된다) 아니면 일본에서 말하는 대로 앞 양봉의 "어깨에 걸칠" 수도 있다(즉 양봉의 몸통 위쪽 끝에 닿을 수 있다). 작은 몸통은 매수세력의 약화를 의미한다.

상승지속 블럭형과 정체형은 보통 하락 반전신호가 아니지만 간혹 주가 하락 전에 나타난다. 이 두 패턴은 주식을 처분하거나 손실제한주문으로 투자금을 보전하기 위한 신호로 사용할 수 있지만 대개 공매도 신호로 여기지는 않는다. 상승지속 블럭형과 정체형은 일반적으로 고가 수준에서 훨씬 더 중요한 의미를 가진다. 그림 6.28~30에서 보듯이 이들 패턴은 저가 영역이나 주가 상승 시에 나타날 수 있다.

상승지속 블럭형과 정체형 사이에는 커다란 차이가 없다. 적삼병에서 특히 유의해야 할 점은 각 양봉의 종가가 고가에 가까우면 더욱 강력한 상승신호가 된다는 것이다. 마지막의 두 양봉이 주춤거리는 듯하면, 즉 몸통이 작아지거나 윗그림자가 길어지면 주가 상승 동력이 꺼지고 있다는 뜻이다.

그림 6.31은 거의 고전적인 형태의 적삼병을 보여주고 있다. 각 양봉이, 특

© Aspen Graphics. Used by permission.

그림 6.31 인텔, 일간차트(적삼병)

히 마지막 두 양봉이 상대적으로 크며 시가는 저가 근처에서, 종가는 고가 근처에서 형성되어 있기 때문이다. 4월 23일 도지형의 출현과 함께 십자잉태형이 형성되면서 주가 상승이 중단됐다.

그림 6.32는 적삼병의 좋은 예를 보여준다. 각 양봉은 종가와 고가가 거의 비슷하며 시가가 이전 양봉의 안에 있거나 위에 있다. 적삼병이 완성됐을 때 생각해봐야 할 점은 주가가 저가에서 상당히 올라가 있을 수 있다는 것이다. 이 경우에 마이크로소프트 주식은 저점에서 거의 4달러나 올라가 있다. 이 정

적삼병

망치형

© CQG Inc. Used by permission.

그림 6.32 마이크로소프트, 일간차트(적삼병)

도면 무시 못할 가격이다. 따라서 장기적으로 주가 상승을 낙관하고 있지 않는 다면 이러한 적삼병이 출현했을 때 주식 매수에 나서는 일은 리스크/수익 관점 에서 적절하다고 할 수 없다.

조정이 일어났을 때는 적삼병의 첫 번째 또는 두 번째 캔들은 종종 지지선이 된다. 그림 6.32에서는 적삼병 출현 후 주가 흐름이 안정을 찾으면서 천천히 하락하여 망치형이 형성됐다. 이 망치형은 적삼병의 두 번째 캔들 내에서 지지 선을 찾았다.

그림 6.33에서 주가는 6월 말과 7월 초에 36.50달러 근처에서 바닥을 형성

그림 6.33 프렉스에어, 일간차트(적삼병)

했고 그 뒤에 적삼병이 출현했다(짧은 윗그림자가 달려 있다). 적삼병의 세 번째 양
봉 뒤에 주가는 주춤하다가 7월 11일의 첫 번째 양봉 수준으로 반락했다. 이 차
트는 주가가 적삼병 출현 뒤에 때때로 조정을 거친다는 사실을 다시 한번 보여
주고 있다. 우리는 주가가 두 번째 아니면 첫 번째 양봉 수준으로 떨어지면서
지지선이 형성되리라는 것을 예상해야 한다.

그림 6.34에서는 상승지속 블럭형을 볼 수 있다. 양봉 세 개 모두 상대적으
로 크지만 마지막 두 개의 양봉에는 하락세를 의미하는 긴 윗그림자들이 나 있
다. 이는 주가 상승의 동력이 소진됐다는 사실을 나타내고 있다. 다시 1과 2에서

그림 6.34 유나이티드 헬스, 일간차트(상승지속 블럭형)

윗그림자가 긴 캔들이 나타나면서 51달러 근처에서 저항선이 형성됐다. 2에 있
는 캔들은 유성형이며 다음날 나타난 캔들과 함께 하락장악형을 형성했다.

삼산형과 삼천형(Three mountain and Three river)

장기의 천장과 바닥 형태에는 삼산형 천장, 삼천형 바닥, 삼불(三佛)형 천장,
역삼불형 바닥, 만두형 천장, 프라이팬형 바닥, 탑형 천장, 탑형 바닥이 있다.

일본인들이 말하는 삼산형 천장은 서양의 삼중 천장과 비슷하다(그림 6.35를
보라). 삼산형 천장은 대단히 중요한 천장이다. 주가가 어떤 고가에서 세 차례

그림 6.35 삼산형 천장　　　　　　　그림 6.36 삼불형 천장

하락하거나 어떤 고가에 도달하기 위해 세 차례 시도할 경우 삼산형 천장이 생긴다. 마지막 산의 고점에는 이상적인 형태라면 하락 캔들 패턴이 나타나야 한다(예컨대 도지형이나 흑운형). 삼산형 천장의 가운데 산이 가장 높은 산이면 특별한 종류의 삼산형으로 삼불형 천장이라고 불린다(그림 6.36을 보라). 불교 사찰에 가서 보면 가운데에 커다란 불상이 하나 있고 그 양쪽에 작은 불상이 있기 때문에 이러한 이름이 붙었다. 서양의 머리어깨형과 비슷한 패턴이다.

　삼불형 천장은 서양의 머리어깨형과 비슷하지만 일본의 삼불형은 사실 머리어깨형이 미국에 알려지기 백여 년 전에 이미 존재하고 있었다(내가 알기로는 머리어깨형은 1930년대 리처드 샤베커에 의해 미국에 처음 알려졌다. 에드워즈와 마지의 고전 『주가 추세의 기술적 분석』에 대해 알고 있는 독자를 위해 말하지만 그 책의 내용 대부분은 샤베커의 연구에 바탕한 것이다. 샤베커는 에드워즈의 장인이다).

　서양에서나 동양에서나 똑같은 패턴을 찾아냈다는 사실은 매우 흥미롭다.

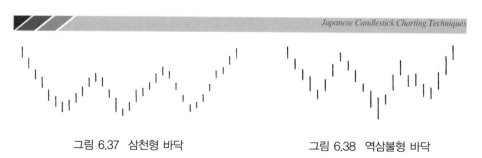

그림 6.37 삼천형 바닥　　　　　　　그림 6.38 역삼불형 바닥

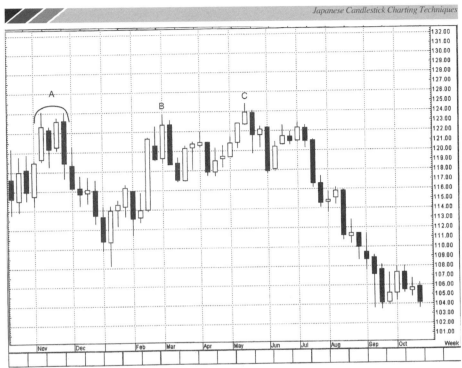

그림 6.39 엔/달러 환율, 주간차트(삼산형 천장)

결국 시장 심리는 세계 어디서나 똑같다는 뜻이 아니겠는가. 일본에는 "새소리
는 어디에서나 똑같다"는 속담도 있다. 삼천형 바닥(그림 6.37)은 삼산형 천장과
정반대되는 패턴이다. 주가가 세 차례 바닥 수준을 시험할 때 이 패턴이 생긴
다. 서양의 역머리어깨형 바닥에 해당하는 패턴은 당연하지만 역삼불형이라고
불린다(그림 6.38을 보라).

그림 6.39의 A 영역에서는 124달러 근처에서 주가 상승이 멈췄고, 특히 11
월 마지막 두 주에서 하락장악형이 형성됐다. 여기서 주가가 하락하기 시작하
여 1월 상승장악형의 출현과 함께 안정을 찾았다. 여기서부터 다시 시작된 주

그림 6.40 인텔, 주간차트(삼산형 천장)

가 상승은 B 지점에서 멈췄는데 이곳은 그전의 하락장악형이 저항선을 형성하고 있는 곳이었다. 5월 중순에 주가가 상승하여 C에서 다시 하락장악형이 형성되면서 삼산형 천장이 형성됐다.

그림 6.39에서 각 산의 정상은 거의 똑같다. 하지만 이것이 필수조건은 아니다. 세 개의 봉우리가 정확히 똑같지는 않다 하더라도 삼산형 천장이 될 수 있다. 그림 6.40에서는 주가가 A와 B, C에서 천장을 쳤는데 B와 C가 약간 더 높다. 하지만 이 형태도 삼산형 천장이라고 할 수 있다. C 지점의 두 주 동안에는 매우 작은 캔들이 만들어지며 주가가 상승했다. 작은 몸통의 출현은 더 이상의

© Aspen Graphics. Used by permission.

그림 6.41 엔/달러 환율, 일간차트(삼불형 천장)

주가 상승이 어렵다는 사실을 보여준다. 주가는 76달러에서 최고가를 기록하며 유성형을 형성했다. 8월 말 유성형이 출현한 뒤로 하락갭이 나타나면서 하락이 시작됐고 삼산형 천장이 형성됐다.

삼산형 천장이 거의 똑같은 고가를 기록하는 반면 삼불형 천장은 가운데 부분이 가장 높다. 다시 한번 말하지만 삼불형 천장은 머리어깨형 천장과 비슷하다. 그림 6.41에서 1, 2, 3에서 봉우리를 이루고 있는 삼불형 천장, 즉 머리어깨형 천장을 볼 수 있을 것이다. 차트에 그려진 사선은 서구식 기술적 분석 용어

© Aspen Graphics. Used by permission.

그림 6.42 나스닥 100 트러스트, 15분 단위차트(삼불형 천장)

로 목선(neckline)이라고 불린다. 일단 하향 돌파된 머리어깨형의 목선은 저항선
이 된다. 그림에서 8월 19일 주가가 목선 아래로 떨어진 뒤에 일어난 일을 보면
그 사실을 확인할 수 있다. 8월 21일 주가는 얼마간 반등했지만 긴 윗그림자를
만들며 목선의 새로운 저항선 위로 더 이상 올라가지 못했다(그 뒤의 캔들 세 개
역시 마찬가지다).

그림 6.42는 삼불형 천장을 보여주는 또 다른 사례이다. 그림 6.42의 삼불형
천장은 머리어깨형 천장과 똑같기 때문에 그림 6.41에서 설명한 목선의 개념에
따라 서구식 기술적 분석을 시도해볼 수 있을 것이다.

© Aspen Graphics. Used by permission.

그림 6.43 영국 파운드/달러 환율, 일간차트(역삼불형)

아까 말했듯이 일단 목선이 무너지면 이 목선은 저항선이 된다. 지수는 4월 10일 13시경에 상승장악형을 형성하며 안정을 시도했다. 하지만 저항선을 돌파하는 데 실패하고 매도세력이 시장에서 주도권을 잡았다. 여기서 캔들 패턴이 어디에서 형성됐는지를 파악하는 것이 매우 중요하다는 점을 다시 한번 확인할 수 있다. 이 경우에 상승장악형은 잠재적인 상승 반전신호다. 하지만 상승장악형이 출현했다고 해도 매수 전에 종가가 목선의 저항선을 넘는 것을 확인하는 것이 올바른 일이다. 기다리면 보람이 있을 것이다. 왜냐하면 목선 위

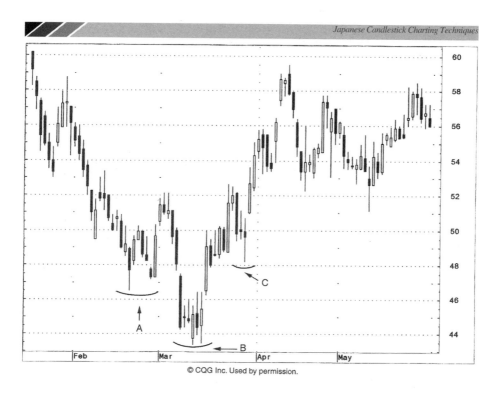

© CQG Inc. Used by permission.

그림 6.44   실드 에어, 일간차트(역삼불형)

로 종가가 형성되는 것을 보면 매수세력이 시장의 주도권을 장악했다는 것을 알 수 있기 때문이다.

일본식 역삼불형은 서구식 기술적 분석의 역머리어깨형과 똑같다. 즉 세 개의 바닥이 형성되고, 그중 가운데 바닥이 제일 낮은 것이다. 그림 6.43을 보면 A, B, C에서 바닥이 형성되어 있다. B의 저가가 A와 C의 저가보다 낮기 때문에 이 패턴은 역삼불형이다. 1월에 들어서면서 매수세력이 파운드를 1.63달러 위로 끌어올릴 때 장대 양봉이 나타나는 것을 보라. 그전까지 1.63달러 근처에서 형성되어 있던 저항선은 이제 지지선이 됐다. 이전의 저항선이 새로운 지지선이 된다는 개념은 매우 유용한 트레이딩 기법이다. 우리는 11장에서 이에 관해 논의할 것이다.

그림 6.44 역시 역삼불형을 보여준다. 52~52.50달러에서 형성됐던 3월의 저항선이 일단 돌파된 뒤에는 4월 대부분의 기간 동안 지지선 역할을 했다는 사실을 확인하라.

캔들차트 분석에서 3이라는 숫자가 차지하는 중요성 Plus

일본의 많은 분석기법은 3이라는 숫자를 토대로 하고 있다. 이 점은 일본 문화에서 차지하는 숫자 3의 중요성을 반영하고 있다. 근대 이전의 일본에서는 3이라는 숫자가 거의 신비로운 의미를 지니고 있었으며 "3은 행운의 숫자"였다. 캔들차트에 3이 등장하는 경우를 보면 적삼병, 흑삼병, 삼산형 천장과 바닥, 삼천형 천장과 바닥, 삼불형, 상승 또는 하락삼법형, 3개의 캔들로 이뤄진 샛별형과 저녁별형 등이 있다(이 중에서 몇 가지 패턴은 나중에 논의될 것이다).

부언하자면 3이 행운의 숫자로 여겨지는 반면 4는 불길한 숫자로 취급된다. 그 이유는 일본어로 4를 뜻하는 "시"가 죽음을 뜻하는 死(죽을 사)와 발음이 똑같기 때문이다. 일본에서는 항공기에서 4번 좌석이나 호텔에서 304호를 찾기가 쉽지 않다(병원에서는 더욱 어렵다!). "르노 4"의 경우는 단지 4가 들어갔다는 이유 때문에 일본에서는 비참할 정도의 저조한 판매 성적을 남겼다.

반격형(Counterattack lines)

상반되는 색깔의 캔들 두 개가 똑같은 종가를 형성할 때 이를 반격형이라고 한다. 이 패턴은 그림으로 보면 이해하기가 쉽다. 그림 6.45와 6.46을 보라.

그림 6.45는 상승반격형이다. 이 패턴은 하락 추세에서 생긴다. 첫 번째 캔들은 보통 장대 음봉이다. 두 번째 캔들(양봉)은 시가가 전보다 훨씬 낮아진다. 이때 매도세력은 하락 추세를 확신하고 있다. 하지만 그 뒤에 매수세력이 반격을 하고 주가를 끌어올려 종가가 이전의 종가와 같게 된다. 그리하여 이전의 하락 추세는 저지당한다.

상승반격형은 상승관통형과 비슷하다. 여러분도 기억하겠지만 관통형 역시 상승반격형처럼 두 개의 캔들로 구성되어 있다. 둘 사이의 주된 차이점은 상승반격형에서는 둘째 캔들의 몸통이 앞 캔들의 몸통 안으로 들어가 있지 않다는 것이다. 단지 앞 캔들의 종가와 닿아 있을 뿐이다. 관통형은 둘째 캔들의 몸통이 앞 캔들의 몸통 안으로 깊숙이 들어가 있다. 결과적으로 관통형은 상승반격형보다 훨씬 더 의미 있는 상승 반전신호가 된다. 그럼에도 상승반격형을 무시할 수는 없다. 아래의 몇 가지 예에서 보겠지만 상승반격형 역시 주가의 흐름에 분명히 변화가 생겼다는 것을 보여주기 때문이다.

그림 6.46은 하락반격형을 보여준다. 첫 번째 캔들은 장대 양봉으로 상승 모

Japanese Candlestick Charting Techniques

그림 6.45 상승반격형   그림 6.46 하락반격형

© CQG Inc. Used by permission.

그림 6.47 뱅크 원, 일간차트(하락반격형)

멘텀을 유지하고 있다. 다음날 장이 열리며 주가는 큰 폭으로 뛰고 주식 보유
자들은 기뻐한다. 하지만 매도세력이 반격에 나서고 주가는 이전의 종가로 떨
어진다. 두 번째 날 시가에서 드러난 매수세력의 낙관은 장이 마감될 무렵 불
안과 두려움으로 바뀐다.

상승반격형이 관통형과 비슷하다면 하락반격형은 흑운형과 비슷하다. 이상
적인 하락반격형은 흑운형처럼 시가가 전날의 고가보다 높다. 하지만 흑운형
과 달리 종가가 전날의 양봉 몸통 안으로 내려가지 않는다. 따라서 흑운형이
하락반격형보다 더 강력한 하락 반전신호가 된다.

그림 6.48 질레트, 일간차트(하락반격형과 상승반격형)

반격형에서 주의해야 할 중요한 점은 둘째 날의 시가가 매우 높거나(하락반격형의 경우) 매우 낮아야(상승반격형의 경우) 한다는 것이다. 즉 둘째 날의 시가에서는 원래의 추세가 강력하게 유지되고 있어야 한다는 것이다. 그런 다음 놀라운 일이 벌어진다! 장이 마감될 무렵에는 주가가 전날의 종가로 되돌아가 있는 것이다. 그리하여 시장의 분위기는 하루 만에 돌변한다.

그림 6.47에서는 3월 10일에 시가가 전날의 종가보다 1달러나 치솟았다. 하지만 폐장 무렵에는 시장의 낙관적인 분위기가 완전히 바뀌어버린다. 매수세가 주가를 전날 종가로 끌어내렸기 때문이다. 3월 10일의 이 하락반격형은 흑

그림 6.49 IBM, 일간차트(하락반격형)

삼병을 이루는 첫 번째 음봉이기도 하다.

　이미 얘기했지만 흑삼병이 완성되는 것을 보기 위해서는 세 번째 음봉까지 기다려야 한다. 따라서 흑삼병의 세 번째 음봉이 나타날 무렵에는 이미 매도 시기를 놓쳤을 가능성이 많다. 그러나 이 경우는 흑삼병의 첫 번째 캔들이 하락반격형이기 때문에 흑삼병이 이뤄지기 전에 미리 하락 반전신호를 발견할 수 있다.

　그림 6.48을 보면 10월 15일에 하락반격형이 출현한다. 이 하락반격형의 종

가는 전날 양봉의 종가보다 약간 더 아래로 내려가서 정확히 일치하지는 않는다. 하지만 대부분의 캔들차트 신호와 마찬가지로 반격형을 정의할 때는 어느 정도 유연한 태도를 지녀야 한다. 예컨대 12월 6일에는 상승반격형이 등장했다. 이날 장이 시작되면서 주가는 큰 폭으로 떨어졌다가 폐장 무렵에는 전날의 종가와 정확히는 아니더라도 거의 똑같게 됐다. 종가가 전날의 종가와 정확히 똑같지는 않더라도 거의 같기 때문에 이 패턴은 상승반격형으로 봐야 한다. 이 상승반격형에서 주된 판단 기준은 양봉이 상당히 낮은 저가에서 시작하여 높은 종가를 기록했다는 점이다.

그림 6.49에서 하락반격형은 7월에 형성된 138~139달러 근처의 저항선을 확인시켜준다. 여기서도 두 캔들은 종가가 정확히 같지는 않지만 두 캔들의 형태를 하락반격형이라고 할 수 있을 만큼 비슷하다. 이 그림은 캔들차트를 활용하면 저항선을 더 확실하게 확인할 수 있다는 사실을 잘 보여주고 있다. 이 138~139달러의 저항선은 바차트에서도 판단할 수 있지만 바차트에는 "반격"이라는 개념이 없다. 따라서 바차트 대신 캔들차트를 이용하면 바차트 신호와 함께 독특한 캔들 패턴의 개념들까지 거래에 활용할 수 있는 것이다.

그림 6.50에서는 1월 12일의 바닥에서 상승반격형이 출현했다. 이 캔들은 12월 중순 25.50~27달러에서 형성된 지지선을 확인시켜준다.

이 차트는 또한 내가 "캔들군(群)"이라고 부르는 것을 보여준다. 나는 특정한 저항 영역 또는 지지 영역을 강화해주는 캔들 신호의 집합이나 무리를 캔들군으로 부른다. 이를 염두에 두고 1~4의 캔들군이 어떻게 저항선을 강화해주는지를 살펴보자.

1. 유성형. 다음날의 캔들과 함께 하락장악형을 이루고 있다.
2. 음봉의 몸통이 전날의 양봉 몸통 안으로 깊이 침투하면서 흑운형을 형성하

그림 6.50   어플라이드 머티리얼, 일간차트(상승반격형)

고 있다.

3. 흑운형

4. 하락장악형

1에서 4까지의 단서를 찾았다면 누구나 38~39.50달러에 저항선이 있다는 것을 알 수 있을 것이다. 이 캔들군은 캔들차트의 신호든 바차트의 신호든 한 무리의 신호가 어떤 영역에 수렴되면 그 특정한 지역이 중요하게 된다는 사실을 보여준다. 수렴은 이 책 2부의 중요한 주제이기도 하다.

만두형 천장과 프라이팬형 바닥(Dumpling tops and Frypan bottom)

어떤 사람은 만두형 천장과 프라이팬형 바닥이라는 이름만 들어도 배가 고 파질지도 모르겠다!

만두형 천장(그림 6.51)은 하락 반전신호다. 만두형 천장에서는 보통 주가가 볼록한 형태를 그리면서 작은 캔들 몸통들이 나타나고 이어 하락갭이 형성된 다. 이 패턴은 서구식 기술적 분석에서는 원형 천장에 해당한다. 이 둘 사이의 유일한 차이는 만두형 천장에는 하락갭이라는 추가적인 하락신호가 있다는 것 이다.

프라이팬형 바닥(그림 6.52)은 주가가 바닥을 치면서 오목한 형태를 그리고 이 어 상승갭(즉 상승창)이 형성될 때를 말한다. 서구식 기술적 분석의 원형 바닥과 똑같은 모양이다. 하지만 일본의 프라이팬형 바닥에는 반드시 상승갭이 있어야 한다.

이들 패턴의 배후에 있는 개념을 살펴보자. 프라이팬형 바닥의 경우는 저가 가 낮아졌다가 높아지면서 매도세력이 기반을 상실하고 있다는 것을 시각적으 로 보여준다. 그 뒤 상승갭이 나타나면 매도세력이 시장에서 주도권을 잃어버 렸다는 더욱 확실한 증거를 얻을 수 있다.

일본인들은 프라이팬형 바닥이 나타나면 시장이 이제 "나쁜 소식에도 영향

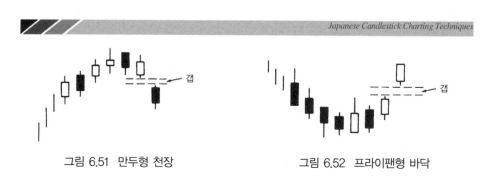

그림 6.51 만두형 천장   그림 6.52 프라이팬형 바닥

만두형 천장

그림 6.53 마이크론, 60분 단위차트(만두형 천장)

을 받지 않을 것"이라고 생각한다. 정말로 시장에 나쁜 영향을 끼칠 만한 소식에도 프라이팬형 바닥이 형성된다면 매우 인상적인 일일 것이다. 버나드 바루크는 이러한 말을 했다. "중요한 것은 사건 자체가 아니다. 이러한 사건에 직면한 인간의 반응이다."

만두형 천장에 대해서도 똑같은 얘기를 할 수 있다. 물론 상황은 반대이다. 고가가 높아지다가 낮아지면서 주가 흐름이 바뀌고 그 뒤 하락갭이 형성되면서 형성된다. 이것은 매도세가 매수세를 압도했다는 증거다.

그림 6.53의 만두형 천장에서는 8월 23일의 이른 시간부터 고가가 지속적으로 상승했다. 그 뒤 긴 윗그림자가 생겼고 8월 24일 정오에는 흑운형이 형성되

만두형 천장

© CQG Inc. Used by permission.

그림 6.54 IBM, 일간차트(만두형 천장)

어 주가가 93.50달러 근처에서 상승을 멈췄다. 그리고 나서 흑운형 뒤의 캔들에서 고가가 낮아졌고, 이어 하락갭이 형성되면서 만두형 천장이 형성됐다. 이로써 주가가 하락세로 돌아섰다는 것을 최종적으로 확인할 수 있었다.

　그림 6.54는 7월 12일로 시작하는 주에 IBM의 주가 상승이 저지당했다는 사실을 보여주고 있다. 전 주에는 장대 양봉들이 나타났지만 이제 음봉들이 출현하면서 고가가 계속 낮아졌고 그런 뒤에 하락갭이 형성되면서 만두형 천장이 형성됐다.

　그림 6.55에서는 7월 중순에 주가가 55달러 근처에서 고가를 유지하고 있었

만두형 천장 →

© Aspen Graphics. Used by permission.

그림 6.55 카탈리나 마케팅, 일간차트(만두형 천장)

다. 하지만 이러한 고가들이 작은 캔들 몸통에 의해 유지되고 있다는 사실에
유의해야 한다. 게다가 7월 16일에는 기다란 도지형이 출현했다. 이러한 팽이
형과 도지형은 주가 상승 기조에 혼란이 생겼다는 점을 보여준다. 7월 20일로
시작되는 주에 하락갭이 형성되면서 고전적인 형태의 만두형 천장이 형성됐
다. 7장에서 논의할 테지만 하락갭이 생기면 이 하락갭은 보통 저항선이 된다.
이 만두형 천장의 하락갭(7월 23일 형성된)이 이틀 뒤 상승 한계가 되고 있다는 사
실에 주목하라.

　　그림 6.56에서 7월 7일의 장대 음봉을 보면 이 주식이 얼마나 큰 타격을 입

그림 6.56   제너럴 모터스, 일간차트(프라이팬형 바닥)

었는지를 알 수 있다. 그나마 캔들 몸통에 긴 아랫그림자가 형성되면서 충격을
완화시켜주고 있다. 하지만 하나의 캔들 몸통에 긴 아랫그림자가 형성된다고
해서 추세가 하락세에서 상승세로 바뀌지는 않는다. 다음 며칠 동안 캔들 몸통
에 긴 아랫그림자들이 형성되면서 13.50달러 근처에 지지선이 형성됐다. 7월
10일 양봉이 출현하면서 지지선을 성공적으로 방어했고, 또한 상승관통형이
완성됐다. 그 다음날 캔들의 저가는 더욱 높아졌고 7월 14일에는 상승갭이 형
성됐다. 이로써 프라이팬형 바닥이 형성됐다.

　　그림 6.57에서는 7월 19일로 시작하는 주에 연속적으로 음봉이 나타나면서

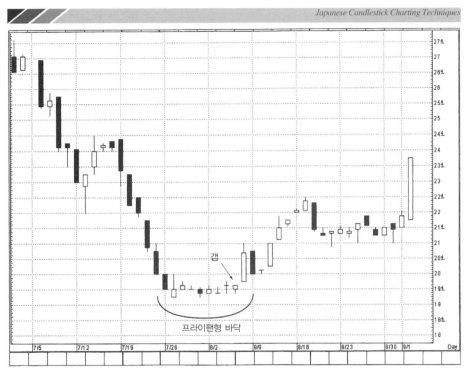

© Aspen Graphics. Used by permission.

그림 6.57 텔레 노트, 일간차트(프라이팬형 바닥)

주가가 하락했다. 그 다음 두 주 동안 작은 캔들과 도지형이 출현했는데 이 사실은 주가가 안정을 찾아간다는 것을 암시했다. 이어 8월 5일과 6일 사이에 매우 작은 갭(화살표에서 보이는)이 생기면서 주가가 바닥을 탈출하고 상승 추세가 확인됐다. 이 차트에서 보듯이 갭은 간격이 아무리 작더라도(즉 몇 센트의 간격에 불과하더라도) 갭으로 볼 수 있으며, 따라서 이 프라이팬형 바닥은 유효하다고 하겠다. 만두형 천장에 대해서도 똑같은 얘기를 할 수 있다. 즉 하락갭은 간격이 얼마나 작은가에 상관없이 만두형 천장을 형성할 수 있다는 것이다.

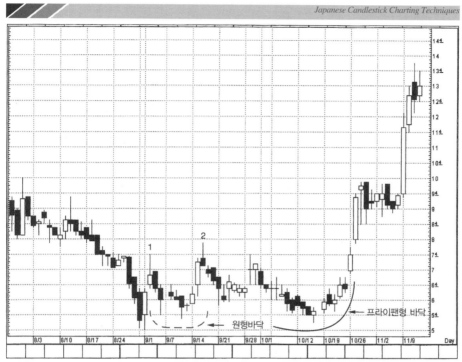

그림 6.58 어스쉘, 일간차트(프라이팬형 바닥)

그림 6.58은 서양의 원형 바닥과 동양의 프라이팬형 바닥의 차이를 잘 보여
준다. 9월 1일에서 9월 14일로 시작되는 주까지 원형 바닥이 형성됐다(저가가 낮
아지다가 높아졌기 때문에). 하지만 이 원형 바닥은 상승갭이 없기 때문에 프라이팬
형 바닥이라고 할 수는 없다. 프라이팬형 바닥은 서양의 원형 바닥과 비슷하지
만 반드시 상승갭이 있어야 한다. 9월의 원형 바닥에서 1과 2 지점의 캔들 몸통
에 긴 윗그림자가 형성됐다는 점에 주의하라(2의 캔들은 유성형이다).
  이제 10월 초부터 말까지의 주가 흐름에 눈을 돌려보자. 이때 주가는 원형 바닥을 형성했다(저가가 낮아지다가 높아졌다). 그런데 10월 26일에 작은 상승갭이 출현하면서 상승 동력의 존재를 암시하는 프라이팬형 바닥이 형성됐다. 프라이팬형 바닥은 상승갭이 있기 때문에 고전적인 형태의 원형 바닥보다 훨씬 더 의미 있는 신호가 된다.

탑형 천장과 탑형 바닥(Tower tops and bottoms)

탑형 천장은 고가 영역에서 나타난다. 주가 상승 중에 하나 이상의 장대 양봉이 생긴 뒤에 잠시 소강상태가 찾아오고, 이어 하나 이상의 장대 음봉이 출현한다. 그러면 작은 캔들 몸통을 큰 캔들 몸통이 양쪽에서 둘러싸고 있는 탑형 천장이 생긴다(그림 6.59를 보라).

탑형 바닥(그림 6.60)은 하나 이상의 장대 음봉이 하락 모멘텀을 유지하고 있는 약세장에서 나타난다. 이때 작은 캔들 몸통이 하락세를 누그러뜨리고 마침내 장대 양봉이 나타나 탑형 바닥이 형성된다.

서구식 기술적 분석에서 탑형 천장이나 바닥과 가장 유사한 패턴은 V자 패턴(spike)이다. V자 반전에서는 주가가 강한 상승세(하락세)에 있다가 갑자기 새로운 추세로 반전한다.

탑형 천장과 바닥은 흑삼병 같은 다른 일부 캔들차트 신호처럼 장기투자자에게 더 유용한 패턴이다. 탑형은 대개 주가 움직임이 어느 정도 진행된 뒤에

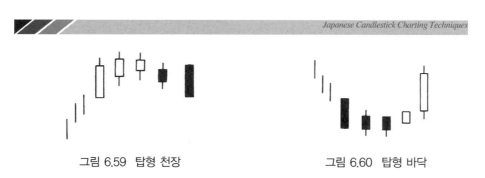

그림 6.59 탑형 천장   그림 6.60 탑형 바닥

그림 6.61 CNB 뱅크쉐어, 일간차트(탑형 천장과 만두형 천장)

야 확인되기 때문이다.

탑형 바닥은 프라이팬형 바닥과 비슷하며, 탑형 천장은 만두형 천장과 비슷하다. 이 패턴 사이의 주된 차이는 탑형에는 장대 음봉과 양봉이 필요하지만 갭은 필요하지 않다는 것이다. 만두형 천장과 프라이팬형 바닥에는 갭이 필요하다.

그림 6.61은 탑형 천장과 만두형 천장의 차이를 극명하게 보여주고 있다. 10월 첫째 주 주가가 상승하면서 장대 양봉들이 나타났다. 그 뒤 작은 캔들 몸통들이 나타나 주가 상승 행진이 저지당했다. 10월 15일에는 하락갭이 형성되면

© Aspen Graphics. Used by permission.

그림 6.62 두코먼, 일간차트(탑형 천장)

서 만두형 천장이 형성됐다. 12월 말로 눈을 돌려보자. 이때 일련의 장대 양봉들이 나타났다. 1번 캔들에서는 주가 상승이 유지됐지만 그 뒤에 나타난 작은 캔들 몸통은 주가 상승이 계속될 가능성이 없다는 것을 보여주고 있다. 2번의 장대 음봉이 나타나며 탑형 천장이 형성됐다.

그림 6.62에서는 12월 22일 출현한 망치형이 주가 안정을 암시하고 있다. 여기서 반등이 시작되어 12월 29일 장대 양봉이 나타날 때까지 주가가 계속 상승했다. 하지만 주가가 12월 초에 형성된 35.75달러 근처의 저항선에 다가가

170 캔들차트 투자기법

그림 6.63 S&P지수, 일간차트(탑형 바닥)

자 작은 캔들 몸통들이 생겼다. 12월 30일의 캔들은 잉태형을 형성했다. 잉태형과 팽이형은 주의해야 할 신호다. 1월 5일 장대 음봉의 출현으로 탑형 천장이 만들어지면서 하락 추세로 반전을 이루게 됐다.

이미 얘기했듯이 때때로 탑형 천장은 주가 변동이 진행되고 나서야 뒤늦게 확인이 된다(음봉의 출현을 기다려야 하기 때문이다). 하지만 이번 경우에는 잉태형의 반전신호가 일찍부터 출현했다. 12월 30일의 캔들은 몸통이 너무나 작기 때문에 이 잉태형은 십자잉태형이라고 볼 수도 있다.

그림 6.63에서는 고전적인 형태의 탑형 바닥을 볼 수 있다. 7월 28일에 장대

© CQG Inc. Used by permission.

그림 6.64 일리노이 툴 웍스, 일간차트(탑형 바닥)

음봉이 나타났고, 다음날 도지형이 출현하며 십자잉태형을 만들었다(7월 24일과
25일의 H에서 또 다른 십자잉태형을 볼 수 있다. 하지만 지수가 이 패턴 아래로 떨어지면서 이
십자잉태형이 암시했던 상승 추세는 무의미하게 됐다). 7월 말의 십자잉태형에서 주가
상승이 시작됐다. 두 개의 작은 양봉이 나타났고 이어 장대 양봉이 등장하면서
장기적인 반전신호가 나타났다. 탑형 바닥이 형성됐기 때문이다. 반등은 8월
말까지 계속됐다. S&P지수는 7월 17일의 유성형에 의해 형성된 저항선에서
상승을 멈췄다.

　　그림 6.64에서는 4월 1일의 망치형이 주가가 바닥을 찾고 있다는 것을 보여
주고 있다. 다음날 장대 음봉이 나타났다. 이 음봉의 종가는 망치형의 지지선

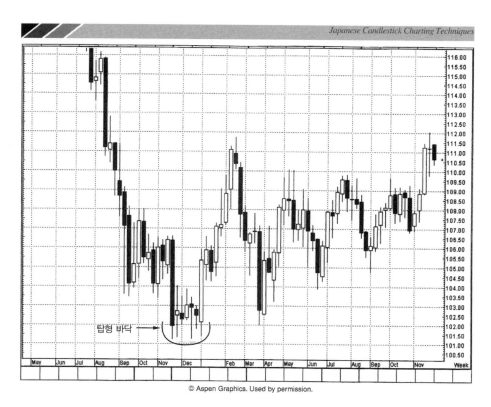

탑형 바닥 →

그림 6.65 엔/달러 환율, 주간차트(탑형 바닥)

(망치형의 아랫그림자의 맨 밑)보다 조금 아래에서 형성되어 주가는 다시 하락 추세
가 됐다. 이 음봉 뒤에 곧바로 작은 캔들 몸통들이 나타났다. 이로써 음봉이 암
시했던 하락세가 완화됐다. 4월 12일에는 장대 양봉이 나타나면서 주가가 탄
력을 받아 상승하기 시작했고 이때 탑형 바닥이 형성됐다.

　탑형 바닥이 형성된 뒤 주가가 큰 폭으로 상승했지만 이 탑형 바닥이 상승의
폭과는 상관없다는 사실을 명심하라. 이미 얘기했듯이 캔들은 강력한 반전신호
지만 가격목표치를 알려주지는 않으며 그 사실을 다시 한번 강조하고자 한다.

　그림 6.65의 화살표는 장대 음봉을 가리키고 있다. 이 주에 주가는 새로운

저가 영역을 형성했다. 그 뒤 작은 양봉이 나타나 잉태형을 만들었다. 6주간의 주가 안정 뒤에 장대 양봉 몸통이 나타나 탑형 바닥이 완성됐다.

CHAPTER 7
지속형 패턴

運は勇者を助く
Fate aids the courageous

운명은 용기 있는 자를 돕는다

지금까지 우리가 본 캔들 신호는 모두 반전 패턴이었다. 사실 대부분의 캔들 신호는 추세 반전신호다. 하지만 주가 흐름의 지속을 나타내는 캔들 패턴도 있다. 지속형 패턴이 나타나면 주가는 이전과 같은 추세를 그대로 유지한다. 예 컨대 주가 상승 중에 지속형 패턴이 출현하면 추세가 여전히 상승세에 있다는 뜻이다. 따라서 우리는 계속하여 주가가 상승하리라는 것을 예상할 수 있다(하지만 주가 상승이 계속되기 전에 지속형 패턴이 출현하고 나서 조정이 일어나지 않으리라고 단언할 수는 없다).

일본인들이 말하듯이 "살 때가 있고, 팔 때가 있고, 쉬어야 할 때가 있다." 많은 지속형 패턴은 시장이 기존 추세를 이어가기 전에 쉬어가는 시간이 왔음을 알려주는 신호다. 이 장에서 다룰 지속형 패턴은 창(그리고 창을 포함하고 있는 패턴)과 상승 그리고 하락삼법형, 갈림길형, 적삼병이다.

창(window)

일본인들은 서양에서 갭이라고 부르는 것을 창이라고 부른다. 서양에서는 "갭을 메운다"는 표현을 쓰는 반면, 일본에서는 "창을 닫는다"고 표현한다. 여기서는 창의 기본 개념을 설명하고 창을 포함하는 캔들 패턴들에 관해 알아볼 것이다. 나는 이 책에서 "창"과 "갭"이라는 말을 마음대로 바꾸어 사용했다.

창에는 상승창과 하락창 두 가지가 있다. 상승창(그림 7.1)은 강세 신호다. 앞 캔들의 고가(윗그림자의 맨 위)와 현재 캔들의 저가(아랫그림자의 맨 밑) 사이에 빈 공간이 생기면 이를 상승창이라고 한다.

그림 7.2에서는 하락창을 볼 수 있다. 하락창은 약세 신호다. 앞 캔들의 저가와 현재 캔들의 고가 사이에 나 있는 빈 공간을 말한다.

일본의 기술적 분석가들은 "창의 방향을 따라가라"고 말한다. 창이 지속 신호이기 때문이다. 따라서 상승창이 출현하면 주가의 일시적 하락 때 매수에 나서야 하고, 하락창이 나타나면 주가의 일시적 반등 때 매도에 나서야 한다.

일본인들은 또한 "조정은 창에서 끝난다"고 말한다. 이 말은 창이 지지영역이나 저항영역이 될 수 있다는 뜻이다. 따라서 상승창(곧 보게 될 테지만 창 전체를 말한다)은 반락 시 지지영역이 된다. 만약 반락이 일어나 종가가 창의 바닥 아래

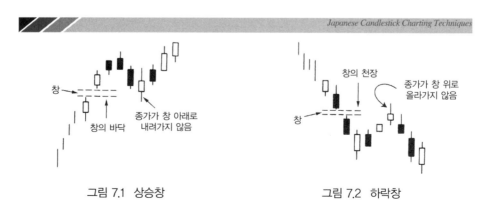

그림 7.1 상승창   그림 7.2 하락창

로 내려가면 이전의 추세는 끝이 난다. 그림 7.1에서 주가는 창의 바닥 아래로 내려가기는 했지만 종가가 그 아래로 내려간 것이 아니기 때문에 상승창은 지지영역으로 그대로 남아 있다고 할 수 있다.

이와 비슷하게 하락창은 주가가 더 내려가리라는 것을 암시한다. 반등이 일어나더라도 주가는 이 하락창(창 전체)의 저항영역에 부딪힌다. 하지만 매수세력이 종가를 상승창의 천장 위로 끌어올린다면 하락 추세는 끝난다.

서양에는 갭은 언제든 메워진다는 얘기가 있다. 그게 사실인지는 잘 모르지만 조정이 창에서 끝난다는 개념을 이용하면 일단 주가가 갭을 메우려 시도할 때 매수(상승창에서)나 매도(하락창에서)에 나서도록 해야 한다.

대중 세미나나 기관 세미나에서 질문들을 받다 보면 일부 사람들은 캔들의 몸통이 겹치지만 않으면 창으로 생각한다는 사실을 알 수 있다. 예컨대 그림 7.3에서 캔들 A와 B는 몸통 사이에 커다란 공간이 있다. 하지만 A와 B의 그림자가 겹치기 때문에 이것은 창이 아니다. 그림 7.1과 7.2에서 보다시피 창은 그림자까지 겹치지 않아야 한다. 몸통 사이의 "간격"이 얼마나 크든 그림자 사이에 공간이 없으면 창이라고 할 수 없다.

그림 7.3에서는 7월 22일의 고가와 다음날의 저가 사이에 겨우 4센트 간격의 작은 상승창이 생겼다. 하지만 상승창은 얼마나 작든 크기에 상관없이 잠재적인 지지영역이 된다. 이와 똑같이 하락창은 저항선 역할을 한다. 창에서 크기는 중요하지 않다. 이후 등장하는 캔들의 아랫그림자들이 상승창의 지지영역을 향해 길게 내려와 있다는 사실은 창 근처에 매수세가 존재한다는 점을 보여준다. 이 차트에서 보듯이 상승창은 잠재적인 지지영역이지만 주가는 반등 전에 상승창의 지지영역까지 정확히(어쩌면 그 근처로도) 하락하지 않을지도 모른다. 따라서 공격적인 매수자들은 주가가 상승창에 접근하면서 창 안쪽으로 하락하지 않고 창 위에만 있다 하더라도 매수를 고려할 수 있을 것이다. 창을 어

그림 7.3   크루드 라이트, 일간차트(상승창)

떻게 활용하느냐는 투자자의 거래 스타일과 적극성에 달려 있다. 하지만 종가가
상승창의 바닥 아래로 하락할 경우에 대비하여 손실제한주문을 해둬야 한다.

  그림 7.3에서 아무리 작다 하더라도 상승창은 지지영역이 된다는 것을 봤다.
그림 7.4에서는 20.50달러와 22.50달러 사이에서 매우 커다란 상승창을 볼 수
있다. 따라서 2달러의 지지영역이 존재한다(22.50달러의 창 천장부터 20.50달러의 창
바닥까지).

  이미 얘기했듯이 전체 상승창이 잠재적인 지지영역이 된다. 창이 클 때는 그
전체 영역이 잠재적인 지지영역이 된다는 것이 곤란한 점이다. 이때는 매우 작

그림 7.4 노벨, 일간차트(상승창)

은 창의 경우와는 달리 지지영역(상승창의 경우)이나 저항영역(하락창의 경우)이 그
다지 견고하지 않다.

　상대적으로 큰 창의 경우에는 창의 바닥이 상승창의 중요한 지지영역이 된
다는 사실을 기억하라(하락창의 경우는 물론 창의 천장이 중요한 저항영역이 된다). 따라
서 그림 7.4에서는 상승창의 최후 지지선은 수평선으로 그려져 있는 창의 바닥
이 된다. 이 차트에서는 4월 20일 주가가 20.50달러 근처에서 창의 바닥을 찍
으며 반등했다. 이때 망치형이 나타났다.

　1과 2로 표시된 다른 두 개의 상승창을 보자. 창 1은 3주 동안 지지영역으로

© Aspen Graphics. Used by permission.

그림 7.5 아마존, 5분 단위차트(하락창)

유지됐지만 4월 6일의 캔들이 이 지지영역을 무너뜨렸다. 창 2의 지지영역은 이 창이 열린 다음날 무너졌다. 창 2가 무너진 뒤에는 창 1이 지지영역이 된다. 나는 창을 주로 이러한 식으로 활용한다. 예컨대 어떤 창의 지지영역이 무너지면, 무너진 창 아래의 또 다른 창을 찾아 다음의 지지영역으로 삼는 것이다. 이 경우, 창 2가 붕괴된 뒤에는 당연히 창 1이 다음 지지영역이 되어야 한다.

그림 7.5는 하나의 캔들 신호를 판단하기 전에 전체 그림을 고려하는 일이 얼마나 중요한지를 가르쳐준다. 3월 1일의 첫 번째 캔들은 강세 망치형이다. 하지만 여기서 중요한 것은 망치형이 하락창과 함께 나타났다는 것이다. 망치

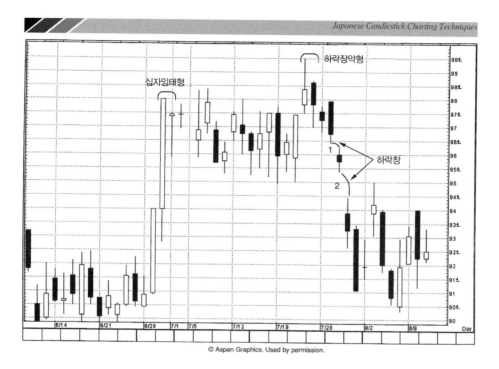

© Aspen Graphics. Used by permission.

그림 7.6 존슨 앤드 존슨, 일간차트(하락창)

형이 지지선이 되지만, 이제 하락창이 출현하면서 하락창 전체가 저항영역이
된다는 사실 역시 기억해야 한다. 그리하여 망치형에서의 반등은 하락창의 천
장에서 힘을 잃었다.

그림 7.5의 창이 2월 28일의 마지막 캔들과 다음날(3월 1일)의 첫 번째 캔들
사이에서 형성됐다는 점을 확인하라. 이를 통해 우리는 일중차트에서 창이 어
떻게 생기는지를 알게 된다. 창은 대개 어떤 날의 마지막 캔들과 그 다음날의
첫 번째 캔들 사이에서 형성된다. 그것은 놀라운 일이 아니다. 왜냐하면 예컨
대 5분 단위의 차트를 두고 말할 때 현재의 캔들과 바로 5분 전의 캔들 사이에
갭이 생기는 것은 보기 드문 일이기 때문이다.

그림 7.6에서는 주가가 6월 말에 이틀 동안 큰 폭으로 상승했다. 이때 십자 잉태형이 출현하여 이전의 추세가 끝났다는 사실을 말해주고 있다(장대 양봉 몸통 안에 있는 7월 1일의 두 번째 캔들은 매우 작기 때문에 십자잉태형으로 볼 수 있다). 다음날 도지형이 나타나 앞의 캔들이 암시하고 있는 사실, 즉 주가가 98달러 근처에서 이전의 추세(즉 상승세)에서 벗어났다는 사실을 확인시켜주고 있다. 7월 중순 나타난 하락장악형은 주가 하락을 예고하고 있다.

7월 27일과 28일 사이에 작은 하락창(1)이 열렸고, 뒤이어 29일에 또 다른 하락창(2)이 열렸다. 이 두 번째 하락창은 시장에 큰 충격을 줬다. 7월 중순까지 공고히 유지됐던 95달러 근처의 지지선을 무너뜨리며 갭을 형성했기 때문이다(서구식 기술적 분석에서는 돌파갭이라고 한다). 이 창은 95달러 근처에서 중요한 저항 영역을 형성했다.

캔들차트가 지닌 중요한 장점 중에 하나가 캔들차트는 종종 바차트에서는 볼 수 없는 신호를 제공한다는 사실이다. 그림 7.7을 보면 바차트에서는 확인할 수 없는 저항선을 창으로 어떻게 확인하는지를 알 수 있다. 10월 8일 망치형이 출현했다. 이 망치형은 강세 신호지만 이날 하락창이 생겼다. 따라서 망치형이 암시하는 상승 추세를 확인하려면 하락창의 천장 위로 종가가 형성되는지를 확인해야 한다.

망치형이 출현하고 나서 이틀 뒤 매수세력은 종가를 하락창의 천장 위로 끌어올렸다. 이때 상승창이 형성되면서 서구식 기술적 분석에서 말하는 섬꼴 바닥이 형성됐다(섬꼴 바닥은 주가가 하락갭을 만들며 떨어졌다가 한두 개의 캔들이 나타난 뒤에 다시 상승갭을 형성하며 올라갈 때 형성된다. 섬이 바다에 둘러싸인 것처럼 한두 개의 캔들이 갭에 둘러싸여 있기 때문에 "섬꼴 바닥"이라는 이름이 붙었다). 섬꼴 바닥의 저가는 당연히 지지영역이 되지만(이 차트에서는 45.50달러 근처), 그 위의 창에서도 지지영역을 찾을 수 있다.

© Aspen Graphics. Used by permission.

그림 7.7 석유 서비스 지수, 일간차트(창)

상승창이 지지영역이 되어야 한다는 개념에 따르면 10월 12일 (상승창을 통해) 섬꼴 바닥이 완성된 뒤에는 첫 번째 지지선이 45.50달러(섬꼴 바닥의 저가)가 아니라 49달러 근처가 되어야 한다. 여기에 상승창이 만들어져 있기 때문이다. 이 상승창의 지지영역에서 지수는 며칠 동안 안정을 찾다가 장대 양봉을 만들며 위로 치솟았다. 여기에서도 캔들차트 분석기법을 활용하는 사람이 바차트만을 고집하는 사람들보다 앞설 수 있다는 사실을 확인하게 된다. 바차트 사용자는 캔들의 상승창(49달러)이 아니라 섬꼴 바닥(45.50달러)을 첫 번째 지지선으로 삼을 것이다. 물론 주가가 상승창의 지지영역을 무너뜨리면 45.50달러(섬꼴

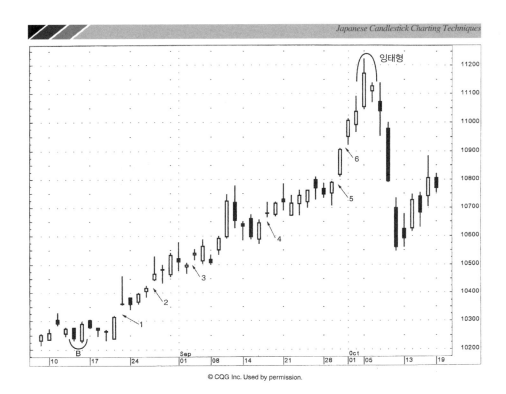

© CQG Inc. Used by permission.

그림 7.8 채권 선물, 일간차트(상승창)

바닥과 망치형의 저가)에서 그 다음의 지지선을 찾아야 할 것이다.

　전통적인 일본의 기술적 분석에서는 세 개의 상승창 또는 하락창이 나타난 뒤에는 과매수 혹은 과매도 때문에 주가 상승이나 하락이 계속되기 어렵다고 한다. 일본에서 3이라는 숫자가 차지하는 비중 때문에 이러한 말이 나왔을 것이다. 나는 이 책의 첫 번째 판을 낸 뒤에 이 개념에 대해 조금 더 자세히 연구했다.

　사실 창은 매우 자주 볼 수 있기 때문에 창이 아무리 많다 하더라도 마지막 창이 닫히기 전까지 추세는 그대로 유지된다. 상승창은 얼마든지 있을 수 있

고, 종가가 마지막 상승창의 아래에서 형성되기 전까지 추세는 상승세를 유지
한다. 그림 7.8에서 그 예를 보자. 여기서는 8월 중순 B의 상승장악형에서 반
등이 시작되는 것을 볼 수 있다. 주가가 상승하며 궁극적으로는 6개의 상승창
이 생겼다. 10월 5일과 6일 잉태형이 출현하면서 채권 선물은 상승 동력을 잃
었다. 하지만 주가 상승이 끝났다는 것을 확인하기 위해서는 종가가 6번째 상
승창 아래에 형성되어야 했다. 이 하락 반전 이전에 기록했던 고가는 그 뒤로
수 년동안 채권 선물의 최고가로 남아 있었다.

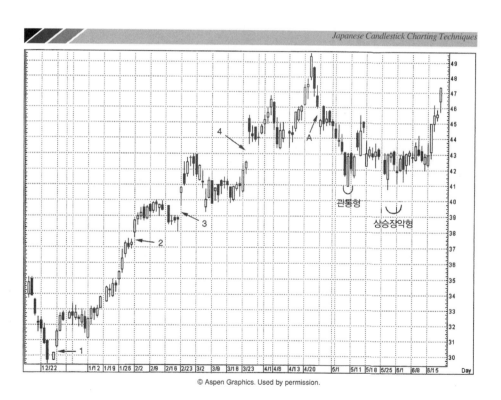

그림 7.9 마이크로소프트, 일간차트(상승창)

그림 7.9 역시 세 개가 넘는 상승창이 형성되더라도 주가 상승이 지속될 수 있다는 사실을 보여준다. 상승창은 1, 2, 3, 4에서 생겼다. 이들 상승창 각각은 지지영역 역할을 했다. A에 하락창이 생기면서 주가 상승 기조에 문제가 생기고 46달러에서 저항선이 형성됐다. A의 하락창에서 시작된 주가 하락은 5월 첫째 주까지 계속됐다.

5월 4일 장대 음봉이 나타나 42.50달러에 형성되어 있던 4번 창의 지지선을 무너뜨렸다. 이것은 마이크로소프트의 주식이 더 떨어질 수 있다는 신호이기도 했다. 하지만 다음날 5월 5일 강력한 양봉(시가와 저가가 같고, 종가가 고가 근처인 강세 샅바형)이 나타나 고전적인 형태의 관통형이 형성됐다. 이 관통형은 전날에 나타난 약세 신호를 무력화시켰다.

이 차트는 변화하는 시장 환경에 빠르게 적응하는 것이 얼마나 중요한지를 보여준다. 5월 4일의 지지선 붕괴를 보면서 하락세를 예상하겠지만 다음날에는 관통형의 출현을 보고 전망을 조금 더 긍정적인 쪽으로 바꾸어야 한다.

그 다음 이틀 동안, 즉 5월 11일과 12일 음봉에 뒤이어 양봉이 나타나면서 비슷한 시나리오가 전개됐다. 41달러 근처의 주요 지지선에 대한 추가적인 증거가 필요하다면 5월 26일과 27일의 상승장악형을 보라. 사실 5월 29일부터 6월 2일까지 세 개의 캔들은 샛별형으로 볼 수 있다(물론 이상적인 샛별형은 여기에서처럼 거래 범위 내에서가 아니라 하락 추세 마지막에 출현한다). 이 패턴은 41달러 근처의 지지선이 견고함을 확인시켜주고 있다.

타스키형(Tasuki)

그림 7.10과 7.11에서 보듯이 타스키형은 상승갭 또는 하락갭에서 나타나는 특별한 두 가지 캔들의 조합이다. 그림 7.10의 상승갭 타스키형은 하나의 양봉과 뒤이은 음봉이 상승창을 만들 때 생긴다. 음봉의 시가는 양봉 몸통 내에 있

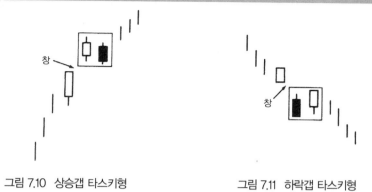

그림 7.10 상승갭 타스키형   그림 7.11 하락갭 타스키형

고, 종가는 양봉 몸통 아래에 있어야 한다. 음봉의 종가가 중요하다. 종가가 창
의 바닥 아래로 떨어지면 상승갭 타스키형의 상승 암시는 무의미하게 된다. 하
락갭 타스키형에 대해서도 똑같은 얘기를 반대로 할 수 있다(그림 7.11을 보라). 음
봉이 나타나면서 하락갭이 형성되고 이어 양봉이 뒤따른다. 타스키형의 두 캔
들은 거의 같은 크기여야 하며, 이 두 종류의 타스키형은 모두 흔하게 나타나
지는 않는다.

　나는 12년간의 경험에 근거하여 이 책의 초판이 나온 후로 여러 세미나에서
타스키형을 기억하려고 애쓸 필요는 없다고 거듭 말해왔다. 중요한 것은 창이
기 때문에 상승창의 출현 후에는 캔들의 색깔이나 조합 따위는 전혀 문제가 되
지 않는다. 기억해야 할 단 한 가지의 사실은 상승창이 나타나면(예컨대 상승갭 타
스키형) 상승신호이고 창은 지지영역이 된다는 것이다. 이 지지영역 아래로 종
가가 형성되면 추세는 하락세로 바뀐다. 하락갭 타스키형에 대해서도 똑같은
말을 반대로 할 수 있다. 왜냐하면 하락갭 타스키형에 하락창이 있으면 이 창
이 당연히 저항영역이 되기 때문이다. 하락창의 천장 위로 종가가 형성되면 하
락갭 타스키형의 하락신호는 무의미하게 된다.

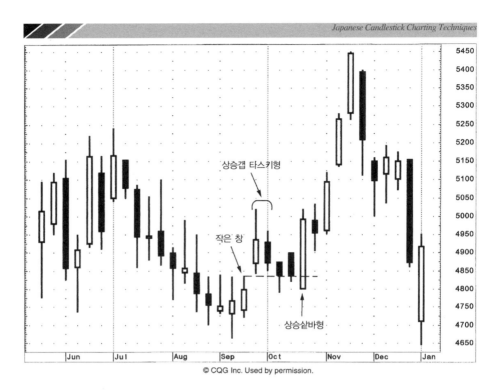

그림 7.12 플래티넘, 주간차트(상승갭 타스키형)

　그림 7.12에서는 9월 말에 작은 상승창이 형성됐다. 이 상승창 뒤에 나타난
두 개의 캔들은 상승갭 타스키형을 이뤘다. 하지만 이미 언급했듯이 상승창이
나타난 이후에는 캔들이 어떤 것인지는 중요하지 않다. 중요하게 생각해야 할
점은 종가를 근거로 이 상승창을 지지영역으로 삼아야 한다는 것이다. 점선으
로 알 수 있다시피 종가를 볼 때 이 지지선은 온전하게 유지됐다. 그런 다음 10
월 말 상승샅바형이 출현하여 앞에 있는 세 개의 음봉 몸통을 덮었고, 이로써
창의 지지선이 최종적으로 확인됐다.

고가 및 저가 갭핑플레이(Hi-price and Low-price Gapping Play)

가파른 상승 뒤에 주가가 안정 국면에 이르는 것은 흔히 일어나는 일이다. 때로는 작은 캔들 몸통이 생기면서 주가가 안정화된다. 장대 양봉 뒤에 작은 캔들들이 출현하면, 주가의 흐름이 결정되지 않았다는 뜻이다. 이러한 작은 캔들 몸통은 추세를 상승세에서 횡보세로 바꾸어놓지만 어떤 의미에서는 시장의 건강을 암시하는 신호이다. 왜냐하면 주가를 유지하면서 시장이 과매수 상태를 해소하고 있기 때문이다. 여기서 상승창이 나타나면 강세신호이며, 이를 고가 갭핑플레이라고 한다(그림 7.13을 보라). 주가가 최근의 고가 근처에 머물다가 갭을 형성하며 상승하기 때문에 이러한 이름이 붙었다.

저가 갭핑플레이는 고가 갭핑플레이와는 반대의 패턴이다. 저가 갭핑플레이(그림 7.14)는 저가 밀집밴드(congestion band : 무리를 이루고 있는 작은 캔들 몸통들을 말함)에서 하락창이 생길 때를 말한다. 이러한 밀집밴드는 우선 가파르게 하락하던 주가를 안정화시킨다. 작은 캔들 몸통들이 나타나면서 바닥이 형성되는 듯하다가 하락창이 만들어지면서 매수세력의 희망을 앗아간다.

그림 7.15에서는 7월 31일 망치형이 나타나 저점을 이뤘다. 이어 주가가 상승하고 8월 초에 상승창이 출현했다. 8월 7일로 시작되는 한 주에 장대 음봉이 나타나 흑운형이 형성되면서 주가 상승세에 잠시 제동이 걸렸다.

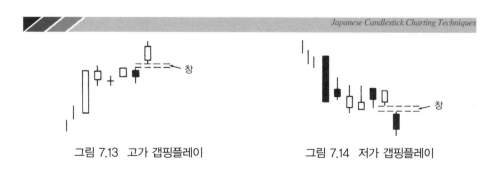

그림 7.13 고가 갭핑플레이   그림 7.14 저가 갭핑플레이

작은 창

고가 갭핑플레이

© CQG Inc. Used by permission.

그림 7.15 코닝, 일간차트(고가 갭핑플레이)

8월 21로 시작되는 한 주에는 장대 양봉 뒤로 일련의 작은 캔들 몸통들이 나타나 주가가 소강 국면에 접어들었고, 8월 28일 작은 상승창이 나타나 고가 갭핑플레이가 만들어지면서 매수세가 시장에서 주도권을 잡았다.

만약 고가 갭핑플레이의 상승창 아래로 시장의 종가가 형성되면 고가 갭핑플레이의 상승신호는 무의미하게 된다. 저가 갭핑플레이에 대해서도 똑같은 말을 할 수 있다.

그림 7.16에서는 6월 29일에 장대 양봉을 볼 수 있다. 장대 양봉에 뒤이어 나타난 6월 30일의 도지형은 주가 흐름이 상승세에서 중립적으로 바뀌었다는

© Aspen Graphics. Used by permission.

그림 7.16 99센트 온리 스토어, 일간차트(고가 갭핑플레이)

사실을 암시한다. 왜냐하면 이들 두 캔들이 십자잉태형을 형성하기 때문이다. 이 도지형 뒤에 나타난 작은 캔들 몸통들은 이러한 예측을 확인시켜준다. 차트의 아랫부분을 보면 4개의 작은 캔들 몸통으로 나타나는 밀집된 거래 범위에서 오실레이터가 1의 과매수 상태에서 2의 중립적인 상태로 진행하는 것을 확인할 수 있다. 앞에서도 얘기했듯이 고가 갭핑플레이의 작은 캔들 몸통들은 과매수 상태를 해소시킨다. 과매수 상태라고 할 수 없는 2에서는 주가가 쉽게 상승할 수 있다. 7월 7일에 작은 창이 열리자 고가 갭핑플레이가 형성됐고 7월 중순에는 만두형 천장이 형성됐다.

© CQG Inc. Used by permission.

그림 7.17   설탕, 일간차트(저가 갭핑플레이)

그림 7.17에서 4월 초에 출현한 잉태형은 가격 상승을 저지했다. 여기에서
시작된 하락세는 힘을 얻었고 4월 12일에는 커다란 장대 음봉이 출현했다. 그
뒤에 나타난 두 개의 팽이형 캔들은 가격이 안정 국면에 접어들었다는 사실을
암시했다. 하지만 4월 17일의 종가는 다시 낮아졌고, 그 다음 캔들로 저가 갭핑
플레이가 완성됐다. 이는 매도세력이 다시 주도권을 장악했다는 뜻이다.

5월 초의 작은 하락창이 저항선 역할을 하는 것을 확인하라. 이 저항영역은
유념해야 한다. 왜냐하면 1의 망치형과 2의 상승장악형으로 상승 반전신호가

나타났기 때문이다. 이 두 가지 상승신호에 따라 주식을 매수하는 데는 조금 더 신중을 기해야 한다. 하락창의 저항영역이 가격 상승의 한계를 드러내고 있기 때문이다.

나란히형(Gapping Side-by-side white lines)

상승장에서 상승갭을 형성한 양봉 뒤에 시가가 비슷하고 크기도 비슷한 또하나의 양봉이 나타나면 상승 지속형 패턴이다. 두 개의 양봉으로 이뤄진 이 패턴은 상승나란히형이라고 한다(그림 7.18을 보라).

나란히 하는 두 개의 양봉이 하락 갭을 형성하는 경우는 드문데 이러한 패턴은 하락나란히형이라고 한다(그림 7.19를 보라). 하락나란히형은 두 개의 양봉이 있는데도 하락신호로 간주된다. 왜냐하면 하락창이 있기 때문이다. 이 두 개의 양봉은 공매도 투자자들이 주식을 되샀기 때문에 생겼다고 본다. 이러한 환매가 사라지면 주가는 더 떨어진다. 하락나란히형이 특히 드문 이유는 주가 하락 환경에서는 양봉보다는 음봉을 보기가 훨씬 더 쉽기 때문이다.

사실 나란히형을 이루는 캔들 형태를 기억할 필요까지는 없다. 중요한 것은 이들 패턴의 일부를 이루고 있는 상승창과 하락창이다. 이 장의 앞부분에서 타

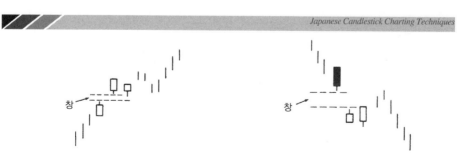

Japanese Candlestick Charting Techniques

그림 7.18 상승 추세에 있는 상승나란히형   그림 7.19 하락 추세에 있는 하락나란히형

그림 7.20 플래티넘, 일간차트(상승나란히형)

스키형을 다루며 얘기했던 바와 마찬가지로 창의 출현 후에는 두 개의 양봉이 있는지(나란히형의 경우), 아니면 음봉과 양봉이 있는지(타스키형의 경우)는 중요한 문제가 되지 않는다. 추세와 지지영역, 혹은 저항영역을 우리에게 가르쳐주는 것은 창 그 자체이다.

　예컨대 하락나란히형이 두 개의 양봉이 있음에도 하락신호가 되는 것은 놀라운 일이 아니다. 추세(이 경우에는 하락세)를 결정하는 것은 이 패턴의 하락창이기 때문이다. 종가가 하락창의 천장 위로 형성되면 하락나란히형의 하락신호는 무의미하게 된다.

이야기의 요지는 이렇다. 난해한 타스키형과 나란히형을 기억하기 위해 애쓸 필요는 없다. 중요한 것은 창이다. 상승창이나 하락창 뒤에 나오는 캔들의 형태나 색깔은 중요하지 않다. 하락창은 추세를 하락세로 만들고, 상승창은 추세를 상승세로 만든다. 이때 창은 지지영역이나 저항영역이 된다.

그림 7.20은 5월 1일과 2일 형성된 상승나란히형을 보여준다. 이미 얘기했듯이 여기에서도 추세를 상승세로 만드는 것은 나란히형이 아니라 5월 1일에 열린 창이다.

그림 7.20에는 많은 창이 있기 때문에 창을 하나하나 설명해보겠다.

1. 1의 하락창으로 하락 추세가 유지된다. 이는 3월 26일 망치형의 출현에도 상관하지 않는다. 창과 함께 또 다른 패턴이 나타날 때 나는 보통 창이 암시하는 흐름을 좇는다. 이 경우에는 강세의 망치형과 약세의 하락창이 나타났다. 망치형보다는 하락창에 근거하여 약세를 전망해야 한다. 망치형이 암시하는 강세는 종가가 창의 위에서 형성되면 유효하게 된다.

2. 2의 작은 상승창은 4월 4일과 5일의 흑운형에서 주가가 얼마간 떨어질 때 지지영역이 되어줬다. 4월 10일의 도지형(상승창의 지지영역에 있는)은 두 가지 사실을 보여준다. 첫 번째 사실은 2의 상승창이 지지영역으로 유지됐다는 것이다. 두 번째 사실은 추세가 기존의 하락세에서 이탈했다는 것이다. 도지형이 나타나기 전에 있는 세 개의 연속적인 음봉을 보면 그전의 추세가 하락세였음을 알 수 있다.

3. 플래티넘의 주가는 4월 10일에 확인된 2번 창의 지지영역을 성공적으로 방어하고 반등을 시작했다. 가격은 4월 23일에 1번 하락창의 천장에서 형성된 495달러의 저항선을 만나며 상승을 멈췄다. 이 저항선에서 가격이 하락하며

3번의 하락창이 열렸다. 4월 25일에 장대 음봉의 출현 뒤에 작은 양봉 몸통이 나타나면서 잉태형이 형성됐다. 이로써 매도세가 모멘텀을 잃어버렸다는 사실이 드러났다.

4. 5월 1일의 상승창 출현과 함께 두 개의 작은 양봉 몸통이 나타났다. 이로써 앞에서 말한 상승나란히형이 형성됐다.

상승나란히형이 형성된 뒤에는 저항선(488달러 근처) 역할을 하는 3번 하락창과 지지선(475달러 근처) 역할을 하는 4번 상승창이 서로 싸움을 벌였다. 이 저항선과 지지선은 한 주가 넘도록 그대로 유지됐다. 그러나 5월 17일 마침내 매수세가 커지면서 종가가 3번 하락창의 저항선 위로 올라섰다(5월 14일에는 주가가 장중에 창을 넘어섰지만 종가는 창을 넘어서지 못했다. 따라서 창의 저항선은 온전하게 유지됐다). 이 저항선이 돌파되면서 주가는 가파르게 상승했지만 5월 18일과 21일에 잉태형이 형성되면서 주가 상승은 끝났다.

상승삼법형과 하락삼법형(Rising and Falling three method)

삼법에는 강세의 상승삼법형과 약세의 하락삼법형이 있다(여기에서도 3이라는 숫자가 등장한다는 것에 주목하라). 이 두 패턴은 지속형 패턴이다. 상승삼법형이 출현하면 그전의 상승 추세가 계속된다. 이와 비슷하게 하락삼법형이 출현한 뒤에는 그전의 하락세가 그대로 유지된다.

상승삼법형(그림 7.21을 보라)은 다음과 같은 요소로 구성되어 있다.

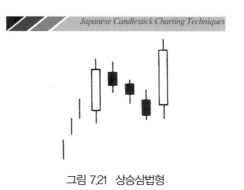

그림 7.21 상승삼법형

1. 장대 양봉이다.
2. 장대 양봉 뒤에 나타나 하락세나 횡보세를 보이는 한 무리의 작은 캔들이다.
   이러한 캔들의 수는 3개가 이상적이지만 2개나 4개 이상도 가능하다. 단, 캔
   들 몸통은 장대 양봉의 고가–저가 범위 안에 있어야 한다. 이들 작은 캔들이
   일종의 삼중 잉태형을 형성하고 있다고 생각해보라. 왜냐하면 이들 캔들의
   몸통이 모두 첫 번째 양봉의 안에 위치하기 때문이다(이 패턴에서는 작은 캔들 몸
   통이 첫 번째 양봉의 그림자 안에만 있으면 된다. 하지만 이상적인 잉태형의 경우라면 양봉의
   몸통 안에 들어가 있어야 할 것이다). 이러한 작은 캔들은 양봉도 될 수 있고 음봉
   도 될 수 있다. 하지만 이 패턴에서는 음봉이 이상적이다.
3. 마지막에는 강력한 양봉이 나타나야 하고, 종가는 첫 번째 양봉의 종가보다
   높아야 한다. 이상적인 경우라면 마지막 캔들의 시가 역시 앞에 있는 캔들의
   종가보다 높아야 한다.

이 패턴은 서구식 기술적 분석의 상승깃발형이나 상승페넌트형과 비슷하다.
하지만 상승삼법의 배경에 자리 잡고 있는 개념은 1700년대까지 거슬러 올라
간다. 삼법형은 거래와 전투에서의 휴식으로 간주할 수 있다. 현대적인 표현을
쓰자면 한 무리의 작은 캔들이 나타나
면서 시장이 "숨을 고르고 있다"고 얘
기해야 할 것이다.

하락삼법형(그림 7.22)은 상승삼법형
과 반대되는 패턴이다. 이 패턴에서는
주가가 하락 추세에 있다. 여기서 먼저
장대 음봉이 나타나고, 뒤이어 강세를
보이는 대략 3개 정도의 작은 캔들이

Japanese Candlestick Charting Techniques

그림 7.22 하락삼법형

© CQG Inc. Used by permission.

그림 7.23   인텔, 일간차트(상승삼법형)

나타난다. 이들 작은 캔들의 몸통은 첫 번째 캔들의 범위(그림자까지 포함하여) 안
에 있어야 한다. 마지막 캔들의 시가는 앞 캔들의 종가보다 낮고, 종가는 첫 번
째 캔들의 종가보다 낮아야 한다. 이 패턴은 하락깃발형이나 하락페넌트형과
비슷하다.

　이상적인 삼법형의 경우라면 작은 캔들 몸통이 첫 번째의 큰 캔들 몸통과 색
깔이 반대여야 한다. 즉 상승삼법형은 작은 캔들이 음봉이어야 하고, 하락삼법
형은 작은 캔들이 양봉이어야 한다. 하지만 내 경험으로는 작은 캔들이 음봉이
든 양봉이든 상관없으며, 그 수도 2개에서 5개까지는 괜찮다.

© Aspen Graphics. Used by permission.

그림 7.24 오렌지 즙, 주간차트(상승삼법형)

이상적인 상승삼법형에서는 세 개의 작은 음봉이 장대 양봉의 전체 거래 범위 안에 있어야 한다. 그림 7.23에서는 8월 13일에 상승샅바형이 출현했다. 그 뒤에 8월 13일의 고가–저가 범위 안에 드는 4개의 작은 음봉과 도지형이 출현했다. 8월 20일 장대 양봉이 나타나면서 상승삼법형이 완성됐다.

상승삼법형은 리스크/수익 면에서 문제를 안고 있다. 상승삼법형이 형성된 시점에서는 주가가 가장 최근의 저가에서 크게 벗어나 있을 수 있기 때문이다. 상황이 정말 그렇다면 상승삼법형이 완성된 뒤에 주식 매수에 나서는 일은 별로 권할 만한 일이 될 수 없다. 따라서 일단 상승삼법형이 완성된 뒤에는 리스크를 고려해서 잠재 수익을 철저히 따져봐야 한다(리스크는 상승삼법형이 시작된 양봉의 저가를 기준으로 판단한다).

그림 7.24를 보면 10월 첫째 주 장대 음봉이 출현하면서 오렌지 즙의 가격은 그전보다 더 낮아졌다. 하지만 다음 주에는 가격이 69센트 위로 올라가면서 전주에 형성된 새로운 저가 영역이 더 이상 지탱될 수 없다는 사실이 드러났다. 11장에서도 보게 될 테지만 중요한 지지선이 무너지고 나서(이 경우에는 가격이 8~9월의 저가 밑으로 떨어지면서 지지선이 붕괴됐다) 그 뒤에 새로운 저가가 유지되지 못하면 대개 상승신호로 볼 수 있다.

11월 둘째 주의 장대 양봉과 그 뒤에 나타난 작은 캔들 몸통들은 가격이 5월에 형성된 85~87센트의 저항영역에서 상승을 저지당하고 있다는 사실을 보여준다. 작은 캔들 무리는 11월 둘째 주의 장대 양봉에 의해 정해진 거래 범위 안에 자리 잡고 있다. 12월의 둘째 주에 장대 양봉이 출현하면서 상승삼법형이 형성됐다(작은 캔들의 몸통이 양봉의 거래 범위 안에 있는 한 작은 캔들 무리의 그림자는 양봉의 거래 범위 바깥으로 나가더라도 상관없다는 점을 기억하라).

이 상승삼법형이 출현하고 나서 주가는 12월의 나머지 기간 동안 횡보 국면에 접어들었는데 도지형(4로 표시된)의 출현 후 장대 양봉이 나타났다. 매수세가 주도권을 되찾은 것이다. 차트를 보면 A 영역이 상승삼법형과 매우 비슷하다는 것을 알 수 있다. 1에서 4까지의 캔들 몸통들이 양봉 안에 들어가 있기 때문이다. 하지만 상승삼법형을 구성하는 캔들 무리는 모두 몸통이 작아야 하는데 3번의 음봉은 몸통이 길다. 따라서 이것을 상승삼법형이라고 볼 수는 없을 것이다.

그림 7.25에서는 3월 30일과 31일에 주가가 하락하면서 매우 작은, 거의 도지형에 가까운 캔들이 나타났다. 이로써 주가의 하락 추세가 약화됐다. 4월 1일에 완성된 상승장악형은 이제 매수세력이 주도권을 장악했다는 사실을 암시하고 있다. 그 다음 4일 동안 주가가 안정 국면에 들어가면서 음봉과 양봉이 교

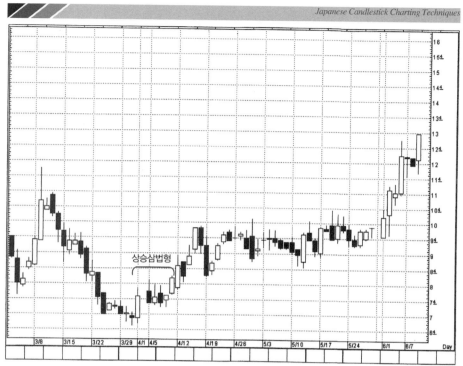

© Aspen Graphics. Used by permission.

그림 7.25 어시스트테크, 일간차트(상승삼법형)

대로 나타났고, 4월 9일에 양봉이 나타나 마침내 상승삼법형이 형성됐다.

　　이제 상승삼법형을 거래량과 연관시켜 알아보자. 이상적인 상승삼법형의 경우에는 상승삼법형을 구성하는 모든 캔들 중에서도 첫 번째와 마지막 캔들, 즉 장대 양봉들에서 거래량이 가장 많아야 한다. 이 점은 양봉이 나타난 날 매수 세력이 더 강력한 주도권을 행사했다는 사실을 확인시켜준다. 그림 7.26에서는 6월 17일의 장대 양봉에서 상대적으로 거래량이 많았다. 게다가 이 캔들은 앞에 있는 두 개의 캔들과 함께 십자샛별형을 이루고 있다.

그림 7.26　시티그룹, 일간차트(상승삼법형과 거래량)

　6월 17일의 양봉 출현 뒤에 하락하는 작은 캔들 몸통들에서는 거래량이 감소하고 있다. 6월 24일의 장대 양봉에서는 거래량이 많아지고 주가가 올라가면서 상승삼법형이 형성됐다. 정말로 이 차트는 거래량과 캔들차트 분석기법을 함께 사용할 수 있는 효과적인 방법을 보여주고 있다.

　6월 24일의 양봉 뒤에 음봉 몸통이 나타나 흑운형이 형성됐다. 여기서 주가는 다시 상승을 시작하기 전에 일시적으로 주춤거렸다. 7월 8일 거래량이 엄청나게 많아지며 창이 열렸다는 점에 주목하라. 거래량이 많다는 점은 창이, 무엇보다 창의 바닥이 지지영역이 될 가능성을 높이고 있다는 것이다(거래량에 관

그림 7.27 다우존스 산업 지수, 일간차트(상승삼법형)

해서는 15장에서 상세히 논할 것이다).

　대부분의 경우 상승삼법형은 상승세나 횡보세에서 나타난다. 하지만 때때로 상승삼법형이 매도에서 매수로의 전환 시점을 알려주기도 한다. 상승삼법형에 관한 또 다른 예는 그림 7.27에서 볼 수 있다. 9월 초의 상승삼법형은 7500포인트 근처의 지지영역을 확인시켜주고 있다. 지수는 이 상승삼법형 뒤에 곧바로 상승하지는 않았다. 캔들 신호는 대개 추세의 전환을 암시하지만 추세가 언제나 이 신호(이 경우에는 상승삼법형) 뒤에 곧바로 바뀐다는 법은 없다. 대신 이 경우와 비슷하게 많은 캔들 패턴은 지지영역을 강화시켜준다. 여기서 다우존스

© Aspen Graphics. Used by permission.

그림 7.28 슐럼버저, 일간차트(상승삼법형과 저항선)

산업지수는 7500포인트 근처에서 지지선이 공고화됐다. 9월 중순과 10월 초에는 관통형이, 그리고 10월 8일에는 망치형이 나타나 이 지지선을 다시 한번 확인시켜줬다.

캔들 패턴이 가격 흐름의 어디에서 출현하는가가 개별적인 캔들의 패턴보다 중요할 때가 종종 있다. 예컨대 저항선 근처에서 상승장악형이 형성될 경우에는 리스크/수익 면에서 이때가 매력적인 매수 시점이 될 수 없다. 왜냐하면 이때 주식을 사면 저항선 근처에서 매수하는 것이 되기 때문이다.

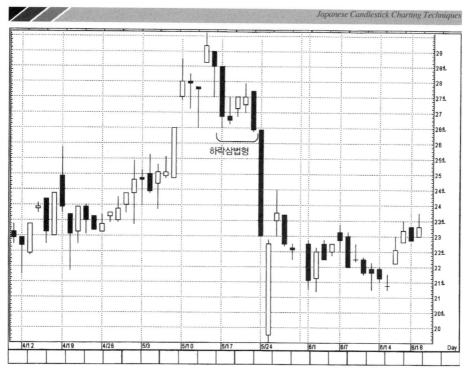

하락삼법형

© Aspen Graphics. Used by permission.

그림 7.29   유니방코, 일간차트(하락삼법형)

　그림 7.28은 전체적 관점에서 상승삼법형을 볼 수 있는 좋은 예이다. 12월 14일과 15일 사이에 생긴 작은 창은 그 주 후반에 지지영역으로 작용했다. 12월 20일 주가가 상승하기 시작했지만 60달러 근처에서 저항을 받았다. 12월 23일과 27일에는 잉태형이 출현했고 12월 29일 시장이 마감되면서 상승삼법형이 형성됐다(이상적인 형태는 작은 몸통의 캔들이 세 개지만 여기서는 두 개이다). 하지만 이 패턴이 어디에서 시작했는지에 대해 주의해서 보라. 60달러 영역이다. 60달러선은 12월 7일부터 저항선 역할을 해왔다. 따라서 상승삼법형이 강세

그림 7.30　월드컴, 주간차트(하락삼법형)

신호라 하더라도 저항영역에서 출현했기 때문에 이때를 적당한 매수 시점이라
고 말할 수 없다. 그 뒤 1월 11일 종가가 이 60달러 저항선을 넘어선 뒤에야 상
승 추세가 형성됐다.

　그림 7.29는 하락삼법형을 보여준다. 5월 18일에 등장한 이 패턴의 첫 번째
작은 캔들 몸통은 앞에 있는 장대 음봉의 몸통 바깥에 위치하고 있다. 그렇다
고 해서 이 하락삼법형이 무의미하게 되지는 않는다. 이 캔들 형태가 하락삼법
형이 되기 위해서는 작은 캔들의 몸통이 장대 음봉의 거래 범위 안에만 있으면
되는데, 굳이 장대 음봉의 몸통 안에 있을 필요는 없다.

5월 21일의 음봉은 종가가 5월 17일 음봉의 종가 아래에 있으며 하락삼법형의 요구 조건을 충족시키고 있다. 5월 25일에는 주가가 수직 상승했다. 시가는 매우 낮았지만 종가는 위로 솟구쳐 대략 이전 캔들의 종가와 비슷해졌다. 따라서 거의 반격형을 이루고 있다. 이때의 양봉은 종가가 전날의 종가와 정확히 똑같지는 않지만 시가에서 종가까지 엄청난 폭으로 상승했기 때문에 반격형과 거의 다를 바 없는 반전신호로 받아들여야 할 것이다.

그림 7.30에서는 8월의 첫째 주에 수개월 동안 유지되고 있던 38달러 근처의 지지영역이 무너졌다. 8월 초에 얼마간의 반등이 일어나 주가는 38달러의 지지선에 근접했다가 다시 하락했다(어떻게 기존의 지지선이 새로운 저항선이 되는지는 11장에서 다룰 것이다). 9월 초에는 장대 음봉이 나타나면서 하락삼법형이 형성됐다.

갈림길형(Separating line)

우리는 6장에서 반격형에 대해 살펴본 일이 있다. 반격형은 음봉과 양봉 또는 양봉과 음봉의 조합으로 앞에 있는 캔들의 종가가 뒤에 있는 캔들의 종가와 같아야 한다. 반격형은 종가가 같지만 그림 7.31에서 보다시피 갈림길형은 시가가 같다. 물론 색깔은 서로 반대된다.

갈림길형은 지속형 패턴이다. 그 이유를 알기는 어렵지 않다. 상승장에서 음봉(특히 상대적으로 장대 음봉)이 나타나면 매수세력은 걱정하기 시작한다. 매도세력이 주도권을 가져갔기 때문이다. 하지만 다음날 개장 때 주가가 큰

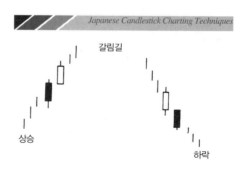

그림 7.31 상승갈림길형과 하락갈림길형

© Aspen Graphics. Used by permission.

그림 7.32 자빌 서키트, 일간차트(상승갈림길형)

폭으로 상승하여 전날의 시가와 같아질 경우에는 매도세력이 시장에서 주도권을 잃었다는 사실을 알 수 있다. 특히 종가가 더 뛰어올라 양봉을 만들때는 그 사실이 더욱 극명하게 드러난다. 그림 7.31의 상승갈림길형은 바로 그와 같은 상황을 보여주고 있다. 이상적인 형태라면 양봉은 또한 상승샅바형이 되어야 한다(즉 시가는 저가와 같아야 하고 종가는 고가와 같거나 거의 비슷해야 한다). 그림 7.31의 하락갈림길형에 대해서는 반대의 얘기를 할 수 있다. 하락갈림길형은 하락 지속 신호지만 갈림길형은 사실 드물게 나타난다.

하락갈림길형

상승갈림길형.

Aug
01   07   14   21   28   Sep   01   11   18   25

그림 7.33 타깃, 일간차트(상승갈림길형과 하락갈림길형)

대부분의 사람들은 어떤 특정한 캔들 패턴의 이상적인 형태를 보고 싶어 하지만 변형된 형태도 꽤 유용하게 쓰일 수 있다. 그림 7.32에서 실례를 보자. 7월 중순의 하락장악형(B)은 주가 하락을 예고하고 있다. 주가 하락은 8월 3일에 상승장악형이 만들어지면서 일단락됐다. 8월 3일의 양봉 뒤에 나타난 두 개의 캔들은 거의 상승갈림길형이다. 8월 7일의 시가가 전날의 시가와 거의 같기 때문이다. 물론 정확히 일치하지는 않는다. 그럼에도 8월 4일의 종가가 46.25 달러였는데, 그 다음의 주가가 큰 폭으로 상승하여 시가가 8월 4일의 시가를 회복했다는 사실은 대단히 인상적이다. 8월 9일에는 상승창이 열리면서 매수

그림 7.34 시티코프, 일간차트(상승갈림길형)

가 매도를 초과했다는 더욱 강력한 강세신호가 나타났다.

그림 7.33에서는 8월 둘째 주에 하락갈림길형이 나타났다. 이 하락갈림길형
이 출현한 뒤, 주가는 8월 초에 형성된 29달러의 지지선에서 거의 안정화됐다
가 8월 15일에 하락창이 열리면서 하락 추세가 확인됐다.

9월 13일과 14일에는 상승갈림길형이 생겼다. 하지만 이 패턴의 출현 뒤에
주가는 상승을 이어나가지 못했다. 그 이유는 상승갈림길형의 양봉이 28달러
를 벗어나지 못했다는 점에서 찾을 수 있다. 점선에서 보듯이 28달러는 8월 21

일로 시작되는 한 주 동안 저항선으로 작용했다. 여기에서 캔들 신호가 어디서 나타나는가가 매수 혹은 매도 시점을 결정하는 데 중요한 요소라는 사실을 다시 한번 깨달을 수 있다. 이 예에서 누군가가 상승갈림길형을 확인하고 매수에 나섰다면 그는 저항선 근처에서 주식을 사게 된 꼴이 되었을 것이다. 사실 추가적인 상승신호를 기다렸다 종가가 28달러를 넘는 순간을 확인하는 것이 훨씬 더 분별 있는 일이 될 것이다.

상승갈림길형은 드물게 볼 수 있다 하더라도 보통은 상승장에서 나타난다. 하지만 상승갈림길형이 바닥을 암시하는 경우도 있다. 그림 7.34에서는 3월 24일과 25일에 상승갈림길형이 출현했고, 그 뒤 주가는 43.50달러에서 주춤거렸지만 4월 5일에 상승창이 열리면서 소강 상태를 극복하고 43.50달러의 저항선을 상향 돌파했다.

흥미롭게도 3월 25일의 캔들에서 4월 5일의 갭을 만든 캔들까지는 고가 갭핑플레이를 형성하고 있으며, 4월의 반등은 4월 13일과 14일 하락장악형이 만들어지기 전까지 계속됐다.

CHAPTER 8
도지형

窓 か ら 槍

A sudden danger

갑작스러운 위험

　3장에서 설명했듯이 도지형은 시가와 종가가 같은 캔들 형태다. 그림 8.1에서 8.6까지 도지형의 종류가 예시되어 있다. 도지형은 매우 중요한 반전신호이기 때문에 이 장에서는 특별히 도지형에 관해 더욱 상세히 다룰 것이다. 앞의 여러 장에서 우리는 도지형이 일부 패턴에서 중요한 요소를 이루고 있음을 배웠다. 그중에는 도지별형(5장을 보라)과 십자잉태형(6장을 보라)이 있다.

　도지형은 명확한 추세 반전신호이다. 상승장에서는 특히 더 그렇다. 다음과 같은 경우에는 도지형이 출현했을 때 반전이 일어날 가능성이 더욱 커진다.

1. 그 다음에 나타나는 여러 캔들이 도지형의 반전신호를 확인시켜줄 때이다.
2. 시장이 과매수나 과매도 상태일 때이다.
3. 차트에 도지형이 많지 않을 때이다. 차트에 도지형이 많으면 새로운 도지가 출현하더라도 의미 있는 신호로 파악해서는 안 된다.

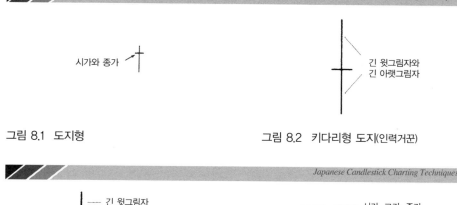

시가와 종가

그림 8.1 도지형

긴 윗그림자와
긴 아랫그림자

그림 8.2 키다리형 도지(인력거꾼)

긴 윗그림자

시가, 종가, 저가

그림 8.3 비석형 도지

시가, 고가, 종가

긴 아랫그림자

그림 8.4 잠자리형 도지

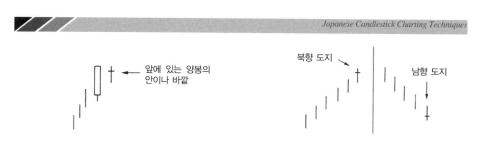

앞에 있는 양봉의
안이나 바깥

그림 8.5 장대 양봉 뒤의 도지형

북향 도지

남향 도지

그림 8.6 북향 도지와 남향 도지

　이상적인 도지형은 시가와 종가가 똑같지만 이러한 규칙에는 예외가 있다. 시가와 종가의 간격이 충분히 작으면(예컨대 주가에서는 몇 %, 채권에서는 0.1~2포인트 등) 이러한 캔들을 도지형으로 볼 수 있다. 그렇다면 여러분은 캔들이 도지형에 얼마나 가까워야(즉 캔들의 시가와 종가가 얼마나 가까워야) 도지형이라고 하겠는가? 이때는 주관적인 판단이 필요하고 정해진 규칙도 없다. 다음의 경우에 도지형에 가까운 캔들이 이상적인 도지형과 비슷하게 작용하리라고 판단할 수 있다.

1. 우선 도지형에 가까운 캔들을 최근의 주가 움직임과 비교해 보라. 작은 캔들 몸통들이 여럿 있으면 도지형에 가까운 캔들은 중요한 신호로 생각할 수 없다. 최근에 작은 캔들 몸통들이 많이 나타났다는 이유 때문이다. 하지만 도지형에 가까운 캔들이 큰 캔들 사이에서 나타나면 도지형에 가까운 캔들이 도지형과 같은 의미를 띤다고 말할 수 있다. 왜냐하면 도지형에 가까운 캔들이 이전의 주가 움직임과 매우 다른 상황을 보여주고 있기 때문이다.
2. 시장이 중요한 분기점에 다다랐을 때다.
3. 시장이 과매수 또는 과매도 상태에 있을 때다.
4. 다른 기술적 신호들이 경고 신호를 보내고 있을 때다.

이 장에서는 천장에 있을 때의 도지형, 저항선에 있을 때의 도지형, 특별한 종류의 도지형, 도지형과 추세의 관계 그리고 삼별형에 관해 다룰 것이다.

도지형은 천장을 지시한다는 점에서 큰 가치가 있다. 상승장에서 장대 양봉이 출현한 후 도지형이 나타나면 거의 틀림없이 천장이 형성된다(그림 8.5를 보라). 상승 추세에서 도지형이 부정적인 의미를 내포하는 이유는 도지형이 망설임을 표현하고 있기 때문이다. 매수세력이 망설이거나 불신하고, 주저하거나 동요하고 있으면 주가 상승이 지속될 수 없다. 주가가 장기간에 걸쳐 상승했거나 혹은 과매수 상태에 있다가 도지형이 출현하면(이때 "망설임"을 읽어야 한다) 매수세를 지지하는 발판이 사라졌다는 뜻이다.

내 경험으로는 도지형은 천장을 확인하는 데는 유용한 신호지만 하락장에서는 반전신호로서 큰 역할을 하지 못한다. 그 이유는 도지형이 매수세와 매도세의 균형을 반영하고 있기 때문이다. 확신이 없는 시장 참여자들로 인해 주가는 더 떨어질 수 있다. 사람들이 말하듯이 주가는 "스스로의 무게 때문에 떨어지는 것"이다. 이러한 생각은 많은 거래량은 하향 돌파보다는 상향 돌파를 확인하는 데 더 중요하다는 생각과도 비슷하다.

따라서 상승장에서 출현한 도지형은 주가의 상승 동력이 소진됐다는 암시일 수 있다. 하지만 하락장에서는 도지형이 나타나더라도 주가가 계속 하락할 수 있다. 이러한 이유 때문에 천장을 지시하는 도지형에 비교해 봤을 때 바닥을 가리키는 도지형은 더욱 확실한 확인이 요구된다. 예컨대 지지영역을 확인시켜주는 도지형은 하락세에서 등장한다 하더라도 필히 주의해야 한다.

상승장에서 나타나는 도지형은 북향 도지형, 하락장에서 나타나는 도지형은 남향 도지형이라고 한다(그림 8.6을 보라). 여기서는 우선 북향 도지형을 다루고자 한다. 남향 도지형(하락장의 도지형)은 이 장의 뒷부분에서 다룰 것이다.

도지형이 하락 반전신호인만큼 상승 반전신호로 유용하지는 않다고 말한 것은 내 경험에 근거한 것임을 알아두기를 바란다. 일본에는 이러한 말이 있다. "시장은 사람의 얼굴과 비슷해서 똑같은 것이 없다." 따라서 여러분이 참여하고 있는 시장에서는 도지형이 바닥을 가리키는 효과적인 신호의 기능을 할 수 있을지도 모른다. 여기서 일반적인 캔들차트 분석의 중요한 사실 하나를 발견할 수 있다. 어떤 시장에서는 일부의 캔들 패턴만이 효과적인 신호가 될 수도 있다는 것이다. 어떤 패턴이 시장에서 유용한지 유용하지 않은지는 경험을 통해 알아봐야 한다.

북향 도지형(The Northern doji, 상승장의 도지형)

일본에서는 장대 양봉 뒤에 도지형이 출현하거나 과매수 환경에서 도지형이 나타나면 시장이 "지쳤다"고 말한다. 이는 도지형을 보는 매우 적절한 시각이라고 하겠다. 도지형의 출현은 즉각적인 주가 흐름의 반전을 의미하지 않는다.

도지형은 시장이 취약하며, 어쩌면 전환점에 와 있으리라는 사실을 얘기해줄 뿐이다.

일전에 어떤 기관 세미나의 참석자에게 편지 한 통을 받은 적이 있다. 그는 이렇게 썼다. "적당히 아는 것이 오히려 위험하다는 당신의 말은 정말 틀리지 않습니다. 여기서 사람들은 그저 '도지형이다! 도지형이다! 도지형이다!' 라고 외치는 것밖에 모릅니다." 이 얘기는 사실 놀랍지도 않다. 왜냐하면 도지형은 찾기가 대단히 쉽기 때문이다. 사람들은 도지형을 발견하면 대단히 기뻐하면서 도지형에 따라 거래에 나선다. 하지만 도지형의 의미를 과장해서는 안 된다. 도지형은 추세가 현재 변화 중에 있다는 사실을 알려줄 뿐이다.

나는 고객들에게 단기 추세에 관한 전망을 해줄 때도 이렇게 말한다. 도지형이 나타난다고 해서 시장의 단기 추세 전망을 금세 상승세에서 하락세로 바꾸지는 않는다. 상승세에서 횡보세로 바꿀 뿐이다. 또 다른 기술적 신호가 이 도지형을 확인해줄 때에서야 상승세를 횡보세 아니면 하락세로 바꾼다(하나의 기술적 신호가 다른 기술적 신호를 확인해준다는 개념에 대해서는 2부에서 다룰 것이다). 도지형 하나 때문에 내가 단기 추세 전망을 상승세에서 하락세로 바꾸는 일은 드물다.

그림 8.7을 보면 A와 B의 팽이형은 그전의 추세가 힘을 잃었다는 신호이다. 이러한 작은 캔들 몸통은 매수세력과 매도세력 사이의 주도권 다툼을 나타내고 있는 반면, 도지형은 매수세력과 매도세력이 완전한 균형을 이룰 때 나타나는 캔들이다.

B에서 지수가 상승하면서 장대 양봉들이 나타났고 활력 넘치는 상승장이 지속됐다. 그 뒤에 도지형이 출현하여 지수가 그전의 추세에서 이탈하고 있다는 사실을 암시했다. 시가와 종가가 같은 도지형은 분명히 이전의 양봉들과 달랐다. 양봉들은 종가가 시가보다 훨씬 높았다.

이 경우에 도지형의 출현 후 지수는 상승세에서 횡보세를 거쳐 하락세로 바

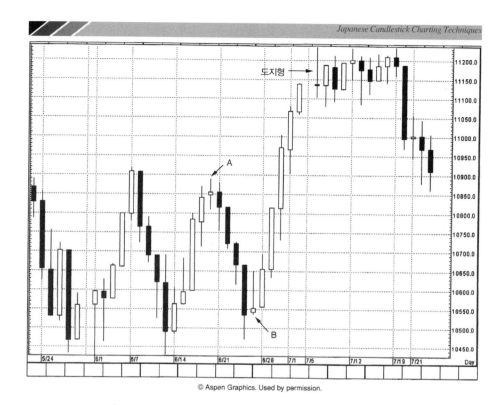

그림 8.7 다우존스 산업지수, 일간차트(장대 양봉 뒤에 나타난 도지형)

뛰었다. 하지만 도지형의 출현이 곧 하락세로 전환함을 의미하는 것은 아니다.
단, 이러한 과매수 시장에서는 도지형에 주의를 기울여야 할 이유가 된다. 이
러한 도지형이 나타나면 롱포지션을 처분하고, 콜옵션을 청산하고, 손실제한
주문의 가격을 끌어올려야 할 것이다.

　그림 8.8을 보면 주가는 (B의) 하락장악형에서 하락했다. 얼마 뒤에 장대 양
봉이 나타나 하락장악형에 의해 형성된 58.50달러의 저항선을 돌파하면서 매
수세력이 시장을 장악했다는 사실을 보여줬지만 그 다음에 나타난 도지형은

© Aspen Graphics. Used by permission.

그림 8.8 마이크로소프트, 3분 단위차트(장대 양봉 뒤에 나타난 도지형)

전망을 반전시켰다. 매수세력이 장악하고 있던 상황은 이제 도지형이 보여주
듯이 매도와 매수가 균형을 이루고 있는 상황으로 바뀌었다.

　도지형이 58.62달러에 근접하고 난 뒤 주가가 주춤하는 모습을 눈여겨보라.
여기에서 내가 장대 양봉 뒤에 도지형이 나타날 때마다 활용하는 기법을 말해
보면, 나는 도지형과 장대 양봉 중에서 가장 높은 고가(즉, 둘 중 더 높은 윗그림자의
맨 위)를 알아내서 저항선으로 삼는다. 이 경우에는 도지형과 장대 양봉의 고가
가 모두 58.62달러이다. 따라서 이 가격이 저항선이 된다.

　그림 8.9에서는 1~6번 캔들까지 시간이 갈수록 고가나 저가나 종가가 모두

그림 8.9 인텔, 일간차트(장대 양봉 뒤에 나타난 도지형)

더 올라갔다. 7번 캔들에서 1번 캔들 이후 처음으로 고가와 저가와 종가가 모두 낮아졌다. 이러한 일은 대개 그다지 중요한 문제가 되지 않는다. 하지만 여기서는 7번 캔들이 도지형이므로 문제가 중요해진다. 때때로 사소한 단서들이 중요한 시장의 전환점을 암시하기도 한다. 일본의 속담에는 "물 한 방울이 모여 바다를 이룬다"는 말이 있다. 시장도 마찬가지다. 그 자체로는 별 의미가 없는 사소한 신호들이 다른 기술적 신호와 결합하여 중요한 의미를 띠게 되는 것이다.

차트상의 점선은 도지형이 출현한 뒤에 저항선이 된다. 그림 8.8에서 설명했듯이 장대 양봉 뒤에 도지형이 나타나면 이 두 개의 캔들 중에서 가장 높은 고가를 찾아 저항선으로 삼는다. 이 차트에서는 양봉이 도지형보다 고가가 더 높기 때문에 양봉의 고가가 주된 저항선이 된다(점선으로 표시됨). 도지형의 출현으로 인텔의 주가는 힘이 떨어졌다. 하지만 종가가 이 저항선 위로 형성됐다면 시장이 원기를 회복하고 저항선을 상향 돌파했다고 말할 수 있었을 것이다.

키다리형 도지(인력거꾼), 비석형 도지, 잠자리형 도지
(The Long-legged doji[Rickshaw Man], Gravestone doji, Dragonfly doji)

그림 8.2에서 8.4까지 보듯이 일부 도지형에는 또 다른 이름이 있다. 이러한 별칭은 시가/종가(즉 도지형의 수평 요소)가 저가에 있는지 아니면 고가에 있는지에 따라, 그리고 유별나게 긴 윗그림자나 아랫그림자가 있는지에 따라 결정된다.

윗그림자와 아랫그림자가 모두 길고 몸통이 작은 캔들은 하이웨이브 캔들 (high-wave candle)이라고 한다. 이러한 캔들이 작은 몸통이 아니라 도지형을 취하고 있을 경우에는 키다리형 도지(또는 십자형 도지)라고 부른다(그림 8.2를 보라). 이외에도 "인력거꾼"이라는 또 다른 이름도 있다.

키다리형 도지의 도지 부분은 주가가 전환점에 이르렀다는 사실을 보여준다. 윗그림자가 긴 것은 장중에 주가가 상승했지만 장이 끝날 무렵에 다시 떨어졌다는 사실을 알려준다. 긴 아랫그림자는 주가가 장중에 무너져 내렸지만 장이 끝날 무렵 잃어버린 가격을 어느 정도 회복했다는 사실을 시각적으로 설명하고 있다. 다른 말로 하자면 주가는 올라갔다 내려갔다를 반복했다. 한마디로 혼란스러운 시장이라고 하겠다. 일본인들이 말하듯이 이러한 긴 그림자들은 "시장이 방향을 잃었다"는 것을 보여준다. 따라서 키다리형 도지는 시장이 기존의 추세에서 벗어나고 있다는 신호다.

비석형 도지(그림 8.3)는 또 다른 독특한 형태의 도지형이다. 이 도지형은 시가와 종가가 그날의 저가에서 형성될 때 생긴다. 비석형 도지는 시각적 직관으

키다리형 도지

그림 8.10 나스닥 100선물지수, 일간차트(키다리형 도지)

로 금세 파악이 가능한 캔들 형태이다. 굳이 설명을 듣지 않더라도 눈으로 보
기만 하면 그 의미를 금세 알 수 있다. 비석형 도지는 강세 신호인가 약세 신호
인가? 물론 약세 신호다. 윗그림자가 무척 길고 종가가 바로 저가이기 때문에
장중 어느 때인가에 주가가 크게 상승했지만 장이 끝날 무렵에는 매도세력이
주가를 그날의 저가까지 끌어내렸다는 사실을 한눈에 알 수 있다. 비석형 도지
는 궁극적으로 유성형으로 볼 수도 있다. 유성형은 윗그림자가 길고 몸통이 작
기 때문이다. 유성형의 몸통이 도지형이 되면 비석형 도지가 될 것이다.

비석형 도지는 천장을 지시해준다는 장점이 있다. 비석형 도지의 모양은 이름에 걸맞다. 이미 얘기했듯이 캔들차트 분석의 많은 용어들은 군사적 비유에 기초하고 있다. 일본의 어떤 캔들차트 서적에는 비석형 도지가 영토를 사수하기 위해 싸우다가 죽은 매수세력의 묘비로 표현되어 있다.

잠자리형 도지(T자형 도지)는 비석형 도지와는 정반대에 있는 강세신호다. 이 도지형은 시가/종가가 그날의 고가에 형성되어 있다. 잠자리형 도지를 보면 주가가 장중에 훨씬 더 낮은 저가를 기록했지만 장이 마감될 무렵 고가까지 치고 올라갔다는 것을 알 수 있다. 잠자리형 도지는 망치형과 비슷하다. 하지만 망치형은 몸통이 작은 반면 잠자리형 도지는 몸통이 없다. 도지형이기 때문인 것이다.

그림 8.10에서는 10월 23일에 키다리형 도지가 출현했다. 도지형과 앞의 양봉에서 더 높은 고가를 찾으면 88달러 근처에서 저항선이 형성된다는 것을 알 수 있다. 지수는 이 키다리형 도지에서 하락하여 3일 뒤에는 망치형이 출현했다. 11월 초에는 이미 지수가 상승하고 있었지만 두 개의 키다리형 도지가 나타나 주가 상승 전망에 그늘을 드리웠다. 주가의 추가적인 하락 압박 신호는 11월 7일과 8일의 하락장악형으로 나타났다. 10월 초에 하락장에서 도지형이 출현했지만 주가가 그 뒤로도 여전히 하락하고 있다는 사실을 눈여겨보라. 내 경험에 따르면 이전에도 얘기했듯이 도지형은 상승 반전보다는 하락 반전의 신호로 훨씬 더 유용하다.

그림 8.11에서 비석형 도지의 예를 볼 수 있을 것이다. 이 도지형의 고가는 앞에 있는 양봉의 고가와 같기 때문에 하락집게형이 형성됐다. "비석"이라는 단어가 불길하게 들린다고 해서 큰 폭의 주가 하락이 일어날 것이라고 착각해서는 안 된다. 윗그림자가 길고 종가가 저가와 같기 때문에 도지형이 추세 전환의 가능성을 크게 만들기는 하지만 주가 하락의 정도를 예시(豫示)하지는 않는다. 캔들 신호는 무엇보다 빨리 반전을 지시해줄 수 있지만 주가 움직임의

그림 8.11 잉크토미, 15분 단위차트(비석형 도지)

폭을 알려주지는 못한다. 캔들차트가 제공할 수 있는 정보 이상의 것을 기대하지는 말아야 한다. 일본의 속담에서 말하듯이 "고기를 잡기 위해 나무에 올라가서는 안 된다."

　도지형은 주의를 기울여야 할 신호이지만 나는 비석형 도지가 출현했다고 해서 갑자기 하락세로 추세 전망을 바꾸지는 않는다. 왜 그런가? 그림 8.11에서 비석형 도지의 종가가 여전히 3월 22일의 늦은 시간에 형성된 224달러 근처의 저항선 위에 있다는 사실에 주목하라. 하락 추세로 전망을 바꾸기 위해서는 비석형 도지의 출현 이후 종가가 이 저항선 아래에서 형성되어야 한다. 비

그림 8.12 쓰리콤, 일간차트(잠자리형 도지)

석형 도지 뒤의 캔들은 종가가 224달러 아래에 있다. 따라서 도지형이 암시하는 것, 즉 새로운 고가가 유지되지 못하리라는 것이 입증됐다.

그림 8.12에서 4월 중순의 키다리형 도지는 기존의 추세가 6.75달러 근처에서 모멘텀을 잃었다는 신호를 보내고 있다. 5월 초의 주가 상승으로 상승창이 열렸지만 5월 9일의 상승창에는 문제가 있었다. 이때의 캔들도 키다리형 도지였던 것이다. 이는 매수세력이 시장을 완전히 장악하지 못했다는 것을 암시했다. 상승창의 지지영역은 이 키다리형 도지가 나타난 다음날 무너졌고 이로써

다시 하락 추세가 지속될 가능성이 확
인됐다. 주가가 4월 중순부터 5월 23
일까지의 지지선으로 이미 언급한
6.75달러에 다가가자 망치형이 출현하
여 지지선을 성공적으로 방어했다. 여

그림 8.13 박스권 안에 있는 도지형

기에서 반등이 시작되어 상승창 1과 2가 열렸다. 주가는 B의 하락장악형을 만
나 조정 국면에 들어갔다. 이 하락장악형에서 하락한 주가는 9.25달러와 8.75
달러에서 안정을 취했다. 이때 잠자리형 도지가 생겼다. 세 번째 잠자리형 도
지는 시가/종가가 고가와 일치하지 않고 단지 그 근처에 접근했지만 이것은 잠
자리형 도지의 변형으로 볼 수 있다. 이들 잠자리형 도지는 상승창 1과 2의 지
지영역을 확인시켜준다. 6월 28일 망치형이 출현하면서 지지영역이 최종적으
로 확인됐다.

　사실 다른 모든 캔들 신호 역시 그렇지만 도지형의 경우에는 그전의 주가 흐
름이 어떠했는지를 주의해서 살펴봐야 한다. 예컨대 상승장에서 출현한 도지
형은 잠재적인 반전신호이므로 반전될 상승 추세가 이미 존재해야 하며, 따라
서 주가가 거래 범위에 있을 경우에 도지형은 반전신호로서의 의미를 상실한
다. 왜냐하면 반전될 추세가 없기 때문이다. 일본인들은 주가가 묶여 있는 거
래 범위를 알기 쉽게 "박스권"이라고 불렀다.

　그림 8.13의 도지형은 거시적인 거래 범위에서 나타나는 상황을 미시적인
수준에서 보여주고 있다. 여기서 시장 추세는 결정되어 있지 않다. 변화될 추
세가 없기 때문에 그림 8.13의 도지형은 추세 예측의 의미를 지니지 못한다. 단
지 추세가 없는 환경을 확인시켜줄 뿐이다. 여기에도 예외는 있다. 도지형이
여전히 거래 범위 안에 있다 하더라도 거래 범위의 천장이나 바닥에 있으면 얘
기는 달라진다. 이때 도지형은 저항선 또는 지지선을 확인시켜주고, 따라서 유

그림 8.14 롱뷰 파이버, 일간차트(박스권 안의 도지형)

용한 신호가 될 수 있다.

　그림 8.14에서 이전의 추세와 관련시켜 세 개의 도지형을 살펴보도록 하자. 1번 도지형은 박스권 한가운데에 있다. 따라서 이 도지형은 추세 예측의 의미가 전혀 없다. 반전될 추세가 없기 때문이다. 2에 있는 잠자리형 도지 역시 마찬가지이다. 3번의 도지형은 앞에 있는 두 개의 도지형과는 다르다. 출현한 위치 때문이다. 이 도지형은 주가를 과매수 상태로 끌어올린 상승세 마지막에 나타났다. 따라서 반전신호가 된다. 3번 도지형 뒤에 나오는 두 개의 도지형은 3번의 도지형이 우리에게 말해주는 사실을 확인시켜주고 있다. 즉 매수세력이

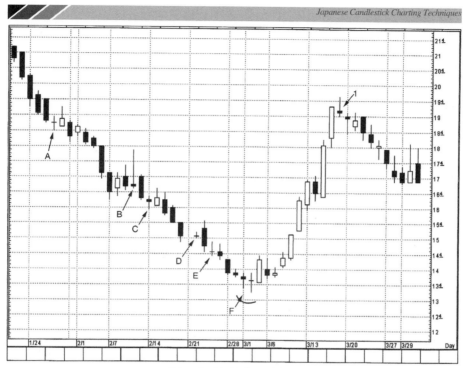

그림 8.15 오웬스 일리노이, 일간차트(남향 도지형과 북향 도지형)

힘을 잃었다는 것이다. 다시 말하지만 도지형이 기존의 추세와 관련되어 있을
때는 중요한 의미를 지니게 된다.

그림 8.15는 이 장의 앞부분에서 얘기했던 사실을 예증하고 있다. 즉 하락장
에서 출현한 도지형(내가 남향 도지형이라고 말하는 것)은 상승 반전신호의 역할을
제대로 하지 못한다는 것이다. 이 차트에서 A부터 F까지 볼 수 있는 도지형이
나 도지형과 비슷한 캔들은 하락장에서 출현했다. 하지만 이러한 남향 도지형
들은 반전신호로서의 어떤 의미도 없다. 첫 번째 추세 반전신호는 F에 있는 두

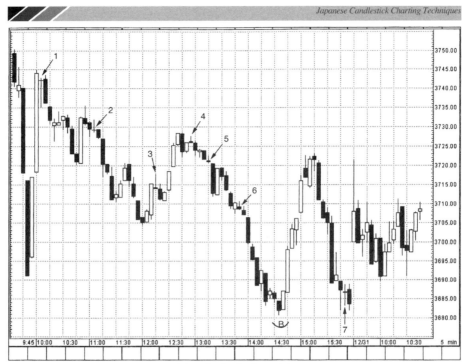

그림 8.16 나스닥 종합 지수, 5분 단위차트(도지형)

개의 도지형을 감싸면서 나타난 3월 3일의 장대 양봉이다. 이로써 상승장악형이
형성됐고 지지선이 형성됐다(C에서도 작은 상승장악형이 형성됐다. 하지만 그 뒤 음봉의
종가가 이 패턴의 저가 아래로 떨어지면서 주가 상승의 전망은 물거품이 됐다). F의 상승장악
형에서 시작된 반등은 1에서 도지형과 비슷한 캔들이 나타나면서 중단됐다.

그림 8.16에 나오는 일련의 도지형들은 주변 환경이 도지형의 중요성에 어
떤 영향을 미치는지를 알려주고 있다. 각각의 도지형을 하나하나 살펴보자.

• 1번 도지형 : 일본인들은 1번 도지형 이전의 지수 변동을 설명할 때 아마도

"강도 8의 지진"이라는 말을 쓸 것이다. 두 개의 장대 음봉 뒤에 다시 두 개의 장대 양봉이 나타나 음봉에 의해 잃은 기반을 되찾았다. 1번 도지형은 지수가 기존의 추세에서 벗어났다는 사실을 암시하고 있다(이 경우에 기존 추세는 두 개의 장대 양봉에서 알 수 있다시피 상승세였다). 장대 양봉과 도지형이 출현했으므로 이 두 개의 캔들에서 더 높은 고가를 찾아(이 예에서는 3745포인트에서 형성된 양봉의 고가이다) 저항선으로 삼는다. 이 저항선은 다음 캔들에서 그대로 유지됐다.

- 2번 도지형 : 이 도지형은 단기 하락 뒤에 출현했다. 따라서 하락 추세에서 나타난 도지형이므로 반전신호로 보기 힘들다.

- 3번 도지형 : 이 도지형은 장대 양봉 뒤에 출현했다. 따라서 3705포인트에서 시작된 주가 상승이 힘을 잃었다는 사실을 암시하고 있다. 하지만 이 도지형이 나타났을 때 시장은 과매수 상태였는가? 내 생각에는 그렇지 않다(이 도지형을 강력한 수직 상승 뒤에 나타난 1번 도지형과 비교해 보라). 이 도지형이 시장이 과매수 상태에 있다는 것을 암시하지는 않는다. 얼마 뒤에 종가가 3번 도지형 위에 형성되면서 이 도지형이 암시하고 있던 하락 추세는 무의미하게 됐다.

- 4번 도지형 : 이 도지형은 횡보장에서 나타났다. 그전에 지속됐던 추세가 존재하지 않기 때문에(이 도지형은 박스권 안에 있다), 4번 도지형은 반전신호로서의 가치가 없다. 이 도지형에서 발견할 수 있는 한 가지 유용한 점은 얼마 전의 하락장악형에 의해 형성된 저항선을 확인시켜준다는 것이다.

- 5번 도지형 : 남향 도지형이다. 바닥을 확인시켜주지 않기 때문에 그다지 중요하지 않다.

- 6번 도지형 : 5번 도지형과 같다.

- 7번 도지형 : 이 도지형은 캔들 패턴을 그전의 시장 움직임과 대비하여 관찰해야 한다는 것을 알려준다. 이 도지형은 하락 추세 마지막에 나타났다. 2,

종가가 새로운 고가를 기록한 도지형

그림 8.17 AT&T, 일간차트(종가가 새로운 고가를 기록한 도지형)

  3, 6번 도지형에서 설명했듯이 남향 도지형은 보통 상승 반전신호로 생각하지 않는다. 하지만 전체 시장의 흐름을 봤을 때 이 7번 도지형은 더 중요한 의미를 지니고 있다. 왜냐하면 이 도지형이 지지선을 확인시켜주고 있기 때문이다. B에서는 3680포인트에서 상승장악형이 형성되어 있고 7번 도지형 앞의 캔들은 망치형이다. 따라서 우리는 지수가 3680~82포인트에서 바닥을 이루고 있다는 사실을 알 수 있다. 7번 도지형이 하락세에서 출현했음에도 중요한 의미가 있는 것은 이 때문이다. 이 도지형은 상승장악형과 망치형에 의해 이중으로 형성된 지지영역을 확인시켜주고 있다.

그림 8.17을 보고서 왜 도지형을 전체 상황과 따로 떼어놓고 생각할 수 없는 지를 깨닫기 바란다. 장대 양봉 뒤에 나타난 3월 25일 도지형의 종가는 새로운 고가를 기록했다. 도지형이든 아니든 종가가 새롭게 높아졌다는 것은 추세 상승에 긍정적인 요소다. 많은 사람들은 오로지 종가에 기초한 라인차트를 사용한다. 대중 매체에서는 종가를 기초로 주가가 새로운 고가를 기록했다고 말하곤 하며, 서구식 기술적 분석 도구(이동평균선, 오실레이터 등)도 종가를 활용한다. 사실 새롭게 높아진 종가는 상승세를 지속시킨다. 따라서 도지형의 경우에도 종가가 새로운 고가를 기록했다면 도지형이 암시하고 있는 하락세를 확인할 필요가 있다. 즉 그 다음 캔들의 종가가 도지형의 종가 아래에 있는지를 확인해야 한다. 이 경우에는 그 다음 캔들의 종가에서 하락 추세를 확인할 수 있다. 음봉이 도지형에 의해 형성된 45.50달러 근처의 저항선을 넘어서지 못했기 때문이다.

삼별형(Tri-star)

삼별형은 매우 보기 드문 반전신호이다. 그림 8.18에서 보듯이 세 개의 도지형이 고가를 기록할 때 이를 삼별형이라고 한다. 나는 캔들차트를 연구하면서 어떤 패턴이나 신호를 규정하기 전에 적어도 서로 다른 두 개의 출처에 해당하는 패턴이나 신호를 확인하는 과정을 거쳤다. 이를 통해 신뢰도를 높였고, 누구라도 생각할 수 있는 수백 가지의 쓸데없는 패턴들을 이 책에서 제외시킬 수 있었다(내가 사람들에게 캔들차트 분석에 관한 또 다른 자료나

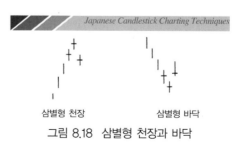

삼별형 천장   삼별형 바닥

그림 8.18 삼별형 천장과 바닥

그림 8.19 허니웰, 일간차트(삼별형 천장)

정보들은 조심해야 한다고 말하는 것은 이 때문이다).

하지만 삼별형은 내가 지킨 확인의 원칙에서도 예외에 해당한다. 이 패턴은 어떤 일본인에게서 알게 됐다. 그는 기술적 분석가로서 줄곧 캔들차트를 사용한 사람이고, 그보다 더 중요한 것은 그의 아버지가 수십 년 전에 이 삼별형을 발견한 뒤부터 그동안 유용하게 써왔다는 사실이었다. 나는 이러한 역사가 있는 캔들 패턴이라면 이 책에 포함시킬 만한 가치가 충분하다고 생각한다.

이상적인 삼별형 천장은 세 개의 도지형으로 구성되어 있고 가운데 도지형이 첫째와 마지막 도지형보다 높은 위치에 있다(서구식 기술적 분석의 머리어깨형 천장을 연상시킨다. 머리어깨형 천장에서는 머리가 양 어깨보다 위에 있다). 그림 8.19에서는

1월 3일로 시작되는 한 주에 두 개의 망치형이 출현했다. 이로써 주가 상승을 위한 토대가 마련됐고, 여기서 시작된 주가 상승 동력은 1월 10일 도지형이 나타나면서 꺼져버렸다. 이 도지형의 출현 뒤에 주가는 횡보 국면에 들어가서 삼별형 천장을 형성했다. 삼별형 천장 이후 주가는 가파른 내리막길을 달려 내려갔다. 하지만 캔들차트가 주가 움직임의 폭을 예측하지는 못한다는 사실을 기억하라. 삼별형 천장이 출현하면 하락 반전의 가능성이 크게 높아지지만 낙폭은 예측할 수 없다. 그림 8.14에서도 7월 중순에 삼별형 천장이 형성된 것을 확인하라.

CHAPTER 9
종합

$$塵も積れば山となる$$

The water of even a great ocean comes one drop at a time

물 한 방울이 모여 바다를 이룬다

이 책의 1부에서는 많은 캔들 형태와 패턴에 대해 살펴봤다. 이 장은 말하자면 이에 관한 시각적 요약이다. 다음에 나오는 차트에는 수많은 캔들 패턴이 존재한다. 모두가 이미 다뤘던 캔들 신호들이다. 여러분이 이들 신호를 보고 직접 해석해보라. 필요하다면 이 책의 뒷부분에 있는 캔들 용어 사전을 참조하라.

　해석은 주관적인 것이다. 여러분은 나와는 다른 신호를 보거나 혹은 내가 보지 못한 신호를 볼 수도 있다. 여느 차트 분석기법과 마찬가지로 여기에서도 경험이 다르면 시각도 다르다. 구체적인 규칙은 없다. 일반적인 지침만이 있을 뿐이다. 예컨대 망치형처럼 생긴 어떤 캔들이 아랫그림자가 몸통보다 2~3배 긴 이상적인 형태가 아니라 아랫그림자가 몸통보다 1배 반 정도 긴 형태라면 이 캔들을 망치형으로 봐야 할 것인가? 어떤 사람들은 이 캔들을 망치형이 아니라며 무시할 것이다. 하지만 어떤 사람들은 이러한 캔들을 보고 공매도한 주

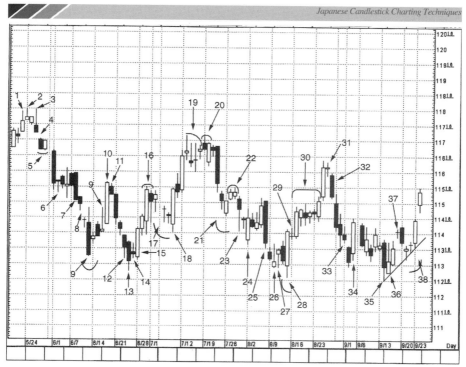

그림 9.1 채권 선물, 일간차트(종합)

식을 되살 것이다. 그리고 또 어떤 사람들은 상황이 어떻게 전개될지를 알기 위해 다음 캔들을 기다릴 것이다.

"백문(百聞)이 불여일견(不如一見)"이라는 말이 있다. 나는 여러분에게 기본적인 캔들차트 분석기법을 전수해주는 것일 뿐이다. 여러분은 각자의 시장에서 각자의 경험을 통해 캔들차트의 잠재력을 극대화해야 할 것이다.

그림 9.1에 나오는 캔들의 형태와 패턴을 번호대로 살펴보면 다음과 같다.

1. 윗그림자가 긴 이 캔들은 매수세력이 망설이고 있다는 사실을 알려주는 아주 작은 단서이다. 캔들 하나의 윗그림자가 길다고 해서 시장의 방향이 바뀌는 것은 아니기 때문이다. 여기서는 시장이 과매수 상태에 있는지 여부를 알 수 있을 정도로 충분한 과거의 정보가 존재하지 않는다.

2. 윗그림자가 긴 1번 캔들의 잠재적 저항선을 유성형이 확인시켜주고 있다.

3. 역시 윗그림자가 긴 캔들이다. 똑같은 고가 수준에서 3일 동안 긴 윗그림자가 형성됐기 때문에 여기서는 정신을 바짝 차리고 주의를 기울여야 한다. 이 캔들은 유성형과 모양이 비슷하지만(윗그림자가 길고 거래 범위의 맨 아래에 작은 몸통이 위치하고 있기 때문이다) 유성형은 상승장의 마지막에 나타나야 한다. 여기서는 시장이 횡보세에 있다. 따라서 이 캔들을 유성형으로 볼 수는 없으나 긴 윗그림자 때문에 이 캔들에 관심을 가져야 한다. 이 캔들은 2의 유성형에서 형성된 저항선을 확인시켜주고 있다.

4. 하락창이 열려 1, 2, 3의 긴 윗그림자들이 암시한 하락세를 뒷받침한다.

5. 작은 관통형이 출현하면서 시장을 낙관할 만한 자그마한 근거가 생긴다. 하지만 전체 가격 흐름 속에서 파악하자면, 관통형은 4번의 하락창에서 형성된 저항영역 근처에서 나타났기에 이 관통형 때문에 매수에 나선 투자자들은 저항선에서 주식을 사는 꼴이 된다. 이 관통형 뒤에 장대 음봉이 나타나면서 매도세력이 다시 시장의 주도권을 빼앗는다.

6. 6의 망치형은 매도세의 모멘텀이 약화됐다는 것을 암시한다. 다음 며칠 동안 가격은 지지선인 망치형의 저가 근처에서 안정화된다.

7. 장대 음봉의 종가가 망치형의 저가 아래로 내려갔다. 이로써 추세는 다시 하락세로 바뀌었다. 또한 여기서 약세의 하락삼법형이 형성됐다.

8. 하락창이 하락 모멘텀을 증가시켰다. 이 하락창을 연 6월 10일의 도지형은 하락세가 얼마간의 모멘텀을 잃어버렸다는 것을 암시한다. 하지만 도지형은

하락장에서는 보통 상승장에서처럼 정확한 신호의 기능을 하지 못한다. 게다가 가격은 상승을 위해서는 이제 저항선 역할을 하는 하락창을 뛰어넘어야 한다.

9. 먼저 장대 음봉이 나타났다. 이 음봉의 윗그림자는 전날 하락창이 생기면서 형성된 저항선을 확인시켜준다. 6월 14일 개장 때부터 가격은 큰 폭으로 상승했고(전날의 종가와 비교해볼 때), 장이 끝날 때까지 이 고가 수준을 유지했다. 6월 11일과 14일의 두 캔들은 잉태형을 만들었다. 이로써 6월 11일의 캔들이 내포하고 있던 하락세는 어느 정도 무력화됐지만 8번의 하락창이 여전히 영향력을 발휘하고 있었다. 6월 16일에 나타난 캔들의 긴 윗그림자에서 이를 확인할 수 있다. 이 캔들의 고가는 114.75달러 근처에서 하락창의 저항선 내에 있다.

10. 6월 17일의 장대 양봉은 마침내 가격을 8번 하락창의 위로 끌어올렸고, 이로써 추세는 상승세로 바뀌었다. 6월 11일의 장대 음봉 이후로 나타난 각 캔들이 계속하여 더 높은 고가와 더 높은 저가를 기록하고 있음을 확인하라.

11. 작은 음봉이 나타나 전보다 낮아진 고가를 기록했다. 게다가 이 작은 음봉은 장대 양봉의 내부에 들어가 있기 때문에 잉태형이 형성됐다. 따라서 매수세의 힘이 떨어졌다는 사실을 알 수 있다. 여기서부터 가격은 줄곧 하락했다.

12. 이 캔들의 아랫그림자는 113.25달러 근처에서 6월 11일의 지지선을 유지하고 있다. 따라서 얼마간 가격이 안정을 시도하고 있다는 희망을 준다.

13. 불행히도(어쩌면 '다행히도'라고 해야 할지도 모른다. 이는 독자가 매수세력인가 매도세력인가에 따라 달라진다) 이 캔들은 장중뿐만 아니라 종가에서도 새로운 저가를 기록했다. 매도세가 시장을 장악한 것처럼 보였다.

14. 이때 나타난 도지형에는 두 가지 긍정적인 의미가 있다. 첫째, 도지형이 음봉의 몸통 안에 있기 때문에 십자잉태형이 형성됐다. 둘째, 더 중요한 사실

은 종가가 다시 113.25달러를 넘어섰다는 것은 전날의 종가가 그대로 유지될 수 없다는 것을 뜻했다. 이 때문에 공매도자는 상황을 재고할 것이고, 매수에 나서려 했던 사람들은 이제 확신을 얻을 것이다.

15. 양봉이 나타나면서 가격의 상승세는 탄력을 받았다. 이 양봉이 전날의 캔들 몸통을 덮으면서 상승장악형이 형성됐다.

16. 15번에서 시작된 가격 상승은 거침없이 이어지다가 7월 1일 작은 캔들 몸통이 나타나면서 잉태형이 형성됐다. 흥미롭게도 매우 큰 장대 양봉과 작은 음봉으로 이뤄진 이 잉태형은 몇 주 전에 10번과 11번 캔들에서 형성된 잉태형과 영역이나 모양 면에서 매우 비슷하다.

17. 16번의 잉태형에서 시작된 하락 움직임은 매도세력이 시장을 완전히 장악하고 있지는 못하다는 것을 보여준다. 얼마간 가격이 하락했지만 이때 나타난 캔들에서 상승세를 의미하는 긴 아랫그림자들이 나타났기 때문이다. 또한 이러한 캔들은 몸통이 작았다.

18. 6월 30일 나타났던 장대 양봉과 똑같은 영역에서 장대 양봉이 출현했다(상승샅바형이다). 이로써 반등을 위한 토대가 형성됐다. 이 장대 양봉의 출현 뒤로 작은 음봉이 나타났다. 장대 양봉이 먼저 나타나고 이어 작은 음봉이 나타난 모습은 10번과 11번의 잉태형, 그리고 16번의 잉태형을 생각나게 한다. 여기에 차이가 있다면 작은 음봉 몸통(7월 9일)이 전날의 장대 양봉 안에 들어가 있지 않다는 사실이다. 따라서 10번과 11번의 캔들 그리고 16번의 캔들 형태처럼 잉태형을 이루지는 않는다. 또한 7월 9일의 음봉 몸통은 전날의 양봉 몸통 안으로 깊이 들어가 있지 않기 때문에 흑운형이라고 할 수도 없다.

19. 이때 가격은 고가를 기록하고 있었지만 작은 캔들 몸통과 긴 윗그림자는 가격이 기존의 상승 추세에서 벗어나고 있다는 것을 보여줬다. 이렇게 가격 상승이 저지당한 것은 놀라운 일이 아니다. 왜냐하면 4번에서 이미 얘기했듯

이 5월 말의 하락창에 의해 117달러에 저항선이 만들어져 있었기 때문이다.

20. 양봉이 음봉 몸통을 감싸면서 상승장악형을 형성했지만 정확히 말하자면 이것은 상승장악형이 아니었다. 왜냐하면 상승장악형은 다른 상승 반전신호와 마찬가지로 가격 하락세의 마지막에 등장해야 하기 때문이다.

21. 7월 26일의 양봉은 전날의 캔들과 비교하면 시가는 낮고 종가는 같다. 이 형태는 상승반격형이다. 이로써 가격 하락세가 멈췄다.

22. 두 개의 작은 양봉이 나타나 작은 갭을 형성하며 7월 26일의 양봉보다 얼마간 높은 가격을 기록했다. 이것은 상승나란히형이다. 이로써 가격 상승의 또 다른 긍정적인 신호가 나타났다.

23. 23번의 캔들은 7월 26일과 27일 형성된 작은 상승창의 지지선을 붕괴시켰다. 하지만 지지선이 하향 돌파됐음에도 이 캔들은 망치형을 형성했다. 따라서 114달러 근처(망치형의 저가)에서 잠재적인 지지선이 형성됐다. 이 지지선은 다음날 잠자리형 도지에 의해 확인됐다.

24. 8월 2일의 캔들이 장중에 망치형의 지지선을 무너뜨렸음에도 장이 끝날 무렵에는 종가는 지지선 위로 형성되며 상승장악형이 형성됐다.

25. 장대 음봉이 나타나 가격 상승의 동력이 소진됐지만 24번의 상승장악형에서 형성된 저가는 지지선으로 그대로 유지됐다. 다음날 8월 9일, 이 지지선이 붕괴됐다. 가격은 이제 6월 말에 112.75~113달러 영역에서 형성된 중요한 지지선에 접근하고 있었다. 따라서 추세는 하락세였다. 가격은 지지선에 다가갔지만 아직까지 반전신호는 나타나지 않았다.

26. 역망치형이 나타나 113달러 근처의 지지선이 유지될지 모른다는 단서가 포착됐다. 하지만 역망치형이 암시하는 상승세가 명확하지 않기 때문에 상승세를 확인할 필요가 있다. 즉 다음날의 종가가 역망치형의 몸통 위로 형성되는지를 알아봐야 한다.

27. 망치형 캔들이다. 이로써 상승세가 확인됐다.

28. 8월 13일 양봉이 출현하면서 상승장악형이 형성됐다. 26번의 역망치형, 27번의 망치형, 그리고 이 상승장악형을 통해 6월에 형성된 113달러 근처의 지지선이 대단히 견고하다는 것을 알 수 있다.

29. 장대 양봉 뒤에 출현한 도지형은 경계를 해야 할 신호이다. 하지만 8장에서 말했듯이 장대 양봉 뒤에 나타난 도지형(아니면 어떤 캔들 신호든)에서 무엇보다 고려해야 할 점은 시장이 과매수 상태 혹은 과매도 상태는 아닌가 하는 것이다.

30. 8월 16일로 시작되는 주의 후반에 팽이형 캔들이 여러 개 나타나면서 추세는 상승세에서 횡보세로 바뀌었다. 8월 24일 양봉이 출현하여 상승삼법형이 형성됐다. 이 상승삼법형은 8월 17일부터 8월 24일의 캔들로 구성되어 있다.

31. 이 도지형(몸통이 매우 작기 때문에 나는 이 도지형을 이상적인 도지형과 다름없다고 보고 있다)은 가격 흐름 전체를 고려하는 것이 얼마나 중요한지를 보여주고 있다. 이 도지형은 29번의 도지형에 비교하면 과매수 상태에서 나타났다고 할 수 있다. 따라서 31번의 도지형은 29번의 도지형보다 훨씬 더 중요한 의미를 갖는다.

32. 31번의 도지형이 여전히 고가 근처에 있기 때문에 이 도지형이 하락 반전 신호인지 여부를 판단하기 위해서는 추가적으로 하락세를 확인할 필요가 있다. 32번의 캔들은 음봉으로 종가가 도지형의 종가보다 낮기 때문에 여기서 하락 추세가 확인된다.

33. 이 작은 하락창으로 하락 모멘텀이 유지된다. 하지만 여기에는 사소하지만 가격 상승에 긍정적인 요소가 있다. 9월 2일의 캔들은 6월 말부터 견고하게 유지되고 있는 112.75~113달러의 지지선을 여전히 지탱하고 있는 것이다.

34. 장대 양봉이 전날의 캔들과 거의 비슷한 시가를 기록했다. 따라서 이 패턴

을 갈림길형이라고 볼 수 있다. 113달러 근처의 지지선이 계속하여 굳건히 유지되면서 가격 상승을 낙관할 수 있는 분위기가 형성됐지만 다음날 음봉이 나타나고 상승 모멘텀이 유지되지 못하면서 가격 상승에 대한 낙관적 분위기는 시들고 만다.

35. 장대 음봉이 나타나 추세를 다소 하락세로 바꾸어놓지만 매수세력은 여전히 희망을 품고 있다. 종가상으로 112.75~113달러의 지지선이 여전히 유지되고 있기 때문이다.

36. 작은 양봉이 전날 나타난 음봉의 종가를 넘어서면서 113달러 근처의 지지선이 강화된다. 이 캔들 패턴은 관통형이 아니다. 관통형은 양봉의 종가가 앞 음봉의 몸통 절반 위로 올라가야 한다.

37. 9월 16일의 도지형은 매우 작은 상승창을 열었다. 가격이 그다지 오르지 않았기 때문에 이 도지형을 주의해야 할 신호로 보기는 힘들다. 이 도지형의 출현으로 형성된 상승창이 잠재적인 지지영역이 됐다. 하지만 다음날 상승창의 지지영역이 하향 돌파됐다.

38. 9월 14~23일의 캔들에서 형성된 저가를 이어서 상승 지지선을 그릴 수 있다. 이 책의 2부에서는 캔들차트에서 추세선을 포함하여 많은 서구식 기술적 분석 도구를 어떻게 활용하는지 알아볼 것이다.

PART 2

수렴
すべての目が注視して
すべての指が指すのこと
It is what all eyes see and what all fingers point to

그곳은 모든 눈이 보고
모든 손가락이 가리키는 곳이다

캔들차트 분석기법은 그 자체로 뛰어난 트레이딩 도구이다. 하지만 서구식의 기술적 신호들을 확인하는 데 활용한다면 캔들차트 분석기법은 더욱 강력한 도구가 될 것이다. 여기서 내가 말하는 "수렴"의 원리가 등장한다.

정의하자면 수렴은 "한 무리의 기술적 신호들이 똑같은 가격 영역에 집중되는 것"이다. 수렴은 중요한 개념이다. 지지영역이나 저항영역에 더 많은 신호들이 모이면 반전이 일어날 가능성이 커지기 때문이다. 수렴의 영역은 일련의 캔들 패턴이나 서구식의 기술적 신호들 아니면 이 둘 모두에 의해 확인될 수 있다.

여러분은 어릴 적에 크레용을 손에 쥐고 색칠하기 그림책을 열심히 칠하던 때를 기억하는가? 색칠하기 그림책의 각 페이지는 흑백으로 해변이나 또 다른 멋진 장소가 그려져 있다. 여러분은 각자의 취향에 따라 이러한 그림에 색을 입힐 수 있다. 이와 마찬가지로 각자의 거래 스타일과 기질에 따라 여러분은 도구를 선택하고 분석기법을 선택할 수 있다. 하지만 어떤 서구식 분석 도구를 사용하든 캔들차트가 여러분이 갖고 있는 무기의 일부가 되어야 할 것이다.

나는 앞으로 캔들차트가 바차트 대신 우리들이 흔히 사용하는 표준적인 차트가 될 것이라고 믿지만 추세선이나 이동평균선, 오실레이터 같은 바차트에서 사용되는 도구들을 무시해서는 안 된다고 생각한다. 사실 이러한 고전적인 서구식 기술적 분석 도구를 캔들차트에서 적극적으로 활용하는 일이 필요하다. 아래에 그 이유가 제시되어 있다.

1. 캔들차트 분석기법은 도구이다. 체계가 아니다. 따라서 필요하다면 언제나 다른 기술적 지표들과 함께 사용해야 한다. 이것은 캔들차트의 중요한 장점이다. 바차트와 같은 데이터-즉, 시가·고가·저가·종가-를 사용하기 때문에 원하는 모든 서구식 기술적 분석 도구를 캔들차트에서 쓸 수 있다. 여기에는 추세선이나 이동평균선 같은 가장 기본적인 도구부터 난해한 엘리어

트 파동까지 포함된다. 어떤 캔들 신호(예컨대 망치형)가 서구식 기술적 신호(예컨대 추세선)를 확인시켜주면 이러한 기술적 지표들의 수렴은 반전의 가능성을 증가시킨다. 따라서 캔들 신호는 서구식 기술적 신호를 확인시켜줄 때 훨씬 더 강력한 신호가 될 것이다.

2. 가격목표치 : 캔들차트는 유용한 거래 신호를 많이 제공한다. 특히 캔들차트에는 일찍부터 반전신호가 나타난다. 하지만 가격목표치는 제시되지 않는다. 이 때문에 주가 움직임의 측정(measured moves) – 지지선과 저항선, 되돌림, 추세선 그리고 또 다른 서구식 기술적 지표를 활용하여 – 이 필요하다.

3. 경쟁자들이 활용하고 있는 수단에 대해 알고 있어야 한다. 많은 투자자와 분석가들이 기술적 분석을 활용하고 있다. 그들이 활용하는 수단은 종종 시장에 중요한 영향을 끼친다. 따라서 서구식 기술적 지표들을 포함하여 다른 사람들이 활용하는 기술적 신호들에 주의를 기울여야 한다.

10장에서는 "캔들군"이 지지선 또는 저항선의 중요성을 크게 강화할 수 있다는 것을 배우게 될 것이다. 2부의 나머지 장들에서는 캔들차트의 신호와 서구식 기술적 신호를 함께 활용하는 법에 대해 중점적으로 다뤘다. 11장은 추세선과 함께 활용할 수 있는 많은 기법들을 소개했다. 예컨대 주가가 돌파된 저항선 위에서나 붕괴된 지지선 아래에서 유지될 수 없으면 중요한 변화 신호가 될 수 있다. 12장에서는 되돌림에 대해 알아보고 캔들 신호로 되돌림의 수준을 확인하는 것이 얼마나 중요한지를 살펴볼 것이다. 그런 뒤 13장에서는 이동평균선의 가치에 대해 알아볼 것이다. 이동평균선은 캔들 신호와 결합했을 때 특히 큰 가치를 지닌다. 14장에서는 스토캐스틱, 상대강도지수, MACD 같은 오실레이터에 대해 배우고, 그런 뒤에는 이러한 기법들이 캔들차트 신호와 함께 사용했을 때 훨씬 더 유용하다는 것을 알게 될 것이다. 15장은 내가 주식을 거래할 때 가장 중요한 무기라고 생각하는 거래량을 다뤘다. 16장은 가격목표치와 주가 움직임의 측정에 관한 내용이다. 16장은 특히 중요하다. 캔들차트는 반전신호를 보여주지만 가격목표치를 제시하지는 않기 때문이다. 마지막으로 17장에서는 수렴하는 많은 캔들 지표와 기술적 지표들을 통해 어떻게 나스닥 종합지수의 추이를 예측할 수 있는지를 살펴볼 것이다.

이 책에서 중점적으로 다루는 주제는 서구식 기술적 분석이 아니라 서구식 기술적 분석을 보완하는 캔들차트의 활용법이다. 따라서 서구식 기술적 분석 도구는 기본적인 사항만을 다뤘다.

사반세기 동안 서구식 기술적 분석에서 내가 쌓은 경험은 주로 고전적인 서구식 지표들에 관한 것이었다. 이 책에서는 ARMS/TRIN 지표, 스페셜리스트 매도 비율, 상승선/하락선 같은 심리 지표는 다루지 않았다. 이는 내가 이러한 도구들을 잘 모르기 때문이지 이러한 도구들이 유용하지 않기 때문은 아니다. 예컨대 나는 P&F차트를 사용하지 않지만 P&F차트를 전문적으로 다루는 사람들의 말에 따르면 그들은 캔들차트에서 반전신호를 확인한 다음 P&F차트에서 가격목표치를 얻는다고 한다. 이는 캔들차트의 도구와 기법을 보완적인 수단으로 활용하는 좋은 사례라고 하겠다. 캔들차트는 어떤 기술적 분석 도구를 전문적으로 사용하는지에 상관하지 않고 활용할 수 있다. 서구식 기술적 분석과 캔들차트가 결합하면 강력한 효과를 낼 수 있다.

시장은 결코 틀리는 법이 없다.

"시장은 결코 틀리는 법이 없다"는 말은 무슨 뜻인가? 자신의 믿음을 시장에 강요하지 말아야 한다는 뜻이다. 예컨대 여러분이 나스닥이 상승하리라고 철석같이 믿는다 하더라도 매수 전에 추세가 상승세인지 확인해야 한다. 나스닥이 현재 약세장이라고 하자. 강세장이 실현되리라고 예상하면서 매수에 나서면 여러분은 자신의 희망과 기대를 시장에 강요하는 것이 된다. 한마디로 여러분은 추세와 싸우고 있는 것이다. 그렇게 되면 끔찍한 결과만 낳을 뿐이다. 궁극적으로 강세장을 전망한 여러분의 견해가 옳다 하더라도 그때는 이미 너무 늦은 때인지도 모른다. 여러분이 차를 타고 일방통행 도로를 달린다고 하자. 그런데 앞에서 스팀 롤러가 이쪽을 향해 오고 있는 것을 발견한다. 여러분은 차를 세우고 항상 가지고 다니던 표지판을 꺼내든다. 거기에는 "멈추시오! 틀린 방향이오!"라고 쓰여 있다. 여러분은 표지판을 스팀 롤러 앞에 갖다 댄다. 스팀 롤러는 분명히 틀린 방향으로 가고 있다. 하지만 운전자는 그 사실을 모를 뿐더러 표지판을 든 여러분을 제시간에 보지 못할 수도 있다. 스팀 롤러가 방향을 돌릴 무렵이면 너무 늦을 수도 있다. 그때쯤이면 여러분은 포장도로에 납작하게 깔려 있을지도 모른다.

시장에서도 마찬가지다. 여러분이 추세에 저항하다 보면 여러분의 전망이 옳은 것으로 드러날 수도 있다. 하지만 그때쯤이면 너무 늦을지도 모른다. 여러분의 예상대로 주가가 움직이기 전에 여러분은 마진콜을 당해 포지션을 모두 처분해야 하는 지경에 몰릴 수도 있다. 아니면 더 나쁘게도 마침내 여러분의 전망이 옳은 것으로 드러났을 때 여러분은 파산해 있을지도 모른다.

여러분의 의지를 시장에 강요하려 해서는 안 된다. 추세를 예측하지 말고 추세를 좇아라. 강세를 전망한다면 강세가 됐을 때 시장에 들어가라. 약세를 전망한다면 약세가 됐을 때 시장에 들어가라.

내가 번역한 어떤 일본 책은 이러한 개념을 거의 시적으로 표현하고 있다. "시장의 성격을 모르고 처음부터 매도나 매수에 나서는 일은 문인(文人)이 무기에 대해서 얘기하는 것만큼이나 터무니없는 짓이다. 대단한 강세장이나 약세장을 만나면 그들은 분명히 성(城)을 잃을 것이다. 안전해 보인다 하더라도 사실은 대단히 위험하다. … 때를 기다리는 것이 현명하고 마땅한 일이다."

CHAPTER 10
캔들군

念には念を入れよ
Add caution to caution

조심하고 또 조심하라

이 장에서는 캔들군 또는 캔들 무리가 같은 가격 영역에서 수렴할 때 이 영역은 지지영역 또는 저항영역으로서 중요해지고 추세가 변화될 가능성이 커진다는 것을 배울 것이다.

그림 10.1에서는 캔들 신호들이 75달러 근처에서 수렴하고 있는 것을 볼 수 있다. 이로써 75달러 근처의 영역은 강력한 지지선이 됐다. 각 신호들을 개별적으로 살펴보자.

1. 4월 17일 매우 큰 장대 양봉이 나타나 앞에 있는 음봉 몸통을 둘러싸면서 상승장악형이 형성됐다. 이 상승장악형의 양봉은 매우 길기 때문에 패턴이 완성됐을 무렵에는 주가가 저가에서 거의 25달러나 올라가 있었다. 따라서 상승장악형은 우리에게 추세 반전이 일어나리라는 암시를 주지만, 이 상승장악형의 종가는 리스크/수익의 관점에서 매력적인 매수 영역이라고 할 수 없다.

© Aspen Graphics. Used by permission.

그림 10.1 JDS 유니페이즈, 일간차트(캔들군)

2. 상승장악형의 저가는 지지선이 될 수 있다는 것을 기억하라. 1번 상승장악
   형에 의해 형성된 73달러 근처의 지지선을 보도록 하자. 4월 17일로 시작되
   는 주에 주가는 하락을 시작하여 예상대로 이 73달러 근처의 지지선에서 안
   정을 찾았고, 이때 키다리형 도지가 출현했다.

3. 5월 22일의 망치형은 지금 말한 지지선을 다시 한번 확인시켜줬다.

4. 3번의 망치형 뒤에 나타난 두 개의 캔들은 고전적인 형태의 관통형을 형성
   했다. 이 관통형은 저가에서 1번의 상승장악형에 의해 형성된 지지선을 찍고
   다시 올라갔다.

그림 10.2　브라운 포먼, 일간차트(캔들군)

5. 바닥을 확인해주는 또 다른 신호는 5월 말 5번에 형성된 작은 상승창이다. 5월 15일로 시작하는 한 주부터 5월 29일로 시작하는 한 주까지 주가 흐름을 살펴보면 원형 바닥이 형성됐다는 것을 알 수 있다. 이 원형 바닥에 상승창(5번에서)이 형성됐기 때문에 결국 프라이팬형 바닥이 이뤄졌다.

　그림 10.2는 한 떼의 캔들이 어떻게 지지선이나 저항선을 정확하게 지시해줄 수 있는지를 보여주고 있다.

- 지지선을 확인시켜주는 캔들군이다. 12월 11일 망치형이 출현했다. 이 망치형이 상승세를 암시하고 있지만 망치형이 출현한 날 하락창이 열리면서 주가는 하락세를 유지했다. 주가가 이 망치형에서 아래로 내려가면서 세 개의 음봉에서 긴 아랫그림자들이 형성됐다. 이 아랫그림자들은 하락세를 어느 정도 상쇄했다. 1번의 캔들 역시 망치형이다. 첫 번째 망치형의 경우와 달리 이 망치형의 저가는 다음 이틀 동안, 즉 12월 16일과 17일에 지지선으로 성공적으로 방어됐다. 2번에 있는 두 개의 캔들은 상승장악형을 이루고 있다. 2월 초에는 3번에서 또 다른 망치형이 출현했다. 이 망치형은 1번과 2번의 캔들에서 형성된 지지영역 내에 머물렀다. 4번의 잠자리형 도지는 42달러 근처의 지지선을 다시 한번 확인시켜줬다.
- 저항선을 확인시켜주는 캔들군이다. A에서 주가가 상승하면서 캔들에 긴 윗그림자들이 생겼다. 고가나 저가나 종가가 모두 더 올라가고 있기 때문에 단기 추세는 상승세였다. 하지만 긴 윗그림자는 매수세력이 시장에서 완전히 주도권을 잡고 있지 못하다는 경고 신호였다. 1월 6일에 있는 마지막 양봉은 긴 윗그림자를 형성하며 유성형을 만들었고, 며칠 뒤 B에서는 하락장악형이 형성됐다. C에서는 장대 양봉의 출현 뒤에 작은 음봉이 생기면서 잉태형이 형성됐다. A의 유성형과 B의 하락장악형, C의 잉태형이 수렴하면서 47.50달러부터 48달러 사이에 천장이 형성되어 있다는 사실을 보여주고 있다.

캔들차트는 매우 효율적인 시각적 분석 수단이다. 캔들차트를 보면 눈으로 시장이 건강한지에 대한 단서를 매우 쉽게 찾아낼 수 있기 때문이다. 개별적인 캔들의 모양을 보면 매도·매수의 상황을 금세 알 수 있다. 이제 그림 10.3을 보도록 하자.

3월 중순부터 하순까지 유성형들이 나타나 34.50달러 근처에서 저항선을

그림 10.3 유니방코, 일간차트(캔들군)

형성했다. 이 유성형들을 본다면 주가가 34.50달러를 넘어서는 데 어려움을
겪고 있다는 것을 의심하는 사람이 있을 수 있을까? 물론 없을 것이다. 유성형
들을 보면 주가가 고가에 올라갈 때마다 매도세력이 종가를 그날의 저가 근처
로 끌어내리고 있기 때문이다. 8월 말 이 유성형의 저항선에 대한 새로운 공격
이 시작됐다. 이 8월 말의 주가 상승 마지막에는 다시 한번 유성형이 출현했다.
유성형이 암시하는 하락 추세는 다음날 나타난 음봉으로 확인됐다. 이로써 하
락장악형이 형성됐다.

CHAPTER 11
캔들차트에서 추세선을 활용하는 법

備えあれば憂いなし

A prudent man has more than one string to his bow

신중한 사람은 활줄을 하나만 가지고 다니지 않는다

이 장에서는 캔들차트를 통해 추세선과 추세선 돌파, 거짓돌파, 붕괴된 지지영역과 돌파된 저항영역에 대해 알아볼 것이다.

그림 11.1은 고전적인 형태의 상승 지지선을 보여준다. 2개나 3개, 혹은 그 이상의 저가를 연결하면 상승 지지선이 형성된다. 캔들차트에 상승 지지선을 그릴 때는 아랫그림자의 맨 밑을 연결하여 그린다. 이렇게 상승하는 직선은 매수자들이 매도자들보다 공격적이라는 사실을 보여준다. 저가가 점점 더 높아지므로 매수가 증가하고 있기 때문이다. 매수자가 매도

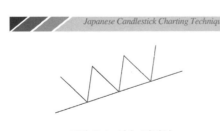

Japanese Candlestick Charting Techniques

그림 11.1 상승 지지선

자보다 더 많다는 말을 하기도 한다. 하지만 거래에는 매수자와 매도자가 모두 있어야 하기 때문에 나 같은 경우에는 '매수자가 매도자보다 많다'는 말보다 '매수자들이 매도자들보다 더 공격적이다'라는 말을 더 좋아한다.

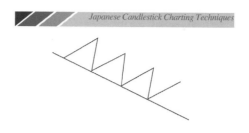

그림 11.2 하락 지지선

그림 11.2는 하락 지지선이다. 그림 11.1에서 얘기했듯이 전통적인 지지선은 오르는 저가를 연결하여 그린다. 그림 11.2의 선은 낮아지는 저가를 연결하여 그린 것이다. 주가는 많은 경우 하락 지지선까지 내려갔다가 다시 뛰어오르는데 이때 하락 지지선이 유용한 역할을 한다. 하락 지지선은 명백한 지지선이 존재하지 않을 때 잠재적인 지지영역이 어디쯤이 될지를 우리에게 알려준다. 주가가 새로운 저점이나 최저가를 기록할 때는 확실한 지지선을 가늠할 수 없는 상황이 발생한다.

보통 상승 지지선은 위를 향해 올라가고 있기 때문에 강세로 인식되고, 하락 지지선은 주가가 계속하여 더 낮은 저가를 기록하기 때문에 약세로 인식된다. 따라서 하락 지지선에서 일어나는 반등은 대단치 않거나 오래가지 않을 가능성이 크다. 그러나 이때 기술적 지표들이 함께 나타날 경우에는 주가가 매수를 고려해야 할 영역에 도달할 수 있다.

그림 11.3에서는 11월 22일의 아침에 관통형이 출현했다. 이 관통형에서 얼마간의 반등이 일어난 뒤 12시 30분~13시에 주가는 62.50달러로 떨어졌다. 관통형의 저가와 몇 시간 뒤 62.50달러 근처의 저가를 연결하면 상승 지지선이 형성된다. 이 상승 지지선은 11월 22일 장이 끝날 무렵에 나타난 두 개의 캔들과 만나고, 이 두 캔들은 관통형의 변형을 이루고 있다(양봉의 종가가 이전 음봉

© Aspen Graphics. Used by permission.

그림 11.3 코닝, 15분 단위차트(상승 지지선)

몸통의 절반 위로 올라가지 않았기 때문이다). 여기에서 우리는 변형된 형태의 캔들 신
호가 반전신호가 될 수 있는 사례를 다시 한번 보게 된다. 구체적으로 말하자
면 이 두 캔들은 이상적인 관통형을 만들고 있지는 않지만 상승 지지선에서 나
타났기 때문에 반전신호로서의 중요성이 커졌다. 이 상승 지지선이 성공적으
로 방어된 뒤 곧바로 11월 24일 이른 시간에 상승창이 나타나면서 매수세력이
시장의 주도권을 장악했다는 사실이 다시 한번 확인됐다.

　　11.4의 그림을 보면 1월에 아마존의 저점이 계속하여 낮아지면서 하락세에
있다는 것을 알 수 있다. L1과 L2를 연결하면 잠정적인 지지선이 형성된다. L3

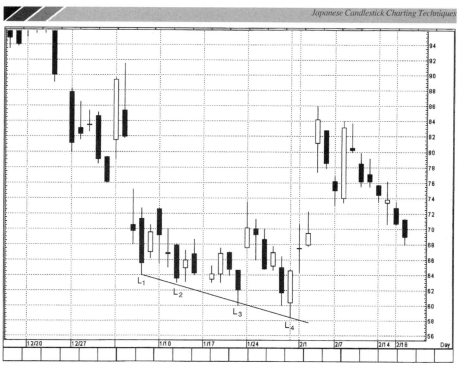

그림 11.4 아마존, 일간차트(하락 지지선)

이 성공적으로 방어되면서 이 하락 지지선이 견고해졌다. L4의 저점은 또다시
이 하락 지지선을 성공적으로 방어했고 이때 상승 관통형이 형성됐으며, 이 관
통형에서 반등이 일어나 2월 2일과 3일 상승창이 열렸다. 이 상승창의 바닥은
지지선 역할을 했다. 주가 상승은 2월 9일 장대 양봉의 출현 뒤에 도지형(또한
유성형이기도 하다)이 나타나면서 일단락됐다.

　　그림 11.5에서 아래로 기울어진 하락 지지선은 A와 B의 두 저점에서 시작되
어 C에서 상승장악형을 만났다. 이 하락 지지선은 3월에 D에서 마지막으로 시
험을 받고 이어 역망치형이 출현했다. 이 역망치형이 출현한 다음날 장대 양봉

그림 11.5 면화, 주간차트(하락 지지선)

이 나타나 상승장악형이 형성됐다. 이 상승장악형을 이루는 양봉의 종가가 더 높았다면 여기서 샛별형이 형성됐을 것이다. 어쨌든 이때 역망치형과 상승장악형과 하락 지지선이 수렴하면서 캔들차트는 이렇게 외치고 있었다. "공매한 주를 어서 되사시오!"

그림 11.6은 전형적인 하락 저항선을 보여주고 있다. 적어도 두 개의 고가를 연결하여 그린다. 고가가 세 개 이상이면 더욱 정확한 하락 저항선이 형성된다. 하락 저항선은 매도자들이 매수자들보다 훨씬 더 공격적이라는 것을 보여준다. 매도자들이 더 낮아진 고가에서도 주식을 기꺼이 처분하려 한다는 점에

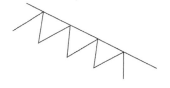

그림 11.6 하락 저항선

그림 11.7 상승 저항선

서 이 사실을 잘 알 수 있다. 이는 주가가 하락세에 있다는 점을 반영한다. 캔들차트에서는 윗그림자들의 위쪽 끝을 연결하여 저항선을 그린다.

보통 저항선은 낮아지는 일련의 고가를 연결하여 그린다. 하지만 주가가 최고가를 기록하고 잠재적인 저항영역을 추정할 만한 전고점이 존재하지 않을 때는 어떻게 하겠는가? 그런 경우에는 대개 상승 저항선을 활용해야 한다. 그림 11.7에서 보듯이 상승 저항선은 높아지는 일련의 고가를 연결하여 그린다(낮아지는 고가를 연결하여 그리는 하락 저항선과는 반대다).

그림 11.8에서는 1, 2, 3번 지점을 연결하여 고전적인 형태의 저항선을 얻을 수 있다. 2번의 잉태형에서 시작된 하락세의 마지막에 두 개의 하이−웨이브 캔들이 출현했다. 이때 가격 하락세가 힘을 잃었다는 최초의 신호를 발견할 수 있다. 3월 6일과 7일 사이에는 상승창이 열려 추세가 상승세로 바뀌었다. 상승창은 다음 며칠 동안의 가격 흐름에서 확인되듯이 지지영역이 됐다.

캔들차트에 반전신호가 나타났으므로 이제 하락 저항선을 이용하여 가격목표치를 알아보자. 가격목표치는 바로 잠재적인 저항영역이 된다. 차트에서 보면 알 수 있듯이 3월 13일로 시작되는 한 주에 가격은 이곳에서 상승을 멈췄다. 이로써 우리는 캔들차트를 주된 도구로 사용해야 하지만 서구의 기술적 분석 도구 또한 필요하다는 사실을 알 수 있다. 캔들차트는 반전신호를 제공하는 반면, 서구의 기술적 분석 도구는 가격목표치와 청산 시점을 알려준다.

그림 11.8 은, 일간차트(하락 저항선)

　그림 11.9에서는 4월 12일 (2에서) 장대 양봉이 나타나 종가가 새로운 고가를 기록하면서 상승세가 힘을 얻었다. 하지만 다음날 음봉이 출현하면서 시장의 분위기는 완전히 바뀌었고 2번에서는 잉태형이 형성됐다. 1과 2번의 고점을 연결하면 상승 저항선이 만들어지는데 이 상승 저항선은 5월 중순 50달러 근처에서 주가 흐름과 만난다. 이곳 3번의 50달러 지점에서는 또 다른 잉태형이 출현하여 상승 저항선과 만나고 있다(5월 13일에 출현한 음봉의 윗그림자가 전날 나타난 양봉의 거래 범위를 넘어섰지만 이 패턴은 여전히 잉태형이라고 할 수 있다. 왜냐하면 잉태형은 몸통을 기준으로 판단하기 때문이다). 따라서 (2번의 잉태형과 3번의 잉태형을 통해) 이 상승 저항선이 방어되고 있다는 사실을 확인할 수 있다.

그림 11.9   크리스-크래프트, 일간차트(상승 저항선)

그림 11.10에서는 가파르게 위로 향한 상승 저항선을 볼 수 있다. 5월 중순부터 시작된 가격 상승의 움직임으로 고가가 계속하여 올라갔다. 하지만 6월 30일 도지형과 비슷하게 생긴 캔들이 나타났다(이때는 또한 십자잉태형이 형성됐다). 이렇게 상승 저항선에 기술적 지표들이 수렴하면서 매수세력에게 보호 조치의 필요성을 암시하는 신호가 나타났다. 도지형과 비슷한 캔들이 나타난 뒤 30달러와 31달러 사이에서 커다란 하락창이 열렸다는 사실을 눈여겨보라. 주가는 계속 하락하여 마침내 7월 초 지지영역을 만났다. 이로부터 반등이 시작됐고 그 뒤 주가는 하락창의 천장에서 상승을 멈췄다.

그림 11.10 원유, 일간차트(상승 저항선)

스프링과 업스러스트(Spring and Upthrust)

스프링(spring)과 업스러스트(upthrust)의 개념은 리처드 위커프의 저서에 기초하고 있다. 리처드 위커프는 20세기 초의 인물로 주식 투자에서 큰 성공을 거뒀고, 주식 정보지를 발행하기도 했다.

그림 11.11은 스프링을 보여준다. 스프링은 주가가 수평의 지지선 아래로 무너진 다음 붕괴됐던 지지선 위로 다시 올라왔을 때 형성된다. 말하자면 이때 새로운 저가가 유지되지 못한 것이다. 스프링이 형성되면 청산 가격과 가격목표치를 얻을 수 있다. 그림 11.11에서 보듯이 주가가 최근에 무너졌던 지지선

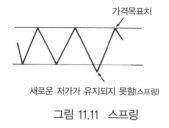

그림 11.11 스프링

그림 11.12 업스러스트

위로 회복되면 매수를 고려해볼 수 있다. 시장이 견실하다면 주가는 가장 최근의 저점으로 다시 떨어지지는 않을 것이다. 이 가격이 포지션을 청산해야 할 가격 수준이다(종가를 기준으로 하는 것이 좋다). 스프링이 나타났을 때 가격목표치는 스프링 이전의 고점이거나 거래 범위의 맨 위쪽이다. 이에 관해서는 곧 몇 가지 예를 통해 설명할 것이다.

그림 11.12에서는 업스러스트를 볼 수 있다. 수평의 저항선이 돌파됐지만 그 뒤 매수세력이 이 고가 수준을 유지할 수 없을 때 업스러스트가 형성된다. 이를 거짓돌파(false breakout)라고도 한다. 주식 거래에 업스러스트를 활용하자면 주가가 그전의 저항선 아래로 되돌아갔을 때 매도를 고려해야 한다. 시장이 정말로 취약하다면 저항선을 돌파하고 형성했던 고점을 회복하지는 못할 것이다. 하락장의 가격목표치는 가장 최근의 저점이거나 최근 거래 범위의 맨 아래쪽이다.

여기서 거래량에 관해 많은 얘기를 하지는 않겠지만 만약 지지선이 붕괴될 때 거래량이 얼마 되지 않고, 붕괴된 지지선 위로 주가가 회복될 때 거래량이 더 많으면 스프링은 더욱 강력한 상승세를 형성한다. 이와 비슷하게 만약 저항선의 돌파 때 거래량이 얼마 되지 않고 돌파된 저항선 아래로 주가가 떨어질 때 거래량이 더 많으면 업스러스트는 더욱 강력한 하락세를 형성한다.

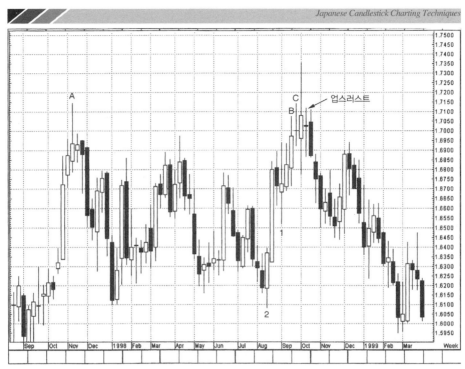

© Aspen Graphics. Used by permission.

그림 11.13 영국 파운드화, 일간차트(업스러스트)

  스프링과 업스러스트는 어떤 이유로 효과적인 기술적 지표가 될 수 있는가? 이 질문에 답하는 대신 나폴레옹의 말을 인용해보자. 그는 어떤 군대를 최상의 군대로 생각하느냐는 질문을 받자 퉁명스럽게 한마디 했다. "승리하는 군대요." 주식 시장은 매수세력과 매도세력이라는 양쪽의 군대가 싸우는 전장이라고 할 수 있다. 거래 범위가 옆쪽으로 길게 이어질 때, 이 두 군대가 빼앗으려는 영토가 확연하게 드러난다. 매도세력이 방어하려는 영토는 수평의 저항선이고, 매수세력이 방어하려는 영토는 수평의 지지선이다. 매도세력이 지지선을 돌파한 뒤 새로운 저가를 방어할 수 없거나 매수세력이 저항선을 돌파한 뒤 새로운 고가를 방어할 수 없다면 그들은 이기지 못한 것이다.

그림 11.13에서는 A, B, C에서 저항영역을 볼 수 있다. C에서 출현한 도지형으로 파운드화는 1.7100~1.7150포인트 영역에서 상승을 멈췄다. C의 도지형 출현 뒤 수요가 폭증하면서 파운드화는 이 저항선을 넘어 1.7400포인트에 접근했다. 하지만 매수세력의 승리는 오래가지 못했다. 파운드화는 돌파됐던 A, B, C의 저항선 아래로 곧 다시 떨어졌다. 이때 업스러스트가 생겼다. 이에 따라 가격목표치는 업스러스트를 형성한 주가 상승의 시점(始點)에서 찾아야 한다. 이때 주관적 판단이 개입된다. 나 같은 경우는 주가 상승이 1번 지점에서 시작됐다고 본다. 하지만 어떤 사람들은 주가 상승이 2번의 상승장악형의 저가에서 시작됐다고 보지만 여기에서는 보수적인 가격목표치(1)와 더 극단적인 가격목표치(2)를 함께 선택하는 것이 좋다. 흥미롭게도 1번의 가격목표치는 주가가 2번의 가격목표치에 도달하기 전에 한시적으로 안정을 찾는 영역이기도 하다.

업스러스트가 형성된 뒤 가파르게 하락하는 주가를 보면 "지붕에 올라가게 놔둔 뒤에 사다리를 치워버려라"라는 일본의 속담이 생각난다.

이따금 큰손이나 기관에서 반대편 진영의 속내를 알아보기 위해 "정찰대(이 말은 내가 쓰는 용어이지 캔들차트의 용어는 아니다)"를 파견하는 경우가 있다. 예컨대 매수세력이 주가를 저항선 위로 끌어올리기 위해 노력하면서 주가가 움직일 때가 있다. 이러한 전투가 일어나면 우리는 매수세력의 의향을 알아봐야 한다. 이 매수세력의 정찰대가 적의 영토 안에 진지를 구축하면(즉 종가가 저항선을 넘어 새로운 고가를 형성하면) 교두보가 마련되고, 그러면 매수세력의 새로운 군대가 정찰대에 합류할 것이다. 이제 주가는 상승세다. 교두보가 유지되는 한(즉 주가가 저항선 위에서 유지되는 한) 매수세력은 시장의 주도권을 장악하겠지만 주가가 돌파됐던 저항선 아래로 떨어지면 매수세력은 주도권을 잃어버리게 될 것이다.

그림 11.14 주피터 네트워크, 일간차트(업스러스트)

　이 개념을 그림 11.14의 업스러스트를 보면서 알아보기로 하자. 차트에서는 9월 말에 두 개의 수평선으로 구획된 저항영역을 볼 수 있다. 그런데 10월 16일, 장대 양봉이 출현하면서 주가가 이 저항선을 상향 돌파했다. 매수세력의 "정찰대"는 이때 주가 상승의 기반을 마련했고, 주피터 네트워크의 종가는 저항영역 위를 넘어섰다. 하지만 다음날 시장의 분위기가 돌변했다. 음봉이 출현하여 주가의 종가가 크게 떨어지면서 매수세력에게 새로운 고가를 지탱시킬 수 있는 능력이 없다는 사실이 드러났다. 그리하여 업스러스트가 형성됐다. 이 업스러스트의 고점이 그 다음 한 주 동안 저항선 역할을 했고 10월 23일 하락장악형이 출현한 뒤 주가는 붕괴됐다.

　업스러스트가 출현한 뒤 우리가 취해야 할 가격목표치는 주가 상승이 시작되어 업스러스트를 야기시킨 이전의 저점이다. 어떤 사람은 1번을 가격목표치로 삼을 것이고, 또 다른 사람은 2번을 가격목표치로 삼을 것이다. 그림 11.13에서 영국의 파운드화를 두고 말했던 것처럼 여기서는 주관적인 판단이 필요하다. 나라면 1번을 보수적인 가격목표치로, 그리고 2번을 극단적인 가격목표치로 선택할 것이다. 이 차트에서 보듯이 업스러스트는 비교적 폭이 넓은 저항영역에서도 무리 없이 활용할 수 있다.

© CQG Inc. Used by permission.

그림 11.15 시스코, 일간차트(업스러스트)

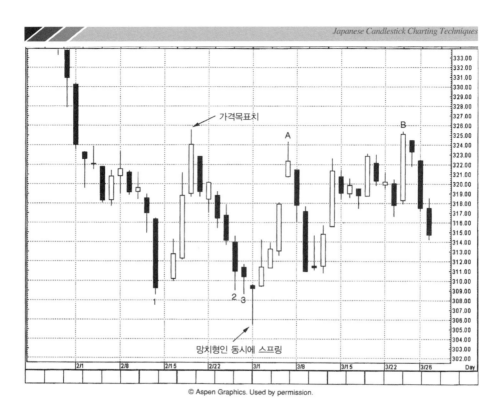

© Aspen Graphics. Used by permission.

그림 11.16 공익사업 지수, 일간차트(스프링)

앞의 차트에서는 주가가 종가에서 저항선을 돌파했지만 다음날에는 종가가 전날 돌파했던 저항선 아래로 떨어졌다. 그림 11.15에서는 업스러스트가 장중에 형성됐다. 4월 초 A에서 (유성형을 포함하여) 작은 캔들이 여럿 나타나 주가는 30달러 근처에서 더 이상 올라가지 못했다. B에서 다시 이 가격 수준에 대한 공격이 이뤄졌고, 4월 23, 26, 27일에 저녁별형이 형성됐으며 5월 13일에는 유성형이 나타나 장중에 주가를 이 30달러 저항선 위로 끌어올렸다. 하지만 장이 끝날 무렵 주가는 다시 저항선 아래로 내려갔다. 매수세력이 이 새로운 고가 수준을 유지할 수 없었기에 업스러스트가 나타났고, 가격목표치는 앞선

26.25달러 근처의 저점이 됐다. 5월 24일과 25일 주가는 이 가격목표치에 도
달했다.

　그림 11.16에서 1, 2, 3의 캔들은 308.50포인트 근처에서 지수를 유지하고
있었다. 3월 1일 매도세력은 306포인트보다 약간 아래에서 새로운 저점을 형
성하며 거점을 마련하려고 시도했다. 하지만 장이 끝날 무렵 매도세력은 주도
권을 잃었고 지수는 붕괴됐던 308.50포인트의 지지선 위로 올라갔다. 따라서
매도세력은 교두보를 마련할 수 없었고 이때 스프링이 형성됐다. 또한 스프링
이 형성된 날의 캔들은 망치형이었다. 이제 스프링이 생겼으므로 우리는 가격

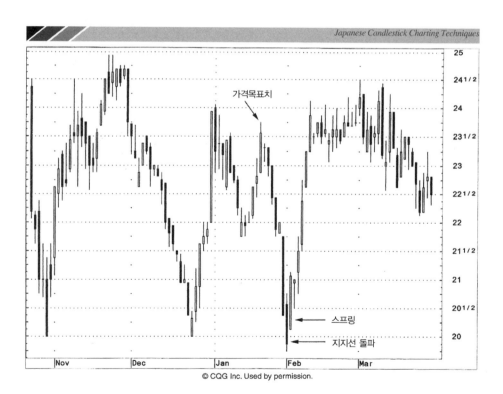

© CQG Inc. Used by permission.

그림 11.17　혼 인더스트리, 일간차트(스프링)

목표치를 정할 수 있다. 가격목표치는 스프링이 형성되기 전의 고점, 즉 326포인트 근처이다. A와 B에서 지수가 이 가격목표치에 근접한 것을 확인하라. 여기서 기술적 분석에 과학적 엄밀성을 요구할 수 없다는 것을 알 수 있다. 따라서 정확한 가격목표치에서 매도하려고 지수가 이 가격목표치에 도달하기를 기다리는 일은 하지 말아야 한다.

그림 11.16은 하루 동안 형성된 스프링을 보여주는(주가가 새로운 저가를 기록한 다음 장이 끝날 무렵 붕괴된 지지선 위로 종가를 형성했다) 반면 그림 11.17은 수 일 동안 형성된 스프링을 보여준다. 2월 1일 종가가 새로운 저가를 기록하면서 20달러의 지지선을 하향 돌파했으나 다음날 매수세가 살아나 매수자들은 일본인들이 말하듯이 "가미카제 공격"에 나섰고, 주가는 다시 붕괴됐던 지지선 위로 올라가며 스프링이 형성됐다. 가격목표치는 가장 최근의 고가인 1월 말의 23.75달러 근처이다. 이 1월 말의 고가는 장대 양봉 뒤에 도지형이 출현하면서 형성됐다. 흥미롭게도 주가는 2월 9일과 10일 이 영역에서 또다시 상승을 멈추며 장대 양봉과 도지형이라는 똑같은 캔들 조합을 보여줬다.

기술적 분석은 특히 리스크 관리와 자금 관리 면에서 유용하다. 사실 주가를 전망하지만 우리가 예측한 주가가 틀릴 때는 언제든지 있다. 그림 11.17의 경우, 2월 2일 스프링이 형성된 뒤 주가가 2월 1일의 저가 아래로 내려간다면 가격목표치는 무의미하게 된다. 이때는 보유 주식의 처분을 고려해야 한다.

극성변화의 원칙(The change of polarity principle)

일본인들은 흔히 이렇게 말한다. "붉은 칠기 접시는 장식이 필요 없다." 이러한 단순한 아름다움의 개념은 내가 자주 활용하는 기술적 원칙의 본질을 이루고 있다. 그 원칙은 단순한 만큼 강력하다. 기존의 지지선이 새로운 저항선이 되고 기존의 저항선은 지지선이 된다는 원칙이다. 나는 이를 "극성변화(change

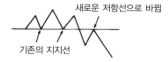

새로운 저항선으로 바뀜

기존의 지지선

그림 11.18 극성변화, 기존의 지지선
= 새로운 저항선

기존의 저항선

새로운 지지선으로 바뀜

그림 11.19 극성변화, 기존의 저항선
= 새로운 지지선

of polarity)의 원칙"이라고 부른다. 그림 11.18은 지지선이 저항선이 되는 것을
보여주고, 그림 11.19는 이전의 저항선이 새로운 지지선이 되는 것을 보여준다.

이 극성변화의 원칙을 이루고 있는 개념은 (그동안 이러한 식으로 불리지는 않았다
하더라도) 기술적 분석에 관한 많은 책에서 논의됐던 원칙이지만 지금까지는 그
다지 중요시되지 않았다. 이 원칙은 어디에서나 보편적으로 적용할 수 있다.
다양한 시장과 시간, 틀을 통해 이를 살펴보도록 하자.

그림 11.20에서는 12월 말 은의 가격이 폭락하여 5.35달러 근처로 떨어졌다
(A에서). 이 가격 수준에서 매수를 고려하는 세 부류의 집단이 있다고 하자.

• 그룹 1 : 폭락 후 가격이 안정 국면에 접어들기를 기다리다가 이제 가격이
5.35달러에서 지지선(A 지점의 저가)을 찾았다고 생각하는 사람들이다. 며칠
뒤 (B에서) 은의 가격이 이 지지선을 성공적으로 방어하면서 새로운 매수자들
이 나타났다.

• 그룹 2 : 그전까지 보유하고 있다가 12월 말의 폭락 때 은을 모두 처분한 사
람들이다. 1월 중순에 B에서 5.60달러로 가격이 상승하면서 은을 모두 처분
했던 사람들 중에 일부는 은 가격이 상승하리라는 자신들의 생각이 옳았다
고 생각한다. 그들은 전에는 매수 시기가 적절치 못하다는 판단을 내렸다.
하지만 이제 적기가 찾아왔다. 그들은 그들의 원래 견해가 옳았다는 것을 입

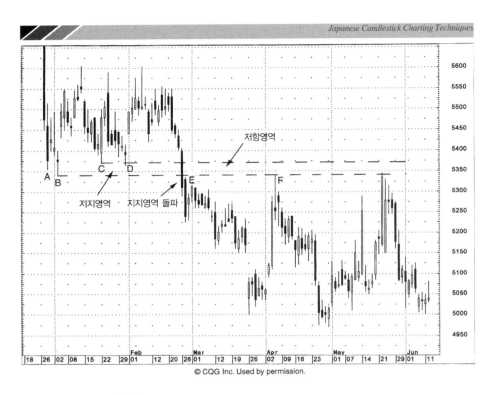

© CQG Inc. Used by permission.

그림 11.20 은, 일간차트(극성변화/Change of Polarity)

증하고 싶어 하기에 매수에 나서기 위해 가격이 A 또는 B의 지지선으로 떨
어지기를 기다린다. 그들은 C에서 시장에 뛰어든다.

• 그룹 3 : A와 B 지점에서 매수에 나선 사람들이다. 그들은 B에서 가격이 상
승하는 것을 보고 "좋은 가격"에 살 수 있다면 보유량을 늘리고 싶어 한다.
그들은 C 지점에서 좋은 가격에 은을 매수한다. 이때 가격은 지지선에 와 있
다. 그리하여 C에서 더 많은 매수자들이 시장에 들어온다. 그 외에 D에서도
은 가격이 떨어지면서 더 많은 매수자들이 참여한다.

그 뒤 은 보유자들은 곤경에 처한다. 2월 말 가격이 A, B, C, D 지점에서 유지됐던 지지선을 하향 돌파한다. 2월 28일에는 망치형이 출현하여 잠시 낙관론이 일었지만 그전의 지지선에서 매수한 사람들은 여전히 손해이다.

어떤 시장에서 가장 중요한 가격은 어느 것인가? 고가인가? 저가인가? 어제의 종가인가? 아니다. 어떤 차트든 가장 중요한 가격은 여러분이 시장에 뛰어들 때의 가격이다. 사람들은 자신이 매수 또는 매도했을 때의 가격에 매우 집착한다. 5.35달러에 은을 산 사람들은 가격이 다시 지지선을 회복하기를 바라면서 마음속으로 애타게 기도한다.

따라서 가격이 그들이 은을 샀던 영역(5.35달러) 근처로 반등하면 그들은 은을

그림 11.21 S&P지수, 일간차트(극성변화)

© Aspen Graphics. Used by permission.

그림 11.22 큐로직, 15분 단위차트(극성변화)

처분하고 시장을 나오려고 할 것이다. 그러므로 A, B, C, D에서 은을 매입했던 구매자들은 이제 매도자들이 될 것이다. E와 F의 저항선에서 보듯이 예전의 지지선이 새로운 저항선이 되는 것은 이 때문이다.

그림 11.21에서는 기술적 요소들이 수렴하는 고전적인 사례를 보여준다. 9월 중순부터 10월 초까지 1435포인트 근처에서 유지됐던 지지선은 10월 초에 무너졌다. 10월 12일과 13일 관통형(양봉이 매우 강력하기 때문에 거의 상승장악형으로 볼 수 있다)이 출현하여 반등을 예고했다. 여기서부터 반등이 시작되어 S&P지수는 1425 포인트 영역으로 올라섰고, 여기에서 다음과 같은 기술적 신호들이 수렴됐다.

1. 10월 23일과 24일의 하락장악형이다.
2. 9월 말부터의 고가를 연결하여 얻은 하락 저항선이다.
3. 극성변화에 의해 형성된 저항영역. 1435포인트 근처에 있는 그전의 지지영역이다.

이 경우, 캔들 신호(하락장악형)가 두 개의 서구식 기술적 지표(저항선과 극성변화)를 확인해주고 있다.

극성변화가 꼭 지지선을 통해 나타날 필요는 없으며 지지영역이 될 수도 있

© Aspen Graphics. Used by permission.

그림 11.23 프록터 & 갬블, 15분 단위차트(극성변화)

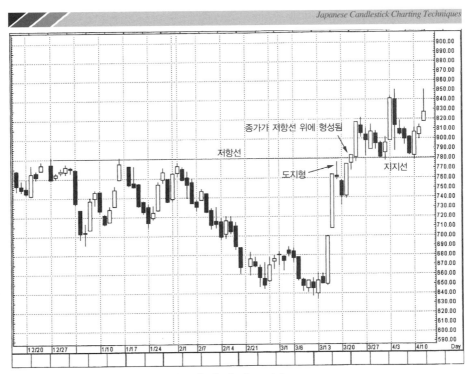

종가가 저항선 위에 형성됨

저항선

도지형

지지선

그림 11.24   은행 지수, 일간차트(극성변화)

다. 그림 11.22에서는 (두 개의 수평선으로 볼 수 있듯이) 116달러에서 117.50달러까지 지지영역이 형성되어 있다. 4월 3일 늦은 시간에 이 지지영역이 붕괴됐으므로 우리는 여기에서 극성변화의 원칙을 적용해볼 수 있다. 극성변화의 원칙에 따르자면 116~117.50달러 영역에서 형성됐던 기존의 지지선이 이제는 저항선이 됐다. 주가는 4월 3일의 장이 끝날 때까지 계속 하락하여 마침내 망치형이 출현했는데 이 망치형으로 주가가 안정을 찾았다는 사실을 알 수 있다. 여기서부터 주가는 다시 상승하기 시작했다. 하지만 4월 4일 아침 흑운형과 극성변화

© Aspen Graphics. Used by permission.

그림 11.25 리 엔터프라이즈, 일간차트(극성변화)

영역이 수렴하면서 주가 상승은 끝이 났다.

그림 11.23에서는 111.25달러 근처에서 저항선을 볼 수 있다. 그러다가 매수 세력이 주가를 저항선 위로 끌어올린 뒤에는 이 저항선이 잠재적 지지선이 됐다. 12월 14일 정오부터 장이 끝날 무렵까지 몸통이 작은 캔들이 나타나 주가는 횡보세를 유지했다. 111.25달러가 지지선으로 유지됐기 때문에 이때는 여전히 전망이 밝았다. 12월 14일 마지막 두 개의 캔들에서 아랫그림자가 길게 형성되어 111.25달러 근처의 지지선을 확인시켜줬다.

그림 11.24의 명확한 저항선은 3월 17일 도지형의 출현으로 강화됐지만 일

단 지수가 이 저항선을 상향 돌파한 뒤에는 그동안 견실하게 지켰던 775포인트 근처의 저항선은 지지선이 됐다. 여기서 극성변화의 원칙에 관한 한 가지 중요한 사실을 알 수 있다. 극성변화의 원칙을 적용하기 전에 우선 지지선이나 저항선이 여러 차례 시험을 받아야 한다는 사실이다.

그림 11.25에서는 2월 초에 저항선이 돌파됐고 2월 16일로 시작되는 한 주 동안 주가가 하락할 때 기술적 지표들이 수렴하고 있다. 2월 20일의 망치형이 극성변화에 의해 생긴 지지선을 확인시켜줬다. 나중에 또 한 차례 주가가 하락했을 때도 29.75달러의 똑같은 지지선에서 다시 망치형이 출현했다. 망치형은 지지선을 확인시켜주기는 하더라도 가격목표치를 알려주지는 못한다. 이때 바로 서구식 기술적 분석이 필요하다. 차트에서 4월 초순부터 중순까지 고가를 연결한 하락 저항선을 볼 수 있을 것이며 이 저항선을 이용하면 가격목표치를 알 수 있다. 망치형 출현 때 주식을 산다면 31.50달러 근처가 가격목표치가 될 것이다. 이 차트는 서구식 기술적 분석기법을 캔들차트와 함께 사용할 경우 얼마나 유용하고 강력한 도구가 되는지를 잘 보여준다. 서구식 기술적 분석기법은 캔들 신호를 확인시켜줄 수 있고(망치형이 극성변화를 확인시켜주듯이) 또한 가격목표치를 얻는 데도 이용할 수 있다(하락 저항선에서 보듯이).

CHAPTER 12
캔들차트에서 되돌림 수준을 활용하는 법

待てば海路の日和あり
All things come to those who wait

기다리는 자에게는 모든 것이 오기 마련이다

주가는 보통 수직 상승하지도 않고 수직 하락하지도 않는다. 주가는 상승 시나 하락 시를 막론하고 종종 원래의 수준으로 되돌아가거나 조정을 거치고 난 뒤에 기존의 추세를 이어가곤 한다. 가장 흔한 되돌림 수준은 50퍼센트 그리고 피보나치 비율인 38퍼센트와 62퍼센트다(그림 12.1과 12.2를 보라). 피보나치는 13

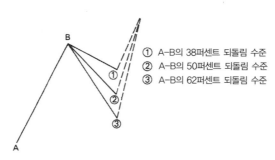

① A-B의 38퍼센트 되돌림 수준
② A-B의 50퍼센트 되돌림 수준
③ A-B의 62퍼센트 되돌림 수준

그림 12.1 주가 상승 시 주로 활용하는 되돌림 수준

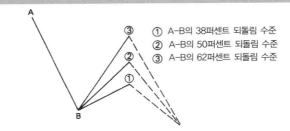

① A-B의 38퍼센트 되돌림 수준
② A-B의 50퍼센트 되돌림 수준
③ A-B의 62퍼센트 되돌림 수준

그림 12.2 주가 하락 시 주로 활용하는 되돌림 수준

세기의 수학자인데 그는 특별한 형태의 수열을 발견했다. 피보나치 비율로는 61.8퍼센트(아니면 그 역수인 1.618)와 38.2퍼센트(아니면 그 역수인 2.618)가 있다. 62퍼센트(61.8퍼센트를 반올림함)와 38퍼센트(38.2퍼센트를 반올림함)의 되돌림 수준이 흔히 활용되는 것도 이 때문이다. 사실 50퍼센트의 되돌림 수준도 피보나치 비율이다. 50퍼센트의 되돌림 수준은 가장 폭넓게 활용되는 되돌림 수준인데 갠 이론이나 엘리어트 파동이론, 다우이론의 사용자들 때문이다.

되돌림이 캔들차트 분석기법과 어우러져 중요한 반전신호를 알려주는 예들을 살펴보기로 하자.

그림 12.3에서는 B의 상승장악형이 1번 캔들의 긴 아랫그림자와 함께 지지선을 형성하고 있다. 주가는 1에서 2로 상승하면서 8달러가 올라갔다. 따라서 이러한 상승에서 50퍼센트의 되돌림이 일어나면 고점에서 4달러가 떨어질 것이다. 따라서 예상되는 지지선은 62.50달러 근처다(8달러의 50퍼센트는 4달러고, 58.50달러에 4달러를 더하면 62.50달러다). 11월 22일 주가가 이 수준에 접근하면서 관통형이 출현했다. 따라서 캔들 패턴이 50퍼센트 되돌림 수준에 수렴한 것이다. 되돌림 수준은 지지선이 되거나 저항선이 될 수 있지만, 여기에서처럼 캔들 패턴으로 확인되지 않는 한 되돌림 영역에서 매수나 매도에 나서라고 권하고 싶지는 않다.

© Aspen Graphics. Used by permission.

그림 12.3   코닝, 15분 단위차트(되돌림)

그림 12.4에서는 1에서 2까지 반등이 일어나 주가가 25달러에서 33.50달러가 됐다. 여기서 50퍼센트의 조정이 일어난다고 생각해보면 잠재적 지지선은 29달러 근처에서 형성될 것이다. 주가가 2번 지점에서 잠재적 지지선을 향해 하락하면서 캔들에 긴 아랫그림자들이 생겼다. 이는 매도세력이 주도권을 잃어가고 있다는 사실을 암시하고 있다. 29달러선이 잠재적인 지지선이 되는 이유는 한 가지 더 있다. A, B, C의 전고점들을 보라. 여기에서 우리는 극성변화의 원칙을 활용할 수 있다. 돌파된 이 29~30달러의 저항영역은 이제 잠재적인

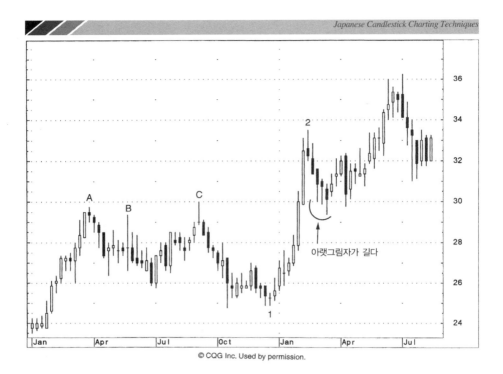

아랫그림자가 길다

© CQG Inc. Used by permission.

그림 12.4 베미스 사, 주간차트(되돌림)

지지영역이 되는 것이다. 따라서 주가가 29달러에 접근하자 극성변화 영역과 수렴하는 긴 아랫그림자들 그리고 50퍼센트 되돌림 수준이 서로를 확인시켜주게 됐다.

그림 12.5에서는 주가가 1월에 형성된 1번의 고점에서 3월 중순에 나타난 2번의 상승장악형까지 계속 하락했다. 이 상승장악형의 저가는 2월 말의 망치형에 의해 형성된 지지선을 확인시켜줬다. 이 상승장악형에서 주가가 상승하다가 하이-웨이브 캔들이 나타나면서 상승이 중단됐다. 이 지점은 1에서 2까지의 낙폭을 38.2퍼센트만큼 되돌림한 지점과 거의 정확히 일치하며, 이 지점이

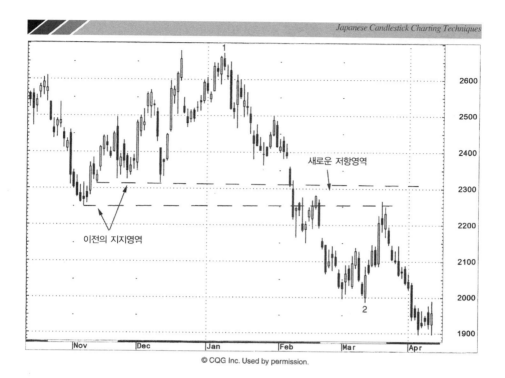

새로운 저항영역

이전의 지지영역

© CQG Inc. Used by permission.

그림 12.5 원유, 일간차트(되돌림)

11월과 12월에 지지영역이었다는 것은 이곳이 저항영역이 되는 또 다른 이유가
된다. 이 지지영역이 붕괴됐기 때문에 극성변화의 원칙에 따라 이곳은 새로운
저항영역이 된 것이다.

CHAPTER 13
캔들차트에서 이동평균선을 활용하는 법

十人十色
Ten men, ten tastes

열 사람이 있으면 열 가지 색깔이 있다

이동평균선은 기술적 분석가들이 오래전부터 사용하고 있는 매우 인기 있는 분석 도구이다. 이동평균선을 활용하면 시장의 추세를 따라가면서 중요한 주가 변동을 알아낼 수 있다. 따라서 시장의 추세를 좇을 때 가장 효과적인 도구가 된다.

단순 이동평균(Simple moving average)
가장 기본적인 이동평균은 이름이 말해주듯이 단순이동평균이다. 단순이동평균은 모든 가격 포인트의 평균이다. 예컨대 마지막 5일 동안 주가의 종가가 각각 38, 41, 36, 41, 38달러였다고 하자. 그러면 이 5일간 종가의 이동평균은 다음과 같다.

$$38 + 41 + 36 + 41 + 38 = 194$$

$$194/5 = 38.80$$

∴ 5일 이동평균은 38.80달러다.

일반적인 공식은 다음과 같다.

$$n일\ 이동평균 = \frac{(P_1 + P_2 + P_3 + P_4 + P_5 \cdots P_n)}{n}$$

P_1 = 가장 최근의 가격

P_2 = 두 번째 최근 가격

......

n = 가격 데이터의 수

이동평균선에서는 새로운 데이터가 추가되면서 과거의 데이터가 제외되기 때문에 "이동"이라는 단어가 붙었다. 이에 따라 새로운 데이터가 추가되면서 평균은 계속하여 이동한다.

위에 있는 단순이동평균의 예에서 보듯이 각 날의 주가는 총 이동평균값에 1/5만큼 영향을 미친다(5일 이동평균이기 때문이다). 9일 이동평균의 경우에는 각 날의 주가가 총 이동평균값에 1/9만큼 영향을 미친다. 따라서 이동평균의 기간이 클수록 개별적인 가격의 영향은 줄어든다.

이동평균의 기간이 짧을수록 가격에 근접한다. 단기 이동평균값은 최근의 가격 움직임에 더 민감하다는 것이 장점이다. 하지만 휩소(whipsaw = 속임수)의 가능성이 크다는 것은 부정적인 점이다. 장기 이동평균에서는 휩소가 줄어든다는 장점이 있지만 최근의 가격에 민감하지 않다는 단점이 있다.

흔히 활용되는 이동평균에는 5일, 9일, 30일, 50일 이동평균이 있다. 아마도 가장 널리 활용되는 이동평균은 200일 이동평균일 것이다.

이동평균을 활용하는 사람들은 실시간 거래의 이동평균을 활용하는 데이트 레이더부터 월 단위 또는 연 단위 이동평균을 활용하는 헤저까지 다양하다.

기간 외에도 이동평균을 계산하는 데 사용하는 중요한 변수는 가격의 종류다. 대부분의 이동평균은 방금 전의 예에서처럼 종가를 이용하지만 이동평균선에는 고가, 저가, 고가와 저가의 중간점 모두가 사용될 수 있다. 때로는 심지어 이동평균의 이동평균값이 활용되기도 한다.

가중 이동평균(Weighted moving average)

가중 이동평균을 구할 때는 이동평균을 계산하는 데 사용하는 각 가격의 가중치를 다르게 한다. 거의 모든 가중 이동평균은 최근의 가격에 더 큰 가중치를 준다. 과거의 가격보다 최근의 가격에 어떤 식으로 더 큰 가중치를 줄 것인가는 선택에 따른 문제다.

지수 이동평균(Exponential moving average)

지수 이동평균은 가중 이동평균의 특수한 한 형태이다. 기본적인 가중 이동평균처럼 지수 이동평균도 최근의 가격에 더 큰 가중치를 준다. 하지만 다른 가중 이동평균과 달리 지수 이동평균은 데이터에 사용된 모든 과거의 가격들을 포함시킨다. 지수 이동평균에서는 과거의 가격으로 갈수록 더 작은 가중치를 준다. 가중치는 지수함수적으로 작게 되며 그래서 지수 이동평균이라는 이름이 붙은 것이다. 지수 이동평균선은 MACD에서 가장 흔히 사용되며 MACD에 관해서는 14장에서 다룰 것이다.

이동평균선을 활용하는 법(Using moving averages)

이동평균선은 명확하게 정의된 거래 원칙과 함께 객관적인 전략을 제시해준다. 전산화된 많은 기술적 분석 체계는 이동평균선에 기초하고 있다. 이동평균선은 어떻게 활용하는가? 이에 관해 답하자면 이동평균선을 활용하는 방법은 거래 스타일과 철학이 다양한 만큼 다양하다고 하겠다. 가장 흔히 활용하는 방법 중에서 일부를 소개한다.

1. 추세 지표로서 이동평균선과 가격을 비교한다. 예컨대 주가가 중기적으로 상승 추세에 있는지의 여부를 판단하려면 주가가 65일 이동평균선 위에 있는지를 알아보는 것이 좋은 방법이다. 장기적으로 상승 추세에 있다고 판단하기 위해서는 주가가 40주 이동평균선 위에 있어야 할 것이다.

2. 이동평균선을 지지 수준이나 저항 수준으로 활용한다. 특정한 이동평균선 위에 종가가 형성되면 추세는 상승세이며 종가가 이동평균선 아래에 있으면 추세는 하락세다.

3. 이동평균선 밴드(엔벌로프(envelope)라고도 불린다)를 관찰한다. 이동평균선 밴드는 이동평균선과 얼마간 떨어져서 그 위나 아래에 형성되며 지지선이나 저항선 역할을 한다.

4. 이동평균선의 기울기를 본다. 예컨대 이동평균선이 얼마간 상승을 지속하다가 수평이 되거나 하락할 경우 주가 하락신호로 판단한다. 이동평균선의 기울기를 쉽게 알 수 있는 방법은 이동평균선에서 추세선을 그려보는 것이다.

5. 두 가지 이동평균선을 이용하여 거래한다. 단기 이동평균선과 장기 이동평균선을 비교하여 주가 흐름을 파악하는 것이다. 단기 이동평균선이 장기 이동평균선을 교차하여 아래로 내려가면 추세는 하락세로 바뀌며 일본에서는 이를 "데드크로스(dead cross)"라고 부른다. 단기 이동평균선이 장기 이동평

망치형

© Aspen Graphics. Used by permission.

그림 13.1 애그리브랜드, 일간차트(지지선 역할을 하는 이동평균선)

균선을 교차하여 위로 올라가면 추세는 상승세로 바뀌며 일본인들은 이를 "골든크로스(golden cross)"라고 부른다. 어떤 사람들은 더 나아가 추세가 상승세가 되기 위해서는 단기 이동평균선이 장기 이동평균선보다 위에 있어야 할 뿐만 아니라 이 두 개의 이동평균선의 기울기가 양(+)이어야 한다고 말한다. 두 개의 이동평균선을 활용하는 방법은 14장에서 다룰 것이다.

앞으로 나올 예에서는 다양한 이동평균선이 등장한다. 내가 깨달은 바에 따르면 일반적으로 장기의 30일 이동평균선과 단기의 5일 이동평균선이 주식시장에 적합한 평균선이고 선물에는 40일 이동평균선과 65일 이동평균선이 유용하다. 이들 이동평균선이 최적의 이동평균값에 기초하고 있는 것은 아니다. 하지만 오늘 최적의 이동평균값이었다 하더라도 내일은 그렇지 않을 수 있다는 사실을 확실히 알아둬야 한다. 앞으로 나올 예에서 이동평균선의 기간은 중요하지 않다. 중요한 것은 이동평균선이 어떻게 캔들차트와 함께 활용되는가 하는 것이다.

그림 13.1에서 우리는 이동평균선이 지지선이 되는 좋은 사례를 볼 수 있다. 8월(이 차트가 시작되는 시점) 이전에는 이 이동평균선이 이때만큼 두드러지게 지지선 역할을 하지 않았을 수도 있다. 하지만 8월 말과 9월 말에서 드러나듯이 이 이동평균선이 유효한 지지선이 된 이상 우리는 이 이동평균선에 관심을 기울여야 할 것이다. 우리는 되돌림 수준이 이 이동평균선을 지지선으로 유지시켜줄 것이라고 생각할 수 있다. 10월 11일 하락장악형이 출현하면서 주가가 하락하기 시작했을 때 우리는 이 이동평균선을 지지선으로 봐야 한다. 10월 15일 주가가 이 이동평균선에 맞닿을 때 망치형이 생긴 뒤에 양봉이 출현하여 상승장악형이 형성됐다. 이렇게 기술적 요소들(지지선 역할을 하는 이동평균선, 망치형, 상승장악형)이 수렴하여 48.75달러 근처에서 되돌림 수준이 결정됐다. 그러나 이동평균선이 대단히 유용한 도구라 하더라도 나는 오로지 이동평균선 – 이 이동평균선이 수도 없이 성공적으로 방어됐다 하더라도 – 만 보고 거래를 하는 일에는 반대한다. 매도나 매수에 나서기 전에 캔들 신호가 이동평균선의 지지선이나 저항선을 확인시켜주는지를 먼저 살펴봐야 한다. 이것이 훨씬 더 중요한 일이다.

그림 13.2에서는 단기 이동평균선을 볼 수 있다. 이 이동평균선은 가격에 매우 근접해 있기 때문에 단기 이동평균선이라고 말할 수 있다. 이것은 외환 투

그림 13.2 유로달러/US 달러, 일간차트(저항선 역할을 하는 이동평균선)

자자들 사이에 인기가 있는 9일 지수 이동평균선이다. 차트에서는 이 이동평균선이 1월 중순부터 계속되고 있는 하락장에서 저항선 역할을 하고 있는 것을 볼 수 있다. 사실 2월 초순부터 중순까지 두 개의 관통형과 상승장악형 같은 상승 반전신호들이 나타났다. 그럼에도 이동평균선에 의해 형성된 저항선은 여전히 유효했다. 이에 따라 이러한 캔들 신호들이 암시하고 있는 상승세를 확인하기 위해서는 이 이동평균선에 의해 형성된 저항선이 돌파되기를 기다려야 한다. 하지만 이러한 돌파는 일어나지 않았기 때문에 매수에 나서서는 안 된다.

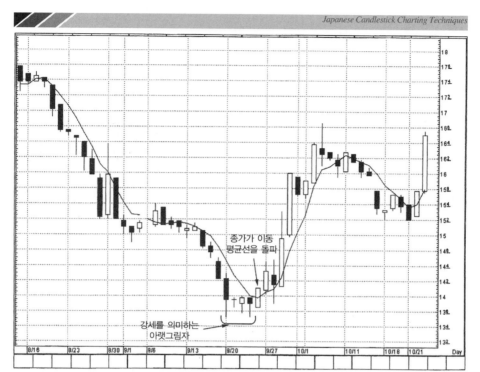

그림 13.3 이튼 반스, 일간차트(저항선 역할을 하는 이동평균선)

그림 13.3은 단기 이동평균선을 보여준다. 이 이동평균선은 8월 중순부터 시작된 하락장에서 저항선 역할을 했고, 8월 30일과 31일 주가는 장중에 이 저항선을 상향 돌파했지만 종가는 저항선을 넘어서는 데 실패했다. 따라서 주가는 하락세가 유지됐다. 9월 7일과 8일 종가가 이 이동평균선을 넘어섰다가 다시 그 밑으로 주저앉으면서 휩소(whipsaw = 속임수)가 일어났다. 일반적으로 보자면 이 이동평균선(5일 이동평균선이다)은 강력한 저항선으로 생각해야 한다. 9월 20일을 시작으로 주가가 강세를 의미하는 긴 아랫그림자들을 형성했으며 9월

그림 13.4 천연 가스, 일간차트(지지선과 저항선 역할을 하는 이동평균선)

23일 마지막으로 긴 아랫그림자를 형성하고 있는 캔들은 망치형이었다. 이러한 캔들은 시장이 바닥을 찾고 있다는 시각적 단서를 제공하지만 최종적으로 상승 추세를 확인하기 위해서는 9월 24일의 종가를 봐야 했다. 9월 24일 양봉이 출현하여 상승장악형이 형성됐고, 이때 종가는 이 이동평균선 위에서 형성됐다. 이 이동평균선이 9월 말의 주가 상승 때는 지지선으로 작용했고, 10월 초의 주가 하락 때는 저항선으로 작용했다는 사실을 확인하라.

그림 13.4 역시 이동평균선이 동시에 지지선과 저항선이 될 수 있다는 것을

보여준다. 5월 8일로 시작되는 주에 천연가스의 가격이 상승하는 동안 이 이동평균선이 지지선으로 함께 상승하며 유지됐다(화살표를 보라). 7월 5일 하락창이 출현하면서 지지선 역할을 하고 있는 이동평균선이 하향 돌파됐다. 따라서 이제 저항선은 두 가지 측면에서 생각할 수 있다. 첫째는 이동평균선이다. 이 이동평균선은 그동안 견고한 지지선 역할을 했기 때문에 저항선으로서도 제 역할을 할 것이라고 기대할 수 있다. 둘째 4.29~4.41달러 사이의 하락창은 또한 저항영역이 되어야 한다. 7월 초, 천연가스 가격은 저항선 역할을 하는 이 이동평균선에 접근했지만 종가가 이를 넘지는 못했으며, 하락창의 저항영역을 돌파하는 데도 실패했다.

CHAPTER 14
캔들차트에서 오실레이터를 활용하는 법

得手に帆をあげよ
Let every bird sing its own note

모든 새들이 제 목소리로 노래하게 하라

주관적인 패턴 인식 기법(여기에는 캔들차트 분석기법도 포함된다)과 달리 오실레이터는 수학적인 기법으로 시장을 분석하는 객관적인 도구이다. 오실레이터는 널리 사용되고 있으며 전산화된 많은 거래 시스템의 근간이 되어 있다.

오실레이터에는 상대강도지수, 스토캐스틱, MACD 같은 기술적 도구들이 포함되어 있다. 오실레이터는 주로 다음과 같이 세 가지로 활용된다.

1. **다이버전스(divergence) 지표** : 다이버전스에는 두 종류가 있다. 하락 또는 약세 다이버전스는 주가가 새로운 고점을 기록하지만 오실레이터는 그렇지 않을 때 생긴다. 이는 시장이 내적으로는 취약한 상태라는 뜻이다. 상승 또는 강세 다이버전스는 주가가 새로운 저점을 기록하지만 오실레이터는 새로운 저점을 기록하지 않을 때 생긴다. 이는 매도세가 힘을 잃었다는 뜻이다.
2. **과매수/과매도 지표** : 오실레이터는 투자자들에게 시장이 과열되어 있는지,

즉 앞으로 조정이 일어날지의 여부를 알려줄 수 있다.

3. 추세를 움직이는 힘을 확인하는 지표 : 오실레이터는 시장의 모멘텀을 확인시 켜주는데 이는 주가 변화를 비교하여 주가 움직임의 속도를 측정할 수 있기 때문이다. 원칙적으로 추세가 진행되는 중에는 속도가 증가한다. 모멘텀의 약화나 소멸은 주가 변동의 속도가 감소하고 있다는 신호이다.

일본에는 이러한 속담이 있다. "구름이 낀다고 해서 언제나 비가 오는 것은 아니다." 나는 오실레이터를 비를 내리게 할 수 있는 비구름으로 본다. 하지만 비가 내린다고 말할 수 있기 위해서는 비를 보거나 머리 위로 떨어지는 빗방울 을 느껴야 한다. 오실레이터도 마찬가지다. 오실레이터는 먹구름 같은 것이다. 따라서 최종적으로 캔들 신호를 통해 확인이 되어야 한다. 나는 캔들 패턴으로 최종적으로 확인이 되는 과매수 또는 과매도의 오실레이터만을 유일한 신호이 자 단서로 생각하고 있다.

상대강도지수(Relative Strength Index, RSI)

상대강도지수는 가장 많이 쓰이는 오실레이터이다. 상대강도지수 오실레이 터는 상대 강도의 개념과는 다르다. 상대 강도는 어떤 주식이나 어떤 소그룹의 주식과 한 부문 혹은 다우존스나 S&P500 같은 더욱 광범위한 주가 지수의 상 대적 강도를 비교한 것이다.

상대강도지수를 계산하는 법

상대강도지수는 어떤 주어진 기간에서 주가 상승의 강도와 주가 하락의 강 도를 비교한 것이다. 9일과 14일이 상대강도지수에서 가장 흔히 활용되는 기간 이다. 상대강도지수는 어떤 주어진 시간 내에서 종가를 기초로 주가 상승 폭과 하락 폭을 비교하여 수치로 나타낸다. 공식은 다음과 같다.

$$상대강도지수 = 100 - (100/(1 + 상대\ 강도))$$

$$상대\ 강도 = \frac{어떤\ 기간\ 내\ 평균\ 상승\ 포인트}{어떤\ 기간\ 내\ 평균\ 하락\ 포인트}$$

예컨대 14일 상대강도지수를 계산하자면 우선 지난 14일 동안 상승일에 이뤄진 포인트 증가분을 14로 나눈다(종가에 기초한다). 그 값을 X라고 하자. 이어 하락일에 이뤄진 포인트 하락분을 14로 나누고, 이렇게 해서 얻은 값을 Y라고 하자. 그러면 상대 강도는 X/Y가 될 것이다. 이 상대강도 값을 상대강도지수를 구하는 공식에 대입한다. 이렇게 하여 상대강도지수를 0에서 100까지의 값으로 나타낼 수 있다.

상대강도지수를 활용하는 법

상대강도지수는 과매수/과매도를 표시하는 지표나 다이버전스를 관측하는 도구로 사용된다.

- 상대강도지수는 과매수/과매도의 지표로서 그 값이 크면(70 이상) 시장이 과매수 상태에 있다는 것을 뜻한다. 이때 시장은 반락에 취약하며 조정이 일어날 수 있다는 것으로 해석된다. 역으로 상대강도지수 값이 작으면(30 이하), 시장은 과매도 상태에 있는 것이다. 이러한 상황에서는 환매가 일어날 수 있다.
- 상대강도지수는 다이버전스를 관측하는 도구로써 유용하다. 주가가 새로운 고점을 기록했는데 상대강도지수가 동반 상승하지 않는 경우를 하락 다이버

그림 14.1 앨버트슨즈, 일간차트(상대강도지수)

전스라 하고 하락 추세를 암시하는 신호로 본다. 상승 다이버전스는 주가가 새로운 저점을 기록했지만 상대강도지수는 함께 낮아지지 않았을 때를 말한다. 상대강도지수 오실레이터가 과매수·과매도 영역에 있을 때 다이버전스는 더 큰 의미를 지닌다.

그림 14.1을 보면 11월 중순과 하순에 저항선이 58달러 근처에서 형성되어 있었다. 12월 1일에 장대 양봉이 출현하면서 주가는 저항선을 상향 돌파했다.

그림 14.2 영국 파운드화, 일간차트(상대강도지수)

따라서 우리는 여기에서 이전의 저항선이 새로운 지지선이 된다는 극성변화의
원리를 활용할 수 있다. 12월 14일, 주가 상승이 멈췄지만 강세를 나타내는 긴
아랫그림자들은 주가가 62달러 근처에서 강력한 지지를 받고 있다는 사실을
보여주고 있다. 12월 21일, 다시 주가 상승이 시작됐지만 마침내 흑운형이 출
현했다. 주가가 새로운 고점을 기록하며 흑운형을 형성했을 때 상대강도지수
는 과매수 상태에 있었고 하락 다이버전스 신호를 보내고 있었다. 즉 주가는
2 지점이 1 지점보다 높지만 상대강도지수는 2 지점이 1 지점보다 낮다. 앞에

서 언급한 흑운형은 이제 저항선이 됐고, 이 저항선은 1월 8일과 11일 출현한 또 다른 흑운형에 의해 확인됐다. 1월 중순에 P에서 출현한 관통형은 과매도 상태에서 출현했다(상대강도지수에서 보듯이).

하락 다이버전스와 흑운형의 수렴으로 흑운형이 암시하는 하락신호는 더욱 강력한 것이 됐다. 상대강도지수에서는 추세선을 활용할 수도 있다. 오실레이터에서 수평 방향으로 비스듬히 그려진 점선을 볼 수 있을 것이다. 이 상승 지지선이 하향 돌파됐을 때 이를 하락신호로 인식해야 한다는 사실 또한 확인하라.

하나의 캔들 패턴보다 전체적인 기술적 양상이 더 중요하다는 것은 캔들차트의 핵심적인 개념이다. 따라서 언제가 됐든 주변 환경에 따라 캔들 형태나 패턴을 판단해야 한다.

그림 14.2에서는 1과 2 지점에서 각각 상승장악형을 볼 수 있다(이들 패턴에서 양봉의 시가는 음봉의 종가와 같지만 상승장악형이라고 볼 수 있다. 외환시장은 전일의 종가와 금일의 시가가 같기 때문이다). 2번 상승장악형은 1번 상승장악형보다 더 중요하다. 이 두 번째 상승장악형은 상승 다이버전스에 의해 지지되고 있기 때문이다. 첫 번째 상승장악형에서는 주가가 새로운 저점을 기록하고 있을 때 상대강도지수도 여전히 하락하고 있었는데 이는 하락 모멘텀이 소실되지 않았다는 뜻이다.

이동평균 오실레이터(Moving average oscillator)

이동평균 오실레이터를 계산하는 법

이동평균 오실레이터는 단기 이동평균값에서 장기 이동평균값을 빼는 방법으로 얻을 수 있다. 플러스 값도 될 수 있고 마이너스 값도 될 수 있다. 0보다 큰 값은 단기 이동평균값이 장기 이동평균값보다 크다는 뜻이다. 0보다 작은 값은 단기 이동평균값이 장기 이동평균값보다 작다는 뜻이다.

그림 14.3 유로 달러/US 달러, 일간차트(이동평균 오실레이터)

이동평균 오실레이터를 활용하는 법

이동평균 오실레이터는 장기 이동평균값과 단기 이동평균값을 사용하여 단기 모멘텀을 장기 모멘텀과 비교하는 방법이다. 단기 이동평균값은 최근의 가격 움직임에 훨씬 더 민감하다. 단기 이동평균값이 장기 이동평균값보다 상대적으로 높으면(혹은 낮으면) 시장이 과매수(혹은 과매도) 상태에 있다고 할 수 있다. 다른 오실레이터와 마찬가지로 이동평균 오실레이터는 다이버전스를 측정하는 수단으로 사용된다.

이동평균 오실레이터

그림 14.4   카탈리나 마케팅, 일간차트(이동평균 오실레이터)

　기술적 분석가들은 가격이 상승할 때 단기 이동평균값이 장기 이동평균값과 비교하여 상승하는지를 알고 싶어한다. 주가 상승과 함께 그 차이가 증가한다면 상승 추세를 암시한다. 주가가 상승하는데 그 값들의 차이가 대단하지 않다면 단기 모멘텀이 거의 소진됐다는 뜻이다.

　그림 14.3에서 5월 첫째 주 동안 유로 달러는 B에서 상승장악형을 형성했다. 유로 달러는 여기서부터 얼마간 반등한 뒤 하락하여 예상대로 상승장악형의 저가에서 지지선을 찾았다. 이 지지선은 5월 19일의 망치형으로 방어됐을 뿐만

아니라 망치형이 출현했을 때 유로 달러가 새로운 저점을 기록한 반면, 이동평균 오실레이터는 더 높아진 저점을 형성함으로써 상승 다이버전스가 확인됐다. 유로 달러가 0.9200을 넘어서자 상승장악형과 망치형을 이중 저점으로 하는 이중바닥이 형성됐다. 16장에서 논의하겠지만 0.0350의 거래 범위(즉 0.8850에서 0.9200까지)에서 돌파가 일어났기 때문에 가격목표치는 0.9550이 된다(0.9200의 돌파점에 0.0350의 거래 범위를 더해 얻는다).

그림 14.4에서 주가는 상승 저항선을 따라 상승하고 있다. 7월 13일로 시작되는 주에는 주가가 고점 근처에 머물러 있지만 짧은 캔들 몸통들이 나타났는데 이는 매수세력의 진격이 매도세력에게 저지당했다는 뜻이다. 주가 상승이 56달러 근처에서 멈췄다는 사실은 4월 말 이 가격 수준에서 저항선이 형성되어 있었다는 점을 고려하면 놀랄 만한 일이 아니다.

이제 이동평균 오실레이터로 시선을 돌려보도록 하자. 7월 중순 경, 위에서 얘기한 짧은 캔들 몸통들이 나타났을 때는 하락신호들 역시 수렴해 있었다. 구체적으로 살펴보자면 (1) 주가가 상승 저항선과 4월 말의 최고가에 근거한 저항선에 있었다. (2) 작은 캔들 몸통들이 시장이 상승 추세에서 벗어났다는 것을 보여주고 있었다. (3) 하락 다이버전스가 나타났다. 주가가 더 이상 상승 추세를 이어나가지 못하리라는 또 다른 증거는 (화살표에서 볼 수 있는) 하락창에서 찾을 수 있다. 이 하락창은 그 뒤 저항선 역할을 하게 된다.

그림 14.5는 캔들차트와 오실레이터를 어떻게 유용하게 사용할 수 있는지 잘 보여주고 있다. 대부분의 주식 투자자들은 매수자들이며 공매도 거래를 하는 사람들은 상대적으로 적다. 그런데 매수자들이 고민하는 한 가지 문제는 언제 포지션을 처분하고 시장에서 나오느냐 하는 것이다. 바로 이때 오실레이터가 도움을 줄 수 있다. 특히 오실레이터를 캔들 패턴으로 확인하면 정확성이 배가된다. 그림 14.5에서 보듯이 시장이 과열되어 있고 캔들 패턴이 반전을 확

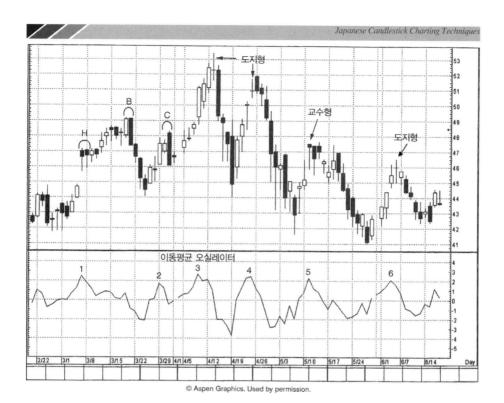

그림 14.5 월마트, 일간차트(이동평균 오실레이터)

인시켜줄 경우에는 매도 시점으로 생각할 수 있다. 이를 염두에 두고 과매수 상태에 있는 지점들에 대해 하나하나 알아보도록 하자.

1. 3월 첫째 주에 H에서 두 개의 교수형이 출현했다. 이 두 개의 교수형은 과매 수 상태에서 나타났지만(오실레이터를 보고 판단하면) 그 뒤 캔들의 종가가 교수 형의 몸통 아래로 내려가지 않았다. 하락세를 예고하는 교수형의 경우, 종가 가 교수형의 몸통 아래로 내려가 교수형이 의미하는 하락세가 확인되어야

한다는 점을 명심하라. 이외에도 첫 번째 교수형이 출현할 때 상승창이 형성됐다. 이 상승창은 지지영역이 된다. 따라서 시장이 현재 과열되어 있다 하더라도 캔들 패턴으로 판단하건대 추세가 하락세로 돌아서리라고 생각할 수 없다. 3월 18일과 19일에 B에 출현한 하락장악형은 반전신호였다. 하락장악형 자체가 반전신호일 뿐만 아니라 주가가 새로운 고점을 형성했을 때 이동평균 오실레이터가 낮아진 고점을 만들었기 때문이다. 이로써 하락 다이버전스 또는 약세 다이버전스가 형성됐다.

2. 오실레이터를 보면 시장은 과매수 상태이지만 캔들차트에서는 반전신호를 볼 수 없다. 과매수를 보여주는 영역에는 장대 양봉이 있다. 이 양봉이 출현하고 나서 며칠 뒤 C에서 하락장악형이 나타났다. 이 하락장악형은 며칠 동안 저항선 역할을 했다.

3. 4월 7일 월마트의 주가는 2번에서 언급한 하락장악형의 위로 올라섰다. 이는 상향 돌파로 볼 수 있다. 3번 역시 오실레이터는 시장의 과매수 상태를 보여주지만 캔들차트에서는 반전신호를 볼 수 없다. 따라서 매도에 나서지 말아야 한다. 주의해야 할 만한 신호는 며칠 뒤에 나타났는데 장대 양봉 뒤에 키다리형 도지가 출현했다.

4. 오실레이터로 확인할 수 있는 과매수 상태에서 도지형이 출현해 하락 반전을 예고하고 있다. 주가는 이 도지형을 만나 상승을 멈췄지만 4월 22일과 23일 사이에 작은 상승창이 열렸다. 따라서 이때는 종가가 상승창 아래에서 형성되는지 알아봄으로써 하락 추세를 확인해야 한다. 상승창에 의해 형성된 지지선의 하향 돌파는 4일 28일에 일어났다.

5. 5월 11일에는 화살표에서 보듯이 교수형이 출현했고 오실레이터에서는 시장이 과매수 상태임을 보여주고 있다. 교수형이 암시하는 하락 추세는 다음날 종가가 교수형 몸통 아래로 내려가면서 확인됐다.

6. 도지형이 주가 하락을 예고하고 있다. 4번의 상황과 비슷하게 상승창이 있는
데 추세를 하락세로 보기 위해서는 먼저 이 상승창이 닫혀야 한다. 6월 8일
종가가 상승창의 지지영역 아래로 떨어지는 일이 일어났다.

스토캐스틱(Stochastic)

스토캐스틱 오실레이터 역시 많이 쓰이는 도구이다. 다른 모든 오실레이터
와 마찬가지로 과매수와 과매도 상태를 알려주고 다이버전스에 대해 알려준
다. 또한 스토캐스틱 오실레이터는 단기 추세를 장기 추세와 관련시키는 메커
니즘을 제공한다. 스토캐스틱은 가장 최근의 종가를 어떤 특정한 기간의 가격
범위와 비교하는 지표이며 스토캐스틱의 값은 0에서 100까지이다. 스토캐스틱
값이 크면 종가는 그 기간의 가격 범위 위쪽에 있는 것이고, 스토캐스틱 값이
작으면 종가는 그 기간의 가격 범위 아래쪽에 있는 것이다. 스토캐스틱은 주가
가 올라갈 경우에 종가는 그 기간의 가격 범위 위쪽으로 올라가는 경향이 있
고, 주가가 내려갈 경우에 종가는 그 기간의 가격 범위 아래쪽에 형성되는 경
향이 있다는 논리에 따른다.

스토캐스틱을 계산하는 법

스토캐스틱은 %K와 %D라는 두 개의 지표로 되어 있다. %K는 '빠른 %K'
라고도 불리며 민감하고 빠르게 움직인다. %K를 구하는 공식은 다음과 같다.

$$\frac{(종가) - (N의\ 저가)}{(N의\ 고가) - (N의\ 저가)} \times 100 = \%K$$

종가 = 당일 종가
N의 저가 = 특정 기간 동안 형성된 가격 범위의 저가
N의 고가 = 특정 기간 동안 형성된 가격 범위의 고가

등식에서 "100"은 구하고자 하는 값을 백분율로 바꾸어준다. 만약 당일 종가가 우리가 지켜보고 있던 기간의 최고가와 똑같다면 빠른 %K는 100퍼센트가 될 것이다. 기간은 며칠, 몇 주 아니면 몇 시간, 몇 분이 될 수도 있다. 흔히 활용되는 기간은 14일, 19일, 21일이다.

빠른 %K는 너무나 빠르게 변하기 때문에 보통 마지막 3일의 %K 값으로 3일 이동평균을 구하여 빠른 %K를 평활화한다. 이러한 %K의 3일 이동평균은 '느린 %K'라고 불리며 대부분의 기술적 분석가들은 요동이 심한 빠른 %K 대신 느린 %K를 사용한다. 느린 %K는 느린 %K의 3일 이동평균을 사용하여 다시 평활화한다. 그러면 %D를 얻을 수 있다. %D는 본질적으로 이동평균의 이동평균이라고 할 수 있다. %K를 단기 이동평균으로, %D를 장기 이동평균으로 보면 이 둘 사이의 차이점을 쉽게 가늠해볼 수 있을 것이다.

스토캐스틱을 활용하는 법

이미 언급했듯이 스토캐스틱은 여러 방법으로 활용할 수 있는데 그중에서도 다이버전스를 관측하는 도구로 가장 흔히 쓰인다. 스토캐스틱을 다루는 대부분의 기술적 분석가들은 과매수·과매도 상태에 대한 판단과 다이버전스를 찾는 데 활용한다.

일부 기술적 분석가들은 또 다른 규칙을 정해두고 있다. 이에 따르면 %K선이 %D선을 위에서 아래로 관통하면 매도 신호로 파악하고, %K선이 %D선을 아래에서 위로 관통하면 매수 신호로 파악한다. 이는 단기 이동평균선이 장기 이동평균선을 아래에서 위로(위에서 아래로) 관통할 때 상승신호(하락신호)로 판단하는 것과 비슷하다.

이외에도 스토캐스틱은 과매수·과매도를 측정하는 수단으로 사용된다. 대부분의 투자자들은 80퍼센트 이상의 값을 과매수 상태로 보고, 20퍼센트 이하

그림 14.6 JDS 유니페이즈, 60분 단위차트(스토캐스틱)

의 값을 과매도 상태로 본다. 예컨대 매수 신호를 얻기 위해서는 시장이 과매

도 상태(%D가 20퍼센트 이하)에 있어야 하고 상승 다이버전스가 출현해야 하며

%K선이 %D선을 아래에서 위로 관통해야 한다.

그림 14.6에서는 10월 23일 이른 아침 시간, B에서 작은 하락장악형이 출현

했다. 보통 이러한 작은 하락장악형은 중요하지 않다. 하지만 스토캐스틱을 보

면 시장이 과열되고 하락 교차가 있는 것을 볼 수 있으며 (빠른 %K선이 느린 %D선

을 위에서 아래로 관통하는 지점에서) 이 때문에 하락장악형의 의미는 더욱 중요하게

느린 스토캐스틱

상승 교차

하락 교차

그림 14.7 슐럼버저, 일간차트(스토캐스틱)

된다. 이 하락장악형의 고가인 105달러 근처에서 저항선이 형성됐다. 다음날 아침 주가가 104달러에 근접했다가 하락함으로써 이 저항선은 온전하게 유지됐다.

　10월 25일 커다란 하락창이 열렸다. 다음날(10월 26일) 이른 시간에 정의에 딱 들어맞는 망치형이 출현했으며 이 망치형이 출현하기 얼마 전에 스토캐스틱에서 바닥을 가리키는 신호가 나타났다. 10월 26일 이른 시간에 스토캐스틱은 과매도 영역에 있었다(즉 20퍼센트 이하). 또한 빠른 %K선이 느린 %D선을 아래에서 위로 관통하는 상승 교차도 나타났다. 스토캐스틱에서 반전신호가 나타난 뒤 얼마 안 있어 조금 전에 말한 망치형의 형태로 상승 추세를 예고하는 캔들 신호가 출현했던 것이다. 이 망치형은 지지선이 됐다. 만약 주가가 이 망치형의 저가 아래로 내려갔다면 스토캐스틱에서 강세 신호가 나타났다고 하더라도 주식 처분을 생각해봐야 한다.

그림 14.7을 보면 10월 초에 긴 아랫그림자들이 나타났다. 10월 12일로 시작되는 한 주에 과매도 상태를 보여줬던 스토캐스틱 오실레이터가 20퍼센트 근처에서 상승 교차를 형성했다. 이로써 강세를 보여주는 아랫그림자들이 암시하는 바가 확인됐다. 주가는 이제 안정 국면에 접어들었다.

10월 19일에는 장대 양봉 뒤에 도지형처럼 생긴 캔들이 출현했다. 이로써 추세는 상승세에서 횡보세로 바뀌는데 도지형 캔들은 주가의 상승 동력이 꺼졌다는 것을 보여준다. 이 도지형의 출현 뒤 주가는 주춤거리며 행진하다가 11월 2일 상층창이 열리며 큰 폭으로 상승했다. 11월 6일과 9일에 B에서 하락장악형이 출현하여 추세는 하락세로 바뀌었다. 이 하락장악형은 양봉과 음봉의 몸통 크기가 거의 비슷하지만 보통 하락장악형에서는 음봉의 몸통이 양봉의 몸통보다 훨씬 더 크다. 어쨌든 여기에서는 매도세력이 매수세력에게서 주도권을 빼앗았다는 것을 알 수 있는데 이 경우에는 또 하락장악형과 함께 스토캐스틱에서 하락 교차를 발견할 수 있다. 이 하락장악형은 스토캐스틱에서 보여주는 신호 때문에 훨씬 더 큰 의미를 지닌다고 하겠다.

이동평균 수렴·확산 지수(Moving Average Convergence-Divergence)

이동평균 수렴·확산 지수를 구하는 법

이동평균 수렴·확산 지수(Moving Average Convergence-Divergence, MACD)는 두 개의 선으로 이루어져 있다. 하지만 실제로는 세 개의 지수 이동평균이 활용된다. 첫 번째 선은 두 개의 지수 이동평균의 차이이다(보통 26일과 12일 지수 이동평균). 두 번째 선은 첫 번째 선을 만드는 데 사용됐던 두 지수 이동평균의 차이의 지수 이동평균(보통 9일)을 구해서 얻어진다. 이 두 번째 선을 시그널선이라고 한다.

그림 14.8 타깃, 일간차트

이동평균 수렴·확산 지수를 활용하는 법

빠른 선이 느린 선(시그널선)을 아래에서 위로 관통할 때를 상승세로 본다. 반면 빠른 선이 느린 선을 위에서 아래로 관통할 때를 하락 교차라고 한다. MACD는 또한 시장이 과매수 상태이거나 과매도 상태인 영역을 찾는 데 사용되기도 한다. MACD는 느리게 움직이기 때문에 보통 단기 거래 수단으로 이용되지는 않는다.

그림 14.8에서 3월 16일 장대 양봉이 출현하면서 상승창이 열렸다. 다음날 작은 음봉이 앞에 있는 양봉 몸통의 범위 안에서 나타나 잉태형이 형성됐다.

© Aspen Graphics. Used by permission.

그림 14.9　S&P 500, 일간차트

© Aspen Graphics. Used by permission.

그림 14.10 나스닥100선물, 일간차트

이 잉태형에서 조정이 일어나 상승창 근처에서 주가가 안정을 찾았다. 3월 30일과 31일 D에서 흑운형이 만들어지며 주가가 더 이상 올라갈 가능성이 없어져버렸다. 다음의 이틀 동안 일어난 주가 움직임에서 볼 수 있듯이 이 흑운형은 저항선이 됐다. 주가는 장중에 이 흑운형의 저항선을 넘어섰지만 종가는 그 아래로 떨어지고 말았다. 따라서 저항선은 그대로 유효했다.

이 흑운형부터 주가 하락이 계속되다가 4월 중순에 상승장악형이 형성됐다는 사실을 확인하라. 이 상승장악형은 3월 15일과 16일의 상승창에 의해 형성된 지지영역을 확인시켜주고 있다.

이 차트는 캔들차트의 효용가치를 보여주는 좋은 예이다. 캔들차트에서는 대개 전통적인 서구의 기술적 분석보다 먼저 반전신호를 알아낼 수 있다. 이 차트에서 우리는 흑운형이 MACD의 반전신호보다 거의 일주일 먼저 천장을 가리키고 있다는 사실을 잘 알 수 있다.

그림 14.9에서 S&P500지수는 7월 중순에 새로운 고점을 기록했지만 B에서 하락장악형이 나타나며 추세가 더 이상 유지되기 힘들다는 사실이 드러났다. MACD에서 빠른 선이 느린 선을 위에서 아래로 관통하면서 하락 추세 전망은 더욱 설득력을 얻었다. 하락장악형이 출현한 다음날 하락창이 열렸는데 전 주에 이미 상승창이 형성됐기 때문에 하락창이 만들어지면서 섬꼴 천장이 형성됐다. 이는 하락 추세 전망을 더욱 강화시켰다.

그림 14.10에서 8월 3일에 상승장악형이 형성됐다. 그로부터 며칠 뒤 MACD에서 상승 교차가 일어났는데(서구의 기술적 분석보다 캔들차트에서 더 빨리 반전신호를 발견할 수 있는 또 다른 사례이다) 이 상승장악형부터 주가 상승이 시작되어 저녁별형이 출현할 때까지 이어졌다(저녁별형의 가운데 캔들은 또한 하이-웨이브 캔들이기도 하다). 이 저녁별형이 출현한 다음날 MACD에서 하락 교차가 일어나 하락 추세를 다시 한번 확인시켜줬다.

CHAPTER 15
캔들차트에서 거래량을 활용하는 법

一条の矢は折るべく、十条は折るべからず

A single arrow is easily broken, but not ten in a bundle

화살 하나는 부러뜨리기 쉬우나,
화살 열 개를 한 번에 부러뜨리기는 쉽지 않다

거래량은 시장에서 우리가 찾을 수 있는 가장 중요한 단서 중에 하나이다. 거래량은 호스의 수압 같은 것이다. 수압이 커지면 물줄기가 세지는 것과 마찬가지로 거래량이 커지면 주가를 움직이는 힘이 커진다.

현재의 추세가 지속되기 위해서는 거래량이 추세의 방향에 맞게 증가해야 한다. 추세가 진행되면서 거래량이 줄어든다면 추세가 지속되기 힘들다. 또한 거래량은 천장과 바닥을 확인하는 데도 유용하다.

이 장에서는 OBV(On Balance Volume : 거래량은 항상 주가에 선행한다는 것을 전제로 하여 거래량 분석을 통해 주가를 분석하는 방법)나 미청산 계약 같은 특정한 거래량 측정법에 대해 다루지는 않겠지만 현재 여러분이 어떤 형태의 것을 사용하든 거래량 분석은 캔들차트의 정확도를 높여줄 것이다.

나는 종종 세미나에서 거래량에 따라 캔들의 폭을 변화시키는 방법으로 캔

망치형

거래량

© Aspen Graphics. Used by permission.

그림 15.1 코닝, 60분 단위차트(거래량과 망치형)

들차트를 만드는 것이 어떠냐는 얘기를 듣는다. 그러니까 거래량이 많을 때는 몸통의 폭을 넓혀서 거래량이 적을 때는 몸통의 폭을 줄여서 캔들을 그리는 것이 어떠냐는 말이다. 하지만 나는 원래대로 차트의 밑에 거래량을 표시하는 것이 낫다고 생각한다. 거래량에 따라 몸통의 폭을 줄이고 늘린다고 하면 거래량이 많을 때는 캔들을 모두 표시하기 힘들 경우도 분명 생길 것이기 때문이다. 거래량은 정말로 중요하다. 하지만 어떻게 표시하는가가 중요한 것이 아니라 어떻게 활용하는가가 중요한 것이다.

거래량은 시장마다 다르기 때문에 나는 절대적인 거래량이 아니라 상대적인 거래량을 본다. 예컨대 어떤 주식의 경우 5만 주는 엄청나게 큰 일일 거래량일 수 있지만 또 다른 주식의 경우에는 1천만 주가 대단하지 않은 거래량일 수도 있다. 따라서 나는 시장에서 상대적인 거래량의 대소(大小)에 주의한다.

그림 15.1에서 5월 3일 늦은 시간에 거래량이 폭발적으로 늘어난 것을 볼 수 있는데 그전의 거래량과 비교하면 이때의 거래량은 예외적으로 많았다. 따라서 우리는 이때 주의를 기울여야 한다. 거래량이 많았던 이때의 캔들은 또한 망치형이었다. 이는 우리의 예상대로이다. 거래량이 주가 움직임을 확인시켜주고 있다.

이 차트에서는 또 다른 면도 볼 수 있다. 망치형에서 생긴 매우 긴 아랫그림자는 망치형이 확인됐을 때(망치형을 확인하기 위해서는 종가를 기다려야 한다)는 이미 주가가 저가에서 상당히 올라가 있는 상태라는 것을 알려준다. 이러한 망치형의 종가에서 매수에 나서는 일은 리스크/수익 면에서 매력적인 일이 아닐지도 모른다. 왜냐하면 주가는 앞으로 망치형의 저가로 반락했다가 다시 상승 추세를 시작할지도 모르기 때문이다. 하지만 이 차트에서는 망치형이 출현했을 때 거래량이 대단히 많았으므로 망치형의 저가로 조정이 일어날 가능성은 적다고 하겠다. 따라서 거래량이 많을 때 망치형이 출현하면 다른 때와 달리 종가에서 공격적으로 매수에 나서는 것도 괜찮을 수 있다.

그림 15.2에서는 11월 초에 일련의 장대 음봉들이 나타나면서 주가가 폭락했는데 11월 11일에 나타난 캔들 하나가 전체 양상을 바꿔놓았다. 이 팽이형 캔들은 앞의 음봉과 함께 잉태형을 만들었지만 그보다 중요한 것은 팽이형이 생겼을 때의 엄청난 거래량이었다. 이로써 공급 물량이 엄청나다고 하더라도(거래량이 많다는 것은 공급량이 많다는 것이기도 하기 때문에) 매수세력이 매도세력을 저지할 만큼 충분하다는 사실을 알 수 있다. 그래서 짧은 몸통이 생긴 것이다.

주가는 이 잉태형부터 상승을 시작했다가 11월 말에는 또다시 큰 폭으로 하

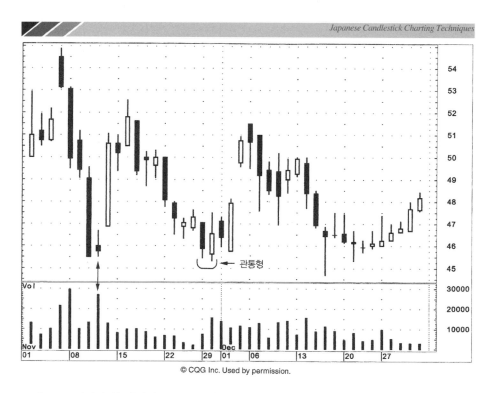

그림 15.2 캐피탈 원 파이낸셜, 일간차트(거래량, 잉태형, 관통형)

락하여 관통형에서 안정을 찾았다. 이 관통형에서 거래량을 보면 음봉에서는
거래량이 적은 반면 양봉에서는 거래량이 많았다. 이는 매도세력이 힘을 잃고
매수세력이 강력한 거점을 확보했다는 증거이다. 거래량과 관련된 이와 같은
상황은 관통형이 지지영역이 될 가능성을 크게 했다. 12월 16일에는 망치형이
출현하여 관통형의 지지영역을 성공적으로 방어했다.

거래량이 캔들 패턴을 확인시켜준다는 개념은 모든 캔들 신호에 적용할 수
있다. 이에 따르자면, 예컨대 하락장악형의 경우 첫 번째 캔들(양봉)은 거래량이
적고 두 번째 캔들(음봉)은 거래량이 많아야 하락장악형의 의미가 커질 것이다.

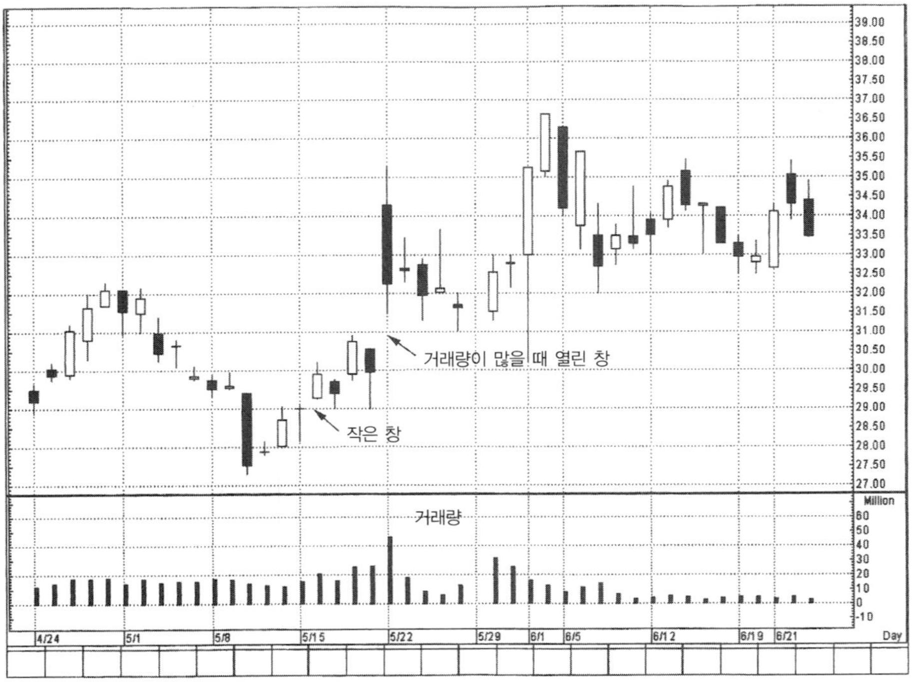

그림 15.3 제너럴 모터스, 일간차트(거래량, 창)

일본인들의 표현처럼 "오른손이 왼손을 돕듯이" 상승창이나 하락창을 거래량의 개념으로 살펴보기로 하자. 그림 15.3을 보면 5월 8일로 시작되는 주에 강세의 십자잉태형이 형성됐고, 며칠 뒤인 5월 15일과 16일에 작은 상승창이 생겼다. 이 작은 창은 5월 15일로 시작되는 한 주에 지지선 역할을 했으며 5월 22일에는 더 큰 상층창이 열렸다. 또한 이 상승창이 열렸을 때는 거래량이 많았다. 상승창이 잠재적인 지지선이 되기는 하지만 이번에는 엄청난 거래량이 상승창의 지지선 역할을 한층 강화시켜줬다. 6월 1일에는 강세를 암시하는 긴

그림 15.4   델, 일간차트(거래량, 도지형, 창)

아랫그림자가 매수세를 확인시켜줬고 30달러의 지지선(5월 22일의 상승창에서 형
성된)이 온전히 유지됐다.

작은 몸통은 그 자체로 하락세나 상승세가 소진됐다는 의미를 나타내지만
이때 거래량이 많으면 더 확실한 반전신호가 된다. 그림 15.4를 보고 왜 그런지
에 대해 이유를 알아보자. 이 차트에서 (1로 표시한) 8월 18일에는 거래량이 많았
고 또한 상승창도 열렸다. 그림 15.3에서 이미 봤듯이 상승창이 열렸을 때 거래
량이 많으면 이 상승창은 견고한 지지영역이 된다. 이 사실은 상승창이 열리고
나서 며칠 뒤의 주가 움직임에서 확인할 수 있다.

10월 19일 (2에서는) 또다시 비정상적일 정도로 엄청나게 거래량이 증가했다. 이때의 캔들은 도지형이었다. 거래량이 많을 때 출현한 이 도지형은 매우 중요하다. 왜냐하면 주가가 8월 초 형성된 상승장악형(첫 번째 캔들은 망치형이다)의 지지선까지 가파르게 추락한 뒤 나타났기 때문이다. 8장에서 얘기했듯이 보통 도지형은 하락장에서는 상승장에서만큼 주의를 기울일 필요가 없지만 이 도지형은 지지선을 확인시켜주고 있고, 이때는 거래량도 많았기 때문에 우리는 눈을 크게 뜨고 이 도지형을 살펴봐야 하는 것이다. 이 도지형이 출현했을 때는 (거래량이 많았으므로) 매물이 많았지만 도지형이 형성된 것을 보면 수요가 이러한 물량들을 모두 흡수할 정도로 강력했다는 것을 알 수 있다. 따라서 10월 19일은 여러 기술적 신호들이 수렴하면서 37.25달러가 지지선으로서 얼마나 중요한지를 보여주고 있다고 하겠다. 이때의 기술적 신호들은 다음과 같다.

1. 8월 초의 상승장악형의 저가에 근거한 지지선
2. 도지형
3. 엄청난 공급 물량이 모두 흡수됐다는 사실을 보여주는 도지형의 거래량

도지형이 출현한 다음 주에도 장대 양봉이 나타나 이 지지선을 성공적으로 방어하고 있다는 사실을 눈여겨보라.

하락장의 도지형이라도 거래량이 많으면 다른 때보다 추세 반전의 신호일 가능성이 커지는데 이는 도지형뿐만 아니라 작은 몸통의 캔들에도 해당된다(우리는 이미 그림 15.2에서 거래량이 많을 때의 팽이형 캔들에 대해 알아봤다). 거래량이 많을 때의 팽이형이나 도지형에 대해서는 다음과 같이 요약할 수 있다.

1. 계속된 주가 상승의 마지막에 비정상적으로 거래량이 증가하며 도지형이나

윗그림자가 길다

거래량

© Aspen Graphics. Used by permission.

그림 15.5 홈 디팟, 30분 단위차트(상승장악형을 확인시켜주는 거래량)

팽이형이 출현한 경우, 매수세가 주가 상승을 멈추게 할 만한 많은 매도 물량을 만났다는 뜻이며 이는 하락 반전신호일 가능성이 크다.

2. 주가가 가파르게 하락하는 동안 거래량이 많아지면서 도지형이나 작은 캔들 몸통이 출현하는 경우, 이제 공격적인 매수세력이 나타나 많은 매물을 모두 흡수하고 있다는 뜻이다.

어떤 캔들 패턴이 형성됐을 때 거래량이 이 캔들 패턴의 신호를 확인시켜줄 경우에는 추세 반전의 가능성이 커진다. 그림 15.5를 보면 10월 5일의 늦은 시

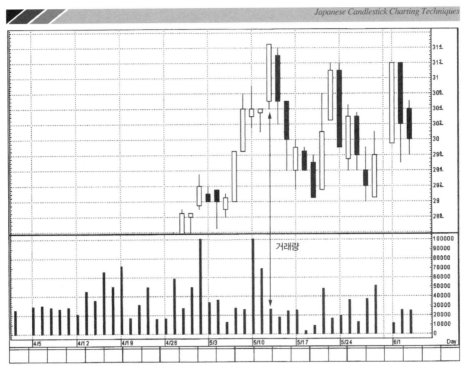

그림 15.6 테크니트롤, 일간차트(거래량을 통한 돌파 확인)

간에 상승장악형이 나타났다. 상승장악형의 첫 번째 캔들은 팽이형으로 그전
의 하락세가 힘을 잃었다는 사실을 보여주고 있으며, 그 뒤에 나타난 장대 양
봉은 매수세력이 주도권을 잡았다는 것을 보여준다. 첫 번째 캔들보다 두 번째
캔들에서 거래량이 많았다는 사실 역시 상승 추세 반전에 힘을 실어주고 있으
며 거래량 증가와 상승장악형의 출현이 함께 일어나면서 반전의 가능성은 훨
씬 더 커졌다. 주가는 이 상승장악형부터 상승했다. 그 뒤에는 10월 7일 이른
시간에 72.50달러 근처에서 하락장악형이 나타나면서 주가 상승이 멈췄다. 그

뒤 하락세를 예고하는 긴 윗그림자들이 생겨나 앞 음봉의 긴 윗그림자에 의해 형성된 저항선을 확인시켜줬다.

　일반적으로 말해 양봉이 길수록 주가 상승이 계속될 가능성이 커진다고 할 수 있으며 거래량은 이 일반적인 원칙에 새로운 차원을 부여한다. 그림 15.6에서는 5월 12일 장대 양봉이 나타나 주가는 새로운 고점을 형성했다. 하지만 거래량이 적다는 점이 이 사실에 어두운 그늘을 드리우고 있다. 새로운 고점이 형성되면 우리는 보통 거래량의 증가를 통해 이를 확인하고자 한다. 이 경우에는 거래량이 상향 돌파를 지지해주고 있지 못하다. 상향 돌파 시 거래량이 적다고 해서 당장 시장을 비관적으로 보게 되지는 않는다 하더라도 신중해질 필요는 있다. 소규모의 거래량에 바탕한 주가 상승은 오래 지속될 수 없기 때문이다. 예의 경우에는 5월 12일의 장대 양봉 뒤 곧바로 장대 음봉이 출현했다. 이는 물론 매수세력이 주도권을 잃었다는 뜻이다.

CHAPTER 16
주가 변동의 측정

鬼 の 留守 に 洗濯
Make use of your opportunities

기회를 놓치지 말라

시장의 수요/공급 상황을 X선처럼 선명하게 보여주는 캔들차트는 특히 반전 신호를 일찍 찾아내는 데 유용한 도구이다. 누군가 캔들 신호를 보고 거래에 나섰다고 해보자(이럴 때 또 다른 캔들 신호나 서구의 기술적 신호로 확인 과정을 거치면 더 좋다). 그렇다면 이제 그가 신경 쓰는 문제는 언제 포지션을 처분하는가 하는 것이 된다.

내 회사인 캔들차트 닷 컴은 고객의 거래 스타일에 따라 주식시장에서 성공적으로 포지션을 청산하기 위한 다양한 전략들을 제공하고 있다. 그중 한 가지는 가격목표치 예측이다. 나는 서구의 기술적 분석에 따라 가격목표치를 예측한다. 캔들 패턴이 얼마나 이상적이든, 한 곳에 얼마나 많은 반전신호가 수렴되든 캔들차트는 반전의 정도를 예측해주지 못하기 때문에 우리는 서구의 기술적 분석에 의존해 목표 가격을 찾아야 하는 것이다.

이 장에서 다룰 패턴들로는 박스권 돌파, 스윙 목표치, 깃발형과 페넌트형,

상승과 하락삼각형이 있다.

가격목표치를 지지선이나 저항선과 동일하게 생각해서는 안 된다. 예컨대 42달러에 상승 가격목표치가 있다고 할 때도 주가 상승이 42달러에서 멈추리라는 것을 의미하지는 않는다(물론 42달러에 도달하지 못할 수도 있다). 새로운 포지션을 취하기 위해 가격목표치를 활용해서는 안 되며 가격목표치는 보유하고 있는 포지션을 처분하고자 할 때 이용해야 한다. 나라면 주가가 42달러가 되면 롱포지션을 처분할 테지만 이때를 새롭게 숏포지션을 취하는 기회로 삼지는 않을 것이다. 물론 하락 캔들 신호가 있거나 아니면 또 다른 기술적 신호들이 수렴하여 42달러가 저항선임을 나타낼 때는 매도에 대해 훨씬 더 공격적으로 생각해볼 수 있을 것이다.

박스권 돌파(Breakouts from box)

주가는 대부분의 시간 동안 상승세나 하락세에 있지 않고 횡적으로 움직인다. 이 횡적인 움직임의 폭을 일본인들은 "박스권"이라고 불렀다. 이때 시장은

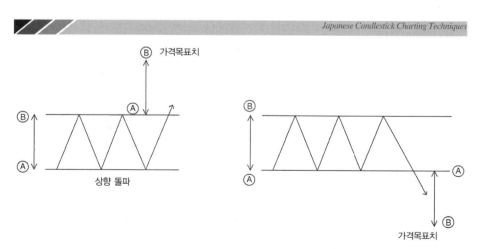

그림 16.1 박스권 돌파

그림 16.2 나스닥 종합지수, 일간차트(박스권의 하향 돌파)

상대적으로 조화로운 상태에 있고 매도세력이나 매수세력이나 어느 쪽도 주도
권을 쥐고 있지 못하다. 나는 시장이 박스권에 있을 때 정적 상태에 있는 것이
라고 생각한다.

　박스권 안에 있을 때 주가는 눌려 있는 스프링과 비슷하다고 할 수 있다. 이
스프링은 누르고 있는 압력이 사라지면 다시 튀어 오른다. 우리는 이러한 스프
링 같은 시장의 에너지를 활용할 줄 알아야 한다. 주가가 박스권을 돌파했을
때는 돌파 방향으로 계속하여 나아갈 가능성이 크다.

　그림 16.1에서 보듯이 주가가 박스권을 넘어섰다는 것은 주가가 적어도 박스

의 수직 폭만큼 올라간다(내려간다)는 뜻이다. 주가가 박스의 맨 윗부분을 치고 올라갈 때(상향 돌파) 박스권의 폭을 재면 A와 B의 거리가 된다. 그전의 저항선에 이 A-B만큼의 거리를 더하면 가격목표치를 얻을 수 있다. 예컨대 50~53달러 박스권에서 상향 돌파가 일어나면 가격목표치는 56달러이다.

그 반대의 경우는 박스권의 지지선이 무너질 때이다(그림 16.1의 하향 돌파). 박스권이 똑같이 50~53달러라면 이 지지선이 하향 돌파됐을 때 가격목표치는 47달러가 된다.

그림 16.2에서는 1과 2 지점을 위쪽 끝으로 하는 박스권을 볼 수 있다. 박스권의 아래쪽 끝(지지영역)은 3500~3600포인트로 두 개의 수평선에 의해 구획되어 있다(A 지점에 관해서는 잠시 뒤에 얘기할 것이다). 1번의 천장에는 반전신호가 없었다. 사실 반전이 일어날 때마다 캔들 신호가 나타나는 것은 아니다. 2번의 천장에서는 이상적인 형태의 저녁별형이 나타났다. 이 패턴의 두 번째 캔들 몸통은 첫 번째나 세 번째 캔들 몸통과 접해 있지 않다. 이외에도 이 두 번째 캔들은 교수형이며, 다음날의 캔들에서 이 교수형이 예고하는 하락 추세를 확인할 수 있다.

나스닥 종합지수가 일단 2번 지점부터 하락하기 시작했을 때는 1번의 전고점에서 그랬던 것처럼 1번과 2번의 고점 사이에 형성된 저점까지 내려가리라 예상할 수 있다. 이 저점은 A에서 상승장악형을 형성했다. 따라서 우리의 가격목표치는 3500~3600포인트가 된다. 9월 말 이 영역은 잘 유지됐다. 이때 3600포인트 근처에서는 두 개의 장대 양봉을 볼 수 있다.

10월 초에는 나스닥 종합지수에 이중의 충격이 가해졌다. 우선 10월 2일에 장대 음봉이 A에서 형성됐던 상승장악형의 저가 영역 밑으로 내려가면서 지지선이 하향 돌파됐다. 이보다 더 중요한 것은 3500~4250포인트의 박스권이 하향 돌파됐다는 사실이다. 따라서 지수는 2750포인트의 가격목표치까지 하락할 것으로 예상됐으며 이 가격목표치는 박스권의 바닥인 3500포인트에서 750 포인트(박스권의 고가와 저가)를 뺀 값이다. 지수는 몇 달 뒤 이 가격목표치에 도달했다.

지수가 2750포인트 아래로 내려간 것을 보면 가격목표치가 꼭 지지선을 의미하지는 않는다는 사실을 알 수 있다. 이는 매우 중요한 사실이다. 이에 따르면 나스닥이 2750포인트가 됐을 때라고 해도 가격목표치에 도달했다고 해서 매수에 나서면 안 된다.

이 차트는 내가 박스권 돌파를 좋아하는 한 가지 이유를 잘 보여주고 있다. 일단 지지선이 붕괴되면 우리는 극성변화의 법칙을 이용하여(11장을 보라) 저항선이 어디가 될지를 알아낼 수 있다. 이러한 극성변화의 법칙에 따르면 그전의 지지선(이 경우에는 3500~3600포인트)이 저항선이 되어야 하며 실제로 그렇게 됐다. 하지만 만약 지수가 종가 기준으로 다시 3600포인트 위로 올라갔다면 2750포인트의 가격목표치는 무의미하게 될 것이다.

그림 16.3은 66.25달러에서 67.75달러까지 명확한 박스권을 보여준다. A의 캔들은 이 지지선을 무너뜨렸지만 종가가 지지선 아래로 내려가지 않았기 때문에 지지선은 여전히 유효하다고 할 수 있다. B에서는 종가가 박스권 아래로 내려갔다. 이는 하락신호였다. B에서 박스권의 하향 돌파가 이뤄지기 전에 위험을 예고하는 신호들은 이미 나타나 있었으며 여러분도 차트에서 아래쪽으로 기울어져 있는 하락 저항선을 확인할 수 있을 것이다. 이 하락 저항선은 66.25 달러의 지지선이 붕괴될 가능성을 증가시켰다.

B의 캔들로 지지선이 무너지고 난 뒤에는 (극성변화의 원칙에 따라) 66.25달러의 이 지지선이 저항선으로 바뀐다. 그리하여 이제 저항선을 파악했는데 그렇다면 가격목표치는 어디인가? 가격목표치를 구하려면 66.25~67.75달러에 해당하는 박스권의 폭을 알아야 한다. 이 값은 1.50달러이다. 박스권의 맨 아래인

그림 16.3 JDS 유니페이즈, 5분 단위차트(박스권의 하향 돌파)

66.25달러에서 1.50달러를 빼면 64.75달러다.

　그림 16.4를 보면, S&P지수는 1090포인트(B)와 1140포인트(A) 사이에서 거래 범위를 형성하고 있다. 6월 24일 매수세력은 S&P지수를 1140포인트의 저항선 위로 끌어올렸다. 1140에 A-B의 거리(50포인트)를 더하면 가격목표치는 1190포인트가 된다. 지수는 상승 저항선(11장을 보라)을 따라 올라가면서 이 가격목표치를 약간 넘어섰다. 1200포인트 근처에서는 하이-웨이브 캔들이 나타났다(하이-웨이브 캔들은 윗그림자와 아랫그림자가 길고 몸통이 작은 캔들이다. 키다리형 도지와

그림 16.4 S&P지수, 일간차트(박스권의 상향 돌파)

도 비슷하지만 키다리형 도지는 몸통이 도지형이다. 8장의 설명을 참조하라). 이 하이-웨이브 캔들은 이전의 추세(여기서는 상승 추세)가 힘을 잃었다는 것을 보여준다.

그림 16.5는 텍사스 인스트루먼트의 주가가 130~145달러의 박스권 내에 묶여 있는 것을 보여준다. 2월 17일과 18일, 주가가 박스권의 맨 위로 다가가면서 하락장악형이 형성됐으며 이 하락장악형은 저항영역이 된다. 하지만 2월 22일에 주가는 이 저항선을 넘어섰다. 이로써 상승장악형의 저항선뿐만 아니라 박스권까지 상향 돌파됐고 박스권의 폭이 15달러였으므로 가격목표치는 160달러가 된다.

그림 16.5 텍사스 인스트루먼트, 일간차트(박스권의 상향 돌파)

2월 22일에 주가가 145달러를 넘어섰다 하더라도 만약 이때 종가가 145달
러 아래로 떨어졌다면 가격목표치는 무의미하게 될 수밖에 없다. 따라서 주가
가 새로운 고가를 기록할 때는 매수세력이 시장을 장악하고 새로운 고가가 유
지되는지의 여부를 확인하는 일이 중요하다.

스윙 목표치, 깃발형, 페넌트형

스윙 목표치, 깃발형, 페넌트형은 세 가지 요소로 이루어져 있다.

1. 처음의 활발한 주가 상승 움직임
2. 조정
3. 처음의 움직임과 같은 방향으로 재개되는 주가 움직임

우리는 우선 스윙 목표치에 대해 알아보고 이어 깃발형과 페넌트형에 대해 알아볼 것이다.

스윙 목표치의 개념은 주가가 큰 폭으로 상승하거나 하강하면 되돌림이 발생하고 그 뒤에는 그전과 똑같은 방향으로 적어도 원래 상승(하강) 폭만큼 주가가 다시 움직인다는 것이다.

그림 16.6을 보자. 주가가 우선 A에서 B로 상승했다가 그 다음에는 C로 반락했다. 주가가 C에서 상승하기 시작하면 이때 최초의 상승 폭 A-B를 C의 저가에 더해 "스윙 목표치"를 알아낼 수 있다.

스윙 목표치는 깃발형이나 페넌트형의 개념과 매우 유사하다. 중요한 차이는 스윙 목표치에서 일어나는 조정이 깃발형이나 페넌트형보다 상당히 크다는 것이다. 그림 16.7에서 보듯이 깃발은 큰 폭의 주가 상승이나 하락 뒤에 일어나는 주가의 수평적 움직임이나 사소한 역추세 움직임이다. 이렇게 형성된 밀집밴드는 과매수(상승장에서)나 과매도(하락장에서) 상태를 완화시켜준다. 이 단기간의 조정 뒤에 시장이 다시 이전의 추세대로 움직이면 깃발형 또는 페넌트형이 생긴다.

깃발형과 페넌트형의 차이점은 깃발형에서는 "깃발" 부분이 수평의 박스권이라는 것이다. 페넌트형에서는 "깃발" 부분(즉 밀집밴드)이 페넌트처럼 생겼다. 저가가 올라가고 고가가 낮아지기 때문이다.

그림 16.7과 16.8은 상승깃발형과 페넌트형, 하락깃발형과 페넌트형을 보여준다. 가격목표치를 설정하는 방법은 스윙 목표치와 거의 비슷한 개념에 기초

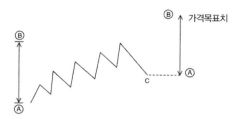

그림 16.6 스윙 목표치

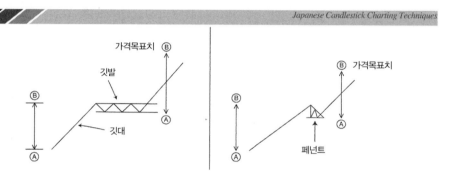

그림 16.7 상승깃발형 및 페넌트형

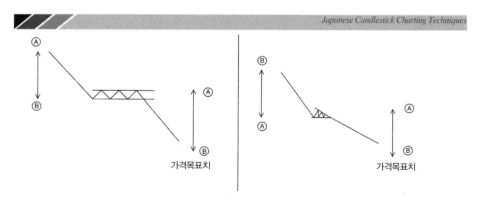

그림 16.8 하락깃발형 및 페넌트형

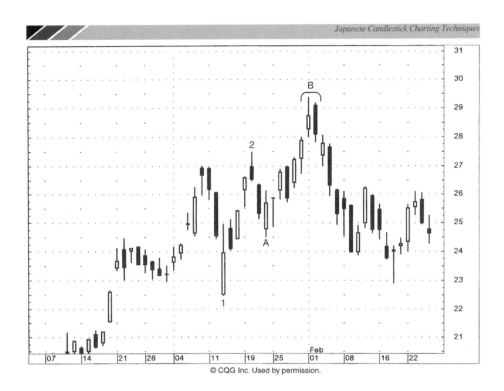

그림 16.9 시스코 시스템, 일간차트(스윙 목표치)

하고 있다. 깃발형이나 페넌트형의 경우 최초의 주가 상승 또는 하락 부분을 "깃대"라고 한다.

그림 16.7의 상승깃발형과 페넌트형에서는 A에서 B에 이르는 최초의 가파른 상승(깃대) 폭을 밀집밴드(깃발이든 페넌트이든)의 바닥 위에 더해 가격목표치를 구한다. 사실은 이 깃대의 높이를 깃발이나 페넌트의 맨 위에다 더하는 것이 더 전통적인 방법이지만 나는 마지막 몇 포인트의 이득을 얻기 위해 애를 태우기보다는 차라리 조금 일찍 시장에서 나오는 것을 선호하는 타입이다.

그림 16.8에서 보듯이 하락깃발형이나 페넌트형의 가격목표치는 밀집밴드

그림 16.10   트랜스오션 세드코 포렉스, 일간차트(상승깃발형)

의 맨 위에서 깃대(A-B)의 폭을 감하여 얻을 수 있다(다시 한번 말하지만 이 가격목표
치는 나만의 보수적인 계산법에 따른 것이다. 다른 사람들은 아마도 밀집밴드의 바닥에서 깃대
의 폭을 감하는 전통적인 방법을 사용할 것이다).

   그림 16.9에서는 주가가 1에서 2까지 거의 수직 상승하여 22.50달러에서
27.50달러가 된 것을 볼 수 있다. 그 뒤 2에서 A까지 거의 61.8퍼센트의 피보
나치 비율로 조정이 일어났다(되돌림에 관해서는 12장을 보라). 주가는 A에서 상승
을 재개했다.

   주가가 1에서 2까지 상승했다가 A로 반등한 상황이고 1에서 2까지의 상승

폭 5달러를 A의 저가 24.50달러에 더하면 스윙 목표치를 구할 수 있다. 이렇게 구해보면 스윙 목표치는 29.50달러이다.

가격목표치가 언제나 저항선이나 지지선이 되는 것은 아니지만 이 경우에는 2월 1일과 2일의 하락장악형이 가격목표치인 29.50달러에서 출현한 것을 볼 수 있다.

그림 16.10에서 A에서 B로 상승한 뒤 주가가 약 한 주 동안 숨을 고르는 것을 볼 수 있다. 이때 주가는 36.50달러와 37.75달러의 박스권 내에서 움직였다. 7월 11일 상승창이 열렸고(C의 캔들 뒤에서) 주가는 박스권을 상향 돌파했다.

캔들차트에서 보면 이 상승창으로 두 가지 일이 생겼다는 것을 알 수 있다. 첫째로 추세가 상승세로 바뀌었고 둘째로 이 상승창이 잠재적 지지영역이 됐다는 것이다. 이 상승창은 주가 상승에 관한 긍정적 신호이기는 하지만 가격목표치를 알려주지는 않기 때문에 여기에서 서구식의 기술적 분석이 필요하다. 주가는 A에서 B로 상승했다가 C로 반락하면서 상승깃발형을 형성하고 있다. 이제 "깃대" 부분(A에서 B까지의 폭)을 "깃발"의 바닥(C)에 더하면 가격목표치를 얻을 수 있다. A에서 B까지의 상승 폭은 약 5.50달러다. 이 값을 C의 저가에 더하면 42달러의 가격목표치가 구해진다(이미 언급했듯이 서구의 기술적 분석 관련 서적은 대부분 이 5.50달러의 값을 깃발 부분의 맨 위(38달러)에 더한다. 하지만 나는 더 보수적인 계산법으로 깃발의 바닥(36.50달러)에서 가격목표치를 구한다).

주가가 42달러의 보수적인 가격목표치에 접근하면서 유성형이 나타났다. 이로써 가격목표치는 저항선이 됐다. 유성형 뒤에는 음봉이 출현하여 세 개의 캔들로 이뤄진 저녁별형이 완성됐으며 여기서부터 주가가 하락하여 7월 말에 37.75달러 근처에서 지지선을 확인했다. 이 지지선은 7월 11일 역망치형의 출현으로 형성된 상승창의 바닥이다. 주가는 7월 28일에 상승을 시작하여 8월 초에 앞서 말한 저녁별형의 고가인 42달러 근처에서 멈췄다. 저녁별형(그리고

그림 16.11 인터넷 지수, 일간차트(하락페넌트형)

많은 다른 캔들 패턴)을 다룰 때 얘기했지만 나는 보통 종가를 기준으로 저항선을
정한다. 따라서 주가가 장중에 저녁별형의 저항선 위로 올라갔다 하더라도 종
가가 저항선 위로 형성되지 못했기 때문에 이 저항선은 그대로 유지되고 있다
고 생각한다.

그림 16.11은 A에서 두 개의 유성형을 볼 수 있다. 이를 통해 지수가
925~950포인트의 벽에 부딪쳤다는 것을 알 수 있다. 지수는 A에서 가파르게
추락하다가 B에서 키다리형 도지가 출현하면서 멈췄다. 여기서 얼마간 반등이

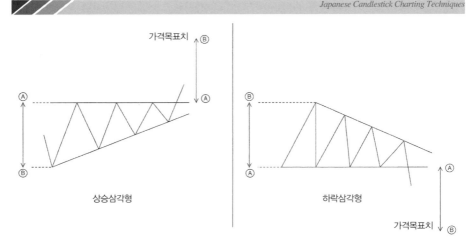

그림 16.12 상승 및 하락삼각형

일어났고, 이로써 과매도 상태가 완화됐다. A에서 B까지의 하락을 깃대로, B에서 C까지의 삼각형 모양을 페넌트로 보면 하락페넌트형이 형성된다.

페넌트의 바닥이 무너졌을 때 얼마간의 조정으로 형성된 C 지점의 775포인트로부터 A에서 B까지의 폭을 감하면 가격목표치를 구할 수 있다. 이렇게 하여 구한 가격목표치는 525포인트이고, 지수는 실제로는 그보다 얼마간 더 떨어졌다.

500포인트 근처의 P에서 관통형의 변형이 출현했다. P를 보면 양봉이 음봉 몸통의 절반 이상으로 파고들지 못했기 때문에 이 패턴은 관통형의 변형이라고 할 수밖에 없지만 지수가 C에서 하락한 이후 이때 처음으로 양봉이 출현하고 종가가 높아졌기 때문에 이 변형된 관통형은 이상적인 형태의 관통형만큼 상승 반전신호로서 큰 의미가 있다고 하겠다. 다음 주에 이 관통형의 지지선이 성공적으로 방어되면서 우리의 예상이 틀리지 않았다는 것이 확인됐다.

그림 16.13 S&P DR, 5분 단위차트(하락삼각형)

서구의 기술적 분석에는 많은 종류의 삼각형이 있는데 대칭삼각형, 쐐기형 등등이 그것이다. 그림 16.12에서 보는 것은 상승삼각형과 하락삼각형이다.

상승삼각형에는 여러 차례 시험을 받는 수평의 저항선이 있다. 이 저항선에서 하향하는 주가 움직임은 연속적으로 더 높은 저점을 형성한다. 이로써 저항선에서 매물이 쏟아져 나온다고 하더라도 주가가 이 저항선에서 하락하면 매수세가 훨씬 더 공격적으로 나온다는 것을 알 수 있으며 매수세력이 주가를 수평의 저항선 위로 끌어올리면 상승삼각형이 형성된다. 주가 변동 폭은 수평의 저항선(A)과 삼각형의 제일 낮은 지점(B) 사이의 거리를 돌파된 저항선에 더해서 계산할 수 있다.

하락삼각형에서는 수평의 지지선이 성공적으로 방어되지만 이 지지선에서 매번 반등할 때마다 계속하여 고점이 낮아지는데 이렇게 고점이 낮아지는 것은 매도세력이 매수세력을 성공적으로 저지하고 있기 때문이다. 지지선이 붕괴되면 하락삼각형의 제일 높은 지점에서 이 지지선까지의 거리를 측정하여 가격목표치를 계산할 수 있다.

그림 16.13은 고전적인 형태의 하락삼각형을 보여준다. 137의 수평선은 여러 차례 시험을 받고 확고히 자리 잡은 지지선이다. 이 지지선은 하락삼각형의 바닥이라고 할 수 있다. 하락삼각형의 윗부분은 하락 저항선이다.

매도세력이 주가를 (화살표가 가리키는) 137의 지지선 아래로 끌어내리면 가격목표치를 구할 수 있다. 삼각형의 제일 높은 지점은 하락 저항선이 시작되는 138.25이고, 삼각형의 바닥은 137이다. 따라서 가격목표치는 135.75이다.

하락삼각형에서 특히 유용한 한 가지 측면은 (극성변화의 원칙을 통해) 이전의 지지선을 새로운 저항선으로 삼을 수 있다는 것이다. 따라서 매도세력이 주가를 (화살표에 표시된) 137 아래로 끌어내리면 – 시장이 정말로 취약할 경우 – 137은 저항선이 된다.

137의 지지선이 무너진 뒤 곧바로 형성된 하락창을 통해 하락 추세가 다시 한번 확인됐다. 이제 저항선이 된 137 근처에는 이처럼 이전의 지지선과 상승창이라는 기술적 요소들이 수렴해 있었다.

CHAPTER 17
동양과 서양의 조화 : 수렴의 힘

棚からぼた餅

If heaven drops a fig, open your mouth

하늘에서 무화과가 떨어지면 입을 벌려라

이 장에서는 수렴의 원리를 통해 나스닥 종합지수의 추이를 예측하는 전형적인 사례를 볼 수 있을 것이다.

그림 17.1과 17.1a에서는 많은 캔들 패턴과 기술적 신호들과 함께 나스닥 종합지수가 최고가를 기록하고 있는 것을 볼 수 있다. 사실 한곳에 이렇게 많은 신호들이 출현하는 것은 드문 일이다. 이제 곧 확인하겠지만 많은 캔들 신호와 기술적 신호들이 수렴하면 하락 반전의 가능성은 증가하나 시장의 추세가 바뀌었을 때 얼마나 조정이 일어날지는 알 수 없다.

이 신호들을 개별적으로 살펴보도록 하자. 3번을 제외하면 1~6번은 모두 그림 17.1에 관한 것이며 3번은 그림 17.1a에 관한 것이다.

1. 2월 14일로 시작되는 주의 고가에서 3월 초의 고가까지 연결하여 상승 저항선을 얻을 수 있다. 나스닥 종합지수는 현재 미지의 영역을 헤쳐나가고 있기

그림 17.1 나스닥 종합지수, 일간차트(수렴)

그림 17.1a 나스닥 종합지수, 시간 단위차트(수렴)

때문에 이 상승 저항선의 어디가 공급 영역이 될 수 있는지 파악하는 데 도움이 될 것이다.

2. 3월 10일 유성형이 출현하여 1번에서 언급한 상승 저항선을 확인시켜줬다.

3. 그림 17.1a를 보자. 이 시간별 차트는 3월 10일에 (3에서) 출현한 하락장악형을 보여주고 있다. 이 하락장악형은 일간차트의 유성형(2번에서 얘기한)이 출현한 같은 날의 이른 시간에 나타났다.

4. 그림 17.1로 돌아가면 유성형이 출현한 2번 지점에서 나스닥 종합지수가 새로운 고점을 형성했을 때 오실레이터는 고점이 낮아졌다. 하락 다이버전스가 생긴 것이다.

5. 3월 10일과 13일 사이에 매우 작은 하락창이 열렸다. 이 하락창은 그림 17.1a의 시간별 차트에서 훨씬 더 분명하게 드러난다. 이 하락창이 열리면서 추세는 하락세로 바뀌었다. 이 하락창은 이제 잠재적인 저항영역이 됐다. 여기서부터 하락한 지수는 3월 16일 망치형이 출현하며 안정을 찾았다. 이 망치형은 며칠 뒤 지지선 역할을 했고 이때부터 지수는 반등하기 시작했다.

6. 3월 21일에 상승하기 시작한 지수는 하락창의 저항영역을 만나 주춤했고 이때 하이-웨이브 캔들이 생겼다. 6번 캔들의 윗그림자가 하락창의 저항영역을 꿰뚫은 것은 사실이지만 종가가 이 하락창을 넘지 못했기 때문에 5050포인트와 5150포인트 사이의 주요 저항영역은 그대로 유지됐다.

지금까지 유성형, 하락장악형, 하락창, 하이-웨이브 캔들 같은 캔들 신호와 상승 저항선, 하락 다이버전스 같은 서구의 기술적 신호가 수렴하는 양상에 대해 알아봤다. 5050포인트와 5150포인트 사이의 영역에 이러한 신호들이 집중적으로 수렴하면서 나스닥 종합지수가 천장을 쳤다는 예측은 큰 신뢰를 얻게 됐다.

결론

泰山高しといえども空の下の山なり
Step after Step the ladder is ascended

태산이 높다 하되 하늘 아래 뫼이로다

나는 캔들차트를 어느 정도 연구한 뒤 주식 거래에서 캔들차트가 없어서는 안 될 중요한 도구임을 확신했다. 그림이 천 마디 말의 가치가 있다면 캔들차트는 이루 헤아릴 수도 없는 가치가 있다고 할 수 있다.

캔들차트는 대단히 강력한 도구로서 큰 인기를 끌고 있으며 점차 바차트를 대신하고 있다. 하지만 나는 단순히 캔들차트의 지표들만을 이용하지는 않는다. 캔들차트 분석기법은 그 자체만으로도 매우 강력하지만 다른 차트 분석 도구와 결합하면 훨씬 더 강력해질 수 있다. 이는 캔들차트의 장점이기도 하다. 여러분은 캔들차트 기법과 서구식 기술적 분석기법을 함께 사용할 수 있는 것이다. 경험 많은 기술적 분석가들은 일본의 캔들차트 기법과 서구의 기술적 분석기법이 결합하면 놀랄 만한 시너지 효과를 얻을 수 있다는 것을 금세 알게 될 것이다.

차트 해석은 유연해야 한다. 하나의 개별적인 캔들 패턴보다는 전체적인 차트의 양상이 어떠한가가 더 중요할 수 있다. 예컨대 하락장에서 나타난 강세 캔들 신호는 매수 신호로 여겨서는 안 된다. 반면 강세 캔들 패턴이 상승장에서 나타나는 또 다른 기술적 신호들에 의해 확인됐을 때는 매수 신호가 될 수 있다.

또한 거래의 리스크/수익 면을 고려해봐야 한다. 캔들 신호가 출현했다고 해서 꼭 거래에 나서야 한다는 뜻은 아니기 때문이다.

캔들차트는 다른 모든 차트 기법과 마찬가지로 주관적인 판단을 요구한다. 여러분은 시장을 진단하는 의사가 되어야 한다. 캔들 기법을 통해 시장의 건강 상태를 나타내는 징후를 읽고 반응하는 방식은 사람마다 다를 수 있다. 캔들차트를 이용하여 거래를 하는 방식은 여러분 각자의 철학과 기질, 모험심에 따라 달라질 것이다. 이것은 매우 개인적인 측면들이다.

캔들차트가 주식 거래에 나설 여러분의 길을 밝게 비춰주기를 바란다!

용어사전 A
캔들차트 용어와 그림 설명

아래의 설명과 그림은 각 패턴의 이상적인 형태를 보여주고 있으나 이러한 "이상적인" 형태는 사실 드물게 나타날 뿐이므로 이 용어사전은 일종의 안내 표지판으로 활용하기를 바란다. 패턴의 해석에는 어느 정도 주관적 판단이 필요하기 때문이다.

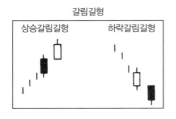

갈림길형

상승장(하락장)에서 음봉(양봉)에 이어 양봉(음봉)이 출현하고, 이때 이 두 캔들의 시가가 같으면 갈림길형이라고 한다. 갈림길형이 형성된 뒤에는 이전의 추세가 계속된다.

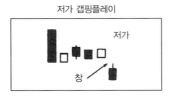

갭핑플레이

갭핑플레이에는 고가 갭핑플레이와 저가 갭핑플레이의 두 가지가 있다. 고가 갭핑플레이를 보면 주가가 가파른 상승 뒤에 작은 캔들 몸통을 만들며 최근의 고점 근처에서 안정 국면에 접어든다. 여기서 주가가 갭을 이루면서 상승하면 고가 갭핑플레이라고 한다. 이와는 반대로 주가가 가파른 하락 뒤에 작은 캔들 몸통을 만들며 최근의 저점 근처에서 안정 국면에 접어든다고 하자. 여기서 주가가 갭을 형성하면서 하락하면 저가 갭핑플레이가 된다.

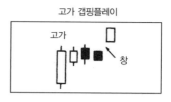

고가 갭핑플레이

걸침형

하락장에서 음봉에 이어 양봉이 출현할 때 이 양봉의 종가가 앞에 있는 음봉의 저가 근처에 형성되면 이를 걸침형이라고 한다. 걸침형은 하락 지속형이다. 걸침형의 양봉 저가가 무너질 경우라면 주가는 하락세를 지속할 것이다. 진입형, 돌파형, 관통형과 비교해보라.

만두형 천장

서구식 기술적 분석의 원형 천장과 비슷하다. 만두형 천장을 확인하기 위해서는 하락창이 형성되어야 한다. 만두형 천장과 반대되는 강세 패턴은 프라이팬형 바닥이다.

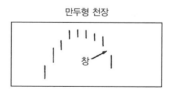

만두형 천장

골든크로스

강세 신호로 단기 이동평균선이 장기 이동평

균선을 아래에서 위로 뚫고 올라갈 때를 가리
킨다. 데드크로스와는 반대되는 패턴이다.

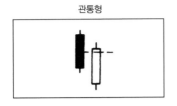

관통형

관통형

상승 반전신호이며 하락장에서 장대 음봉 뒤
에 양봉이 출현한다. 이 양봉의 시가는 앞에 있
는 음봉보다 상당히 낮지만 종가는 음봉의 몸
통 절반 이상을 파고들어간다. 걸침형, 진입형,
돌파형과 비교하라.

교수형

교수형

확인 과정을 필요로 하는 하락 반전신호이
며 교수형과 망치형은 똑같은 형태의 캔들이
다(즉 작은 몸통(음봉이나 양봉)이 전체 캔들 범위의 맨
위쪽에 있고 아랫그림자가 매우 길며 윗그림자가 짧거나
아예 없다). 상승 추세에서 이 캔들이 나타나면
약세 교수형이 되고, 교수형은 주가 하락을 예
고한다. 하지만 그 다음의 캔들을 통해 주가
하락세를 확인하는 과정이 필요하다. 다음 캔
들의 시가, 가능하면 종가가 교수형의 몸통 아
래에서 형성되어야 추세를 하락세로 판단할
수 있다. 원칙적으로 교수형의 아랫그림자
는 몸통보다 두 배 또는 세 배 정도 길어야
한다.

그림자

캔들의 몸통 위와 아래에 나 있는 가느다란 선
이다. 몸통의 아래에 나 있는 선은 아랫그림자라
고 하며 아랫그림자의 맨 끝이 저가이다. 몸통의
위에 나 있는 선은 윗그림자라 하며 맨 끝은 고
가를 나타낸다. 캔들스틱의 그림을 보라.

기아형

매우 드물게 나타나는 하락 또는 상승 반전
신호이며 도지형 캔들이 (그림자까지) 전후의 캔
들과 갭을 두고 떨어져 있는 형태이다. 기아형
은 서구의 섬꼴 천장 또는 섬꼴 바닥에서 섬형
캔들이 도지형일 경우와 정확히 일치한다.

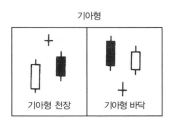

기아형

까마귀형

세 개의 캔들로 이뤄지는 패턴이다. 첫 번째
캔들은 양봉이고, 이어 상승갭을 형성하며 음
봉이 나타난다. 세 번째 캔들은 음봉이며 두 번
째 캔들보다 시가는 더 높고 종가는 더 낮은데
매우 드물게 나타나는 패턴이다.

까마귀형

나란히형

시가가 같고 몸통의 크기가 비슷한 두 개의
양봉이 연속적으로 나타날 때 나란히형이라고

상승나란히형

하락나란히형

한다. 상승장에서 나란히형이 상승갭을 형성하면 상승지속형으로 볼 수 있다. 하락장에서 나란히형이 하락갭을 형성하면 (두 캔들이 모두 양봉임에도 하락갭 뒤에 나타났기 때문에) 약세 신호로 간주된다.

데드크로스

약세 신호로서 단기 이동평균선이 장기 이동평균선을 위에서 아래로 관통할 때를 말한다. 데드크로스와 반대되는 패턴은 골든크로스다.

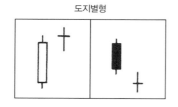

도지별형

도지별형

장대 양봉 또는 음봉의 몸통과 갭을 두고 나타나는 도지형이다.

키다리형 도지   비석형 도지   잠자리형 도지

도지형

시가와 종가가 같은(혹은 거의 같은) 캔들이다. 도지형은 시가와 종가가 전체 범위에서 어디에 있느냐에 따라 여러 종류가 있다(비석형 도지, 잠자리형 도지, 키다리형 도지를 보라). 도지형은 그 자체로도 매우 중요한 캔들 형태이며 다른 캔들과 함께 중요한 패턴을 구성하기도 한다. 북향도지형은 상승장에서 나타나는 도지형이며, 남향 도지형은 하락장에서 나타나는 도지형이다.

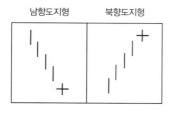

남향도지형   북향도지형

돌파형

양봉이 앞에 있는 음봉 몸통 안으로 들어가 있지만 그 절반을 넘지 못하는 형태이다. 돌파형은 진입형보다 강력하지만 관통형보다는 강력하지 못한 신호이고, 하락장에서는 약세 신호로 볼 수 있지만(돌파형 두 개가 며칠의 간격을 두고 함께 나타나지 않는 한) 상승장에서는 강세 신호로 간주된다.

돌파형

망치형

중요한 상승 반전신호이며 망치형과 교수형은 일반적으로 우산형이라고 불리는 똑같은 형태의 캔들이다. 작은 몸통(음봉이나 양봉)이 전체 캔들 범위의 맨 위쪽에 있고 아랫그림자가 매우 길며 윗그림자가 짧거나 아예 없다. 이 캔들이 하락 추세에서 나타나면 강세 망치형이 된다. 이상적인 형태의 망치형에서는 아랫그림자가 몸통보다 적어도 두 배는 길다.

망치형

몸통

캔들의 사각형 부분을 말한다. 몸통의 길이는 시가와 종가로 정하게 되며 종가가 시가보다 높은 경우에 몸통은 흰색이다(양봉). 종가가 시가보다 낮은 경우에는 몸통이 검은색이다(음봉). 캔들스틱의 그림을 보라.

민머리

윗그림자가 없는 캔들스틱이다.

민바닥

아랫그림자가 없는 캔들스틱이다.

박스권

일본인들이 수평의 거래 범위(trading range)를 말할 때 쓰는 용어이다.

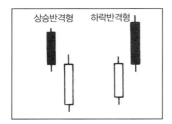

반격형

상승반격형　하락반격형

반격형

하락장(상승장)에서 음봉(양봉)이 출현하고 나서 다음날 장이 열릴 무렵 주가가 큰 폭으로 낮아졌다가(높아졌다가) 장이 마감될 무렵에는 전날의 종가로 돌아갔을 때 반격형이 형성된다. 반격형은 매수세와 매도세의 균형을 표현하고 있으며, 따라서 반격형이 출현하기 이전의 추세를 약화시킨다.

별형

앞에 있는 긴 캔들 몸통으로부터 갭을 형성하며 나타난 작은 몸통의 캔들을 말한다. 하락장에서 나타난 별형은 물방울형이라고도 한다.

비석형 도지

시가와 종가, 저가가 같은 도지형이며 천장에서 출현하는 반전신호이다. 도지형의 그림에서 형태를 확인하라. 비석형 도지와 반대되는 도지형은 잠자리형 도지이다.

삼법형

하락삼법형과 상승삼법형의 두 가지 형태가 있다. 하락삼법형은 하락지속형으로 이상적인 형태는 다섯 개의 캔들로 이뤄진다. 먼저 장대 음봉이 출현하고 이어 세 개의 작은 캔들이 나타난다. 이 작은 캔들은 보통 양봉이고 몸통이 첫 번째 음봉의 고가-저가 범위 안에 있다. 그 뒤 장대 음봉이 나타나는데 이 음봉은 새로운 저가를 기록한다. 상승삼법형은 상승지속형이다. 장대 양봉 뒤에 세 개의 작은 캔들이 나타나는데 이들 캔들은 보통 거의 음봉이며 장대 양봉의 범위 안에 자리한다. 이 패턴의 다섯 번째 캔들은 장대 양봉으로 종가가 새로운 고가를 기록한다.

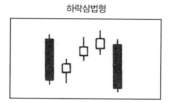

하락삼법형

상승삼법형

삼별형

세 개의 도지형이 샛별형 또는 저녁별형을 이루고 있을 때를 말한다. 매우 보기 드문 패턴

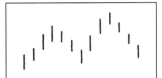

삼불형 천장

삼불형 바닥

이다.

삼불형

삼불형 천장은 서구식 머리어깨형 천장과 똑같으며 가운데 산이 가장 높은 특별한 형태의 삼산형 천장이다. 역삼불형 바닥은 서구식 역머리어깨형과 똑같으며, 가운데 강이 가장 깊은 특별한 형태의 삼천형 바닥이다.

삼산형 천장

삼산형 천장

상대적으로 장기간에 걸쳐 형성되는 천장 패턴이다. 비슷한 가격 수준에서 세 군데의 천장이 형성된다.

삼천형 바닥

삼천형 바닥

증권시장이 똑같은 가격 수준에서 바닥을 세 번 찍을 때를 말한다.

상승지속 블럭형

상승지속 블럭형

적삼병의 변형이다. 적삼병에서 뒤쪽 두 개의 병사(즉 양봉 몸통)가 상승 추세의 약화를 노출할 때 상승지속 블럭형이 된다. 상승 추세의 약화는 긴 윗그림자 혹은 점차 작아지는 몸통의 형태로 표현될 수 있는데 이는 매수세의 감소 또는 매도 압력의 증가를 나타낸다.

샅바형

상승샅바형과 하락샅바형이 있다. 상승샅바형은 시가가 저가와 비슷하거나 같고 종가가 시가보다 매우 높은 장대 양봉이다. 민바닥 양봉이라고 불리기도 한다. 하락샅바형은 시가가 고가와 비슷하거나 같고, 종가가 시가보다 매우 낮은 장대 음봉이다. 민머리 음봉이라고 불리기도 한다.

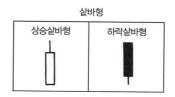

샅바형

샛별형

세 개의 캔들로 만들어지는 상승 반전신호이다. 첫 번째 캔들은 장대 음봉이고, 두 번째 캔들(양봉 혹은 음봉)의 몸통은 첫 번째 캔들의 몸통과 하락갭을 이루고 있으며 이때 별형이 형성된다. 세 번째 캔들은 첫 번째 음봉의 몸통 안으로 깊이 들어가 있는 양봉이다. 가운데에 있는 캔들이 팽이형이 아니라 도지형일 경우에는 이를 십자샛별형이라고 한다. 샛별형과 반대되는 패턴은 저녁별형이다.

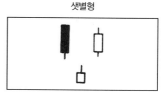

샛별형

십자잉태형

십자잉태형

잉태형에서 두 번째 캔들이 작은 몸통이 아
니라 도지형일 경우 십자잉태형이라고 한다.
특히 첫 번째 캔들이 장대 양봉(음봉)일 때 중요
한 하락(상승) 반전신호이다. 석화형(石化形,
petrifying pattern)으로 불리기도 한다.

아침공격

주가에 영향을 미치려는 의도로 개장 때 발
생하는 대량의 매도 또는 매수 주문을 이르는
일본식 용어이다.

야간공격

주가에 영향을 미치기 위해 장이 끝날 때 생
기는 대규모 주문을 이르는 일본식 표현이다.

역망치형

역망치형

하락 추세에서 나타나는 캔들로 몸통이 짧고
윗그림자가 길며 아랫그림자는 짧거나 아예 없
다. 약세를 의미하는 유성형과 모양이 똑같지
만 역망치형은 하락장에서 출현한다. 상승 반
전신호이지만 그 다음의 캔들에서 상승세를 확
인하는 과정이 요구된다(즉 그 다음에 나타나는 캔
들의 시가 그리고 특히 종가가 역망치형 캔들보다 높아야 한다).

우산형

망치형과 교수형의 통칭이다. 아랫그림자가
길고 전체 거래 범위의 맨 위쪽에 작은 몸통이
위치하고 있기 때문에 우산처럼 보인다.

우산형

유성형

상승장에서 나타나 하락세를 예고하는 캔들
이다. 윗그림자가 길고 아랫그림자는 짧거나 없
다. 몸통은 작고 캔들 범위의 맨 아래쪽에 있다.

유성형

잉태형

두 개의 캔들로 이뤄지는데 작은 캔들 몸통
이 앞에 있는 매우 긴 캔들 몸통 안에 들어가
있는 패턴이다. 잉태형은 이전의 추세가 일단
락되고 매도세력과 매수세력이 현재 휴전 상태
에 있다는 것을 보여준다. 두 번째 캔들은 양봉
도 될 수 있고 음봉도 될 수 있다. 대부분의 경우
두 번째 캔들은 첫 번째 캔들과 색깔이 다르다.

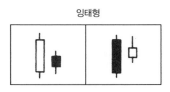

잉태형

잠자리형 도지

아랫그림자가 길고 시가, 고가, 종가가 같은
도지형이다. 그림으로 형태를 확인하라. 잠자

리형 도지와 반대되는 형태의 도지형은 비석형 도지이다.

장악형

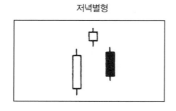

장악형

상승장악형   하락장악형

하락 추세에 있는 작은 음봉 몸통이 장대 양봉 몸통에 의해 둘러싸였을 때 상승장악형이 형성된다. 하락장악형은 매도 압력이 매수세를 압도하여 상승 추세에 있던 작은 양봉 몸통이 장대 음봉 몸통에 덮여버릴 때 생긴다.

저녁별형

저녁별형

세 개의 캔들로 이뤄진 하락 반전 패턴이다. 첫 번째 캔들은 장대 양봉이고 두 번째 캔들(양봉 혹은 음봉)의 몸통은 첫 번째 캔들의 몸통과 상승갭을 이루고 있으며, 이때 별형이 형성된다. 세 번째 캔들은 첫 번째 양봉의 몸통 안으로 깊이 들어가 있는 음봉이다. 가운데 있는 캔들이 팽이형이 아니라 도지형일 경우에는 이를 십자저녁별형이라고 한다. 저녁별형과 반대되는 패턴은 샛별형이다.

적삼병

종가가 계속하여 높아지는 세 개의 양봉을 이르는 말이며 각 양봉은 종가와 고가가 비슷하다. 이 세 개의 양봉은 주가가 안정된 가격 영역이나 저가 영역에 머물다가 나타날 때 훨씬 더 의미가 크다.

적삼병

진입형

하락장에서 장대 음봉 뒤에 나타난 양봉이 전날의 음봉 몸통 안으로 약간 파고들어가 종가를 형성한다. 이 양봉의 저가가 무너지면 하락 추세는 계속될 것이다. 걸침형, 돌파형, 관통형과 비교해보라.

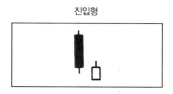
진입형

창

지속형 패턴으로서 갭과 똑같은 것이다. 창이 형성되며 주가가 올라가면 상승창이고, 이는 강세 신호이며 지지선이 된다. 창이 형성되며 주가가 떨어지면 하락창이고, 하락창은 약세 신호이며 저항선이 된다.

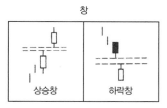
창
상승창　하락창

캔들스틱

양초처럼 생긴 형태로 주가 흐름을 표시하는 일본의 전통적인 차트 기법이다. '캔들차트'라고 불리기도 한다. 캔들스틱은 몸통과 그림자로 이루어져 있다. 그림에서 몸통과 그림자를 확인하라.

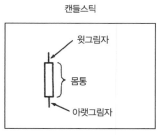
캔들스틱
윗그림자
몸통
아랫그림자

키다리형 도지

그림자가 매우 긴 도지형을 말한다. 키다리형 도지 중에서 시가와 종가가 전체 범위의 한 가운데에 있는 도지형은 인력거꾼이라고 한다. 도지형 그림에서 그 모양을 확인하라.

타스키 갭

상승갭 타스키형은 양봉과 뒤이은 음봉이 상승창을 만들 때 나타난다. 음봉의 시가는 양봉의 몸통 내에 있고, 종가는 양봉의 몸통 아래에 있다. 음봉이 출현한 날의 종가는 매도세력과 매수세력이 치열한 싸움을 벌인 곳이며 하락갭 타스키형은 하락갭이 형성되면서 음봉과 양봉이 출현했을 때를 말한다. 타스키형의 두 캔들은 크기가 대략 비슷해야 한다. 두 종류의 타스키형은 모두 드물게 볼 수 있다.

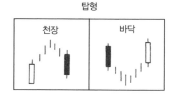

탑형

천장　바닥

탑형

탑형 천장과 탑형 바닥이 있다. 탑형 천장은 하락 반전 패턴으로 하나 이상의 장대 양봉 뒤에 많은 캔들이 밀집되어 나타나고 그 다음에는 하나 이상의 장대 음봉이 나타난다. 그 모양이 탑처럼 생겼기 때문에 이러한 이름이 붙었다. 탑형 바닥은 상승 반전 패턴이다. 하나 이상의 장대 음봉 뒤에 수평적 움직임을 보이는 많은 캔들이 나타나고, 이어 하나 이상의 장대 양봉이 출현하여 주가가 큰 폭으로 상승한다.

팽이형

몸통이 작은 캔들을 이르는 말이다.

프라이팬형 바닥

서구식 기술적 분석의 원형 바닥과 비슷하다. 이 패턴을 확인하기 위해서는 상승창이 형성되어야 한다. 이 패턴과 반대되는 패턴은 만두형 천장이다.

프라이팬형 바닥

하락집계형 및 상승집계형

고가 또는 저가가 똑같은 연속하는 두 개의 캔들로 이루어져 있다. 부차적인 반전신호이지만 집계형을 이루고 있는 두 개의 캔들이 또 다른 캔들 패턴을 이루고 있을 때는 중요성이 커진다. 예컨대 십자잉태형 캔들 두 개의 고가가 같을 경우, 하락집계형과 십자잉태형이 함께 형성됐기 때문에 하락 반전의 가능성은 훨씬 더 커진다.

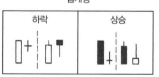

집계형

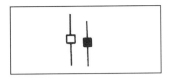

하이-웨이브 캔들

하이-웨이브 캔들

윗그림자와 아랫그림자가 매우 길고 몸통이
작은 캔들이다. 기존의 추세를 유지해오던 주
가가 동력을 상실했다는 것을 보여준다. 여기
서 몸통이 없다면 키다리형 도지가 된다.

흑삼병

흑삼병

연속적으로 나타나는 상대적으로 긴 세 개의
음봉을 말한다. 이 세 개의 음봉은 모두 종가가
저가와 비슷하거나 같다. 흑삼병은 고가 수준
이나 아니면 장기 주가 상승 뒤에 나타나는 하
락 반전 패턴이다.

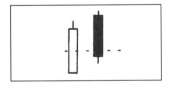

흑운형

흑운형

하락 반전신호이며 상승장에서 장대 양봉 뒤
에 음봉이 나타난 형태이다. 음봉은 시가가 양
봉의 고가(또는 종가)보다 높지만 저가는 양봉의
몸통 안으로 깊숙이 들어가야 하며 되도록이면
절반 아래로 들어가 있어야 한다. 흑운형과 반
대되는 상승 패턴은 관통형이다.

용어사전 B
캔들차트 용어와 그림 설명

이 책에 쓰인 서구식 기술적 분석의 용어들을 설명했다. 설명이 폭넓거나 상세하지는 않을 것이다. 왜냐하면 이 책은 서구의 기술적 분석이 아니라 일본의 캔들차트 기법을 주제로 하고 있기 때문이다.

가중 이동평균

이전의 가격 각각에 가중치를 주는 이동평균이다. 보통 가장 최근의 데이터에 더 큰 가중치를 주고 더 중요하게 고려한다.

갭

어떤 가격 영역에서 다른 가격 영역 사이에 생기는 가격 공백이다.

거래 범위

주가가 수평의 지지선과 저항선 사이에서 벗어나지 못할 때 이 범위를 이르는 말이다.

거래량

어떤 주어진 기간에 거래된 계약의 총수이다.

과매도

주가가 너무 빨리 내려갔을 때이며 반등 가능성이 크다.

과매수

주가가 너무 높이 올라가거나 너무 빠르게 올라갔을 때이며, 이때 증권시장은 약세 조정에 취약하다.

극성변화

이전의 지지선이 새로운 저항선이 되거나 이전의 저항선이 새로운 지지선이 될 때이다.

깃발 또는 페넌트

큰 폭의 주가 움직임 뒤에 잠시 안정 국면이 이어지는 패턴이며 지속형 패턴이다.

다이버전스

관련된 기술적 지표가 가격 움직임을 확신시켜주지 못할 때 일어난다. 예컨대 가격이 새로운 고점을 기록했지만 스토캐스틱은 그렇지 못할 때 이를 약세 다이버전스라고 하며 하락신호로 본다. 가격이 새로운 저점을 형성했지만 스토캐스틱은 그렇지 못할 때 이를 강세 다이버전스라고 하며 상승신호로 본다.

단순 이동평균

가격 자료를 평활화하는 방법으로 가격 자료를 합한 뒤 평균을 구한다. 평균 값이 움직이기 때문에 "이동평균"이라고 한다. 새로운 가격 자료를 더하면서 가장 오래된 가격 자료는 뺀다.

돌파

저항선이나 지지선을 뚫을 때를 말한다.

돌파갭

주가가 중요한 기술적 영역(추세선이나 밀집밴드 등)을 돌파하여 갭을 형성할 때를 말한다.

되돌림

주가가 원래의 방향으로 움직이다가 반등 혹은 반락했을 때 그 상대적 크기를 백분율로 표시한 것이다. 흔한 되돌림 수준은 38.2%, 50%, 61.8%이다.

매도 극점

주가가 오랫동안의 하락 뒤 엄청난 매물로 인해 큰 폭으로 떨어졌을 때이다. 주가가 이러한 폭락에서 반등하면 이 지점을 매도 극점으로 볼 수 있다.

모멘텀

가격 움직임의 속도를 말한다. 가장 최근의 종가와 어느 주어진 때의 종가를 비교한다.

목선

머리어깨형에서 머리의 저점을 연결하거나 아니면 역머리어깨형에서 고점을 연결한 직선이다. 주가가 머리어깨형의 목선 아래로 내려가면 하락 추세를 의미하고, 주가가 역머리어깨형의 목선 위로 올라가면 상승 추세를 의미한다.

밀집밴드

상대적으로 좁은 가격 밴드에서 주가가 수평적으로 움직이는 구간이며 일본인들은 이를 박스권이라고 부른다.

바차트

주가 움직임을 나타낸 도표이다. 수직의 막대로 고가와 저가, 시가와 종가를 표현한다. 막대의 맨 위는 고가, 맨 아래는 저가이다. 막대의 오른쪽에 있는 수평의 짧은 선은 종가, 왼쪽에 있는 수평의 짧은 선은 시가를 나타낸다. 수직 축은 가격이고, 수평 축은 시간이다.

박스권

주가가 수평적으로 움직일 때 그 움직임의 폭을 가리키는 일본식 표현이다. 밀집밴드를 보라.

반전일

증권시장에서 새로운 고가가 형성된 뒤 대량 매물로 인해 종가가 전날의 종가 아래로 떨어질 때를 이른다.

V자형 바닥 또는 천장

가격이 갑자기 반대 방향으로 움직일 때 바닥에서 V자형과 비슷한(천장에서는 역V자형과 비슷한) 패턴이 형성된다.

상대강도지수

어떤 주어진 기간에서 주가 상승의 강도와 주가 하락의 강도를 비교한 것이다.

상승 저항선

점점 더 높아지는 고가를 연결한 저항선이다.

상승 지지선

점점 더 높아지는 저가를 연결한 지지선이다.

상승갭

갭이 형성되면서 주가가 상승했을 때이다.

상승세

주가가 계속 올라갈 때를 말한다.

섬꼴

주가가 기존의 추세에서 갭을 형성한 뒤 며칠 동안 그 수준에서 머물다가 반대 추세로 나아가며 갭을 형성할 때를 섬꼴이라고 이른다. 이렇게 부르는 이유는 양쪽의 갭에 의해 섬 모양을 하고 있기 때문이다.

스윙 목표치

상승이나 하락의 폭을 이용하여 가격목표치를 구한다.

스토캐스틱

어떤 주어진 기간에 형성된 주가 변동 폭을 기준으로 볼 때 현 주가가 어느 정도 수준에 있는지를 나타내는 오실레이터이다. 빠른 이동 %K선과 느린 이동 %D선으로 이뤄진다.

스프링

주가가 수평의 지지선 아래로 무너진 다음 붕괴됐던 지지선 위로 다시 올라왔을 때를 말한다. 강세 신호이며 거래 범위의 맨 위가 가격목표치이다.

업스러스트

주가가 수평의 거래 범위에서 벗어나 저항선을 상향 돌파한 뒤 "무너진" 저항선 안으로 다시 돌아왔을 때 이를 업스러스트라고 한다. 가격목표치는 거래 범위의 맨 아래쪽이다.

오실레이터

0값 주위에서(혹은 0퍼센트와 100퍼센트 사이에서) 움직이는 모멘텀선이다. 과매수 또는 과매도 상태, 상승 다이버전스나 하락 다이버전스, 주가 움직임의 속도를 아는 데 유용하다.

이동평균 수렴 · 확산 지수

세 개의 지수 이동평균으로 만든 지수이다.

이중바닥

주가가 W 모양을 그리며 비슷한 가격 영역에서 두 차례 바닥을 찍을 때를 말한다.

이중천장

주가가 M 모양을 그리며 비슷한 가격 영역에서 두 차례 천장을 찍을 때를 말한다.

일중차트

시간 단위가 1일보다 짧은 차트이다. 예컨대 60분 단위 차트는 1시간 단위의 고가, 저가, 시가, 종가를 표시한다.

저항 수준

매도세력이 증권시장에 들어올 것으로 예상되는 가격 수준이다.

지속형

기존의 추세가 지속되리라는 것을 예고하는 패턴이다. 예컨대 깃발형은 지속형 패턴이다.

지수 이동평균선

지수함수적으로 가중치를 주는 이동평균선이다.

지지 수준

매수세력이 증권시장에 들어올 것으로 예상되는 가격 수준이다.

추세 반전신호

반전 지표라고도 하지만 "추세 변화 지표"(trend change indicator)라는 말이 가장 적절할 것이다. 추세 반전신호의 출현은 기존의 추세가 바뀌리라는 것을 예고한다. 하지만 그렇다고 해서 추세가 꼭 반전될 필요는 없다. 추세 반전신호가 출현하고 나서 주가는 반전할 수도 있고, 그렇지 않을 수도 있다. 예컨대 추세가 상승세에서 횡보세로 바뀔 수도 있다.

추세선

점점 더 높아지는 고점이나 점점 더 낮아지는 저점을 연결한 차트상의 선이다. 추세선을 그리기 위해서는 적어도 두 개 이상의 점이 필요하다. 시험을 많이 받을수록, 시험받을 때 거래량이 많을수록 중요한 추세선이 된다.

크로스오버

빠른 지표선이 느린 지표선을 아래에서 위로(위에서 아래로) 관통할 때 상승 크로스오버(하락 크로스오버)라고 한다. 예컨대 5일 이동평균선이 13일 이동평균선을 위에서 아래로 뚫고 지나가면 하락 크로스오버이다.

피보나치

이탈리아의 수학자로서 앞의 두 숫자의 합으로 표현되는 피보나치수열을 만들었다. 피보나치 비율은 (반올림하여) 기술적 분석가들에 의해 쓰이고 있는데 30퍼센트, 50퍼센트, 62퍼센트가 있다.

하락 저항선

점점 더 낮아지는 고가를 연결한 저항선이다.

하락 지지선

점점 더 낮아지는 저가를 연결한 지지선이다.

하락갭

주가가 떨어지면서 갭이 형성됐을 때이다.

하락세

주가가 낮아지면서 점점 더 낮은 고가와 저가가 형성될 때이다.

옮긴이 조윤정

연세대학교 지질학과를 졸업하고 중앙일보 산춘문예에 단편소설이 당선되어 등단했다. 옮긴 책으로는 《차트 패턴》《나의 트레이딩 룸으로 오라》《윌리엄 오닐의 공매도 투자 기법》 등 50여 권이 있다.

캔들차트에 관한 모든 것
스티브 니슨의 캔들차트 투자기법

초판 1쇄 발행　　2008년 3월 15일
　10쇄 발행　2021년 6월 15일
개정판 1쇄 발행　2022년 2월 10일
　9쇄 발행　2024년 8월 23일

지은이 스티브 니슨
옮긴이 조윤정
감　수 김정환

펴낸곳 (주)이레미디어
전　화 031-908-8516(편집부), 031-919-8511(주문 및 관리) | **팩스** 0303-0515-8907
주　소 경기도 파주시 문예로 21, 2층
홈페이지 www.iremedia.co.kr | **이메일** mango@mangou.co.kr
등　록 제396-2004-35호

편　집 공순례, 이병철 | **디자인** 유어텍스트, 정유정 | **마케팅** 김하경
재무총괄 이종미 | **경영지원** 김지선

저작권자 ⓒ 스티브 니슨, 2021
이 책의 저작권은 저작권자에게 있습니다. 서면에 의한 허락 없이 내용의 전부 혹은 일부를 인용하거나 발췌하는 것을 금합니다.

ISBN 979-11-91328-45-5 03320

· 가격은 뒤표지에 있습니다.
· 잘못된 책은 구입하신 서점에서 교환해드립니다.
· 이 책은 투자 참고용이며, 투자 손실에 대해서는 법적 책임을 지지 않습니다.

당신의 소중한 원고를 기다립니다.
mango@mangou.co.kr